Visentini
Die Marmolata

Umschlagbild: Die Marmolata, vom Padon-Paß aus gesehen

Titel der Originalausgabe: »Gruppo della Marmolada«
Aus dem Italienischen übertragen von Hermann Frass

Die Vorsatzkarte wurde freundlicherweise vom
Verlag Freytag & Berndt - Wien zur Verfügung gestellt.

1981

Alle Rechte vorbehalten
© by Verlagsanstalt Athesia, Bozen
Umschlaggestaltung: R. Prünster, Bozen
Gesamtherstellung: ATHESIADRUCK - Bozen
ISBN 88-7014-172-1

Luca Visentini

Die Marmolata

Königin der Dolomiten

Führungen durch ihr Reich

VERLAGSANSTALT ATHESIA - BOZEN

ANMERKUNGEN DES ÜBERSETZERS: Im Zuge der Übersetzung des Buches von Luca Visentini über die Marmolatagruppe ergaben sich hinsichtlich der Nomenklatur einige Schwierigkeiten, da der Grundwortschatz fast aller Namen dem Ladinischen entstammt, je nach Lage aber vorwiegend italienisiert bzw. in manchen Gegenden auch eingedeutscht wurde.

Begriffe, die für den deutschen Alpinisten sozusagen zur Alltagssprache gehören, wurden wie deutsche Namen behandelt (z.B. Fassatal, Marmolatagruppe usw.) — Weniger bekannte Namen wurden der Deutlichkeit halber immer gekoppelt, so z. B. Rosalia-Tal, da ein »Rosaliatal« auf Anhieb schwer als »Tal« erkannt würde, desgleichen Ombretta-Wand usw., da in sehr vielen dieser Fälle (eben etwa »Ombrettawand«) die Namen mißverständlich aufgefaßt werden könnten.

Zum Namen Marmolata selbst gilt, daß er als Begriff durchwegs deutsch geschrieben wurde (Marmolata), während in Zusammensetzungen mit dem Italienischen dieser Schreibweise Rechnung getragen wurde (Forcella Marmolada = Marmolatascharte). Leider ist es den Bemühungen des Verlages schon vor Jahren nicht gelungen, die ursprüngliche ladinische Form »Marmoléda« als einheitliche Form durchzusetzen.

Vorwort

Marmolata, Königin der Dolomiten..! Die Ladiner besangen sie so: »Marmoléda, bela, grana, fina in pes, forta in verra« (Marmolata, du schöne, du große, du liebliche im Frieden, du starke im Krieg). Die Bergsteiger fügten hinzu: »Vollkommener Berg aus Fels und Eis«.

Ihr Gipfel ist der höchste der Dolomiten, ihr Gletscher der größte. Es fehlt also nicht an Vorrechten, die das Königliche dieses Berges unterstreichen. Wer die Marmolata von der Ferne sieht — z. B. von der Straße über den Karerpaß — wird das zu gewissen Stunden und im geeigneten Licht gewonnene Bild der Feierlichkeit ihres Antlitzes nie mehr vergessen. Ihr Hauptgipfel Punta Penia scheint mit einem wehenden weißen Mantel voranzuschreiten. Dies alles ist aber schon unzählige Male gesagt, geschrieben und in Bildern gezeigt worden. Auch wenn man dessen nie überdrüssig werden sollte, scheint mir eine neuerliche Wiederholung doch nicht nötig.

Dies ist kein Buch für Felskletterer, sondern ein Freund und Führer für Bergwanderer im reinsten Sinne des Wortes. Trotzdem wird es auch dem aktiven Felsgeher zum Freund werden. So mancher, ob Felsspezialist oder Wanderer, wird sich fragen, ob es richtig sei, die Königin der Dolomiten als »Gruppe« hinzustellen, und warum im Buch nur wenige der klassischen Ansichten des Gletschers, der Südwand und des Großen Vernel zu sehen sind. Wurden die Panorama-Aufnahmen mit viel Himmel und stark persönlichem Geschmack in ihrer Ungewöhnlichkeit und Neuheit dem Zweck des Buches zuliebe gewählt? Und sind diese zwar eindrucksvollen, aber doch nicht großartigen Ausschnitte der Würde und dem Rang der Königin wohl entsprechend?

Denen, die sich diese Fragen stellen, antwortet der Verfasser im Text und mit den Bildern auf indirekte Weise. Es ist eine Antwort, die sich auf eine nicht leicht definierbare Neugier und auf Zweifel bezieht, die eine Klärung der Dinge erwarten lassen. Und es ist gut, diese Klärung gleich an den Beginn zu setzen.

Unter »Marmolatagruppe« darf man nicht allein die mächtige Wandflucht mit dem weißglänzenden Eismantel und die benachbarte Pyramide des Großen Vernel verstehen, sondern den gesamten Gebirgskomplex innerhalb der Umgrenzungslinie Fassa, San Pellegrino, Biois und Cordevole. Einen weiten Komplex also, mit sieben »Komponenten«, die von den Fachleuten — Alpinisten und Geographen — sachlich und nüchtern als »Untergruppen« bezeichnet wurden. Eine dieser Untergruppen wird von dem Felskoloß mit dem königlichen Eismantel selbst gebildet; die anderen umschließen Täler und Berge innerhalb der genannten Grenze, mit Erhebungen, die der berühmtesten in nicht allzuviel nachstehen, so z. B. der Sasso Vernale, die Cima dell'Uomo usw.

Ist es aber überhaupt erlaubt, einer Königin den Beinamen »Untergruppe« zuzuteilen? Diese Frage haben sich zweifellos auch die großen Autoren und Alpinisten gestellt, denn es ist nicht schwierig, in der alpinen Literatur für diesen Fall eine gewisse Unsicherheit zu entdecken.

Bereits im Blatt der vergangenen Bergsteiger-Generation (»Der Hochtourist«, 1929) wurde der große Umkreis in Komponenten gegliedert, deren bedeutendste von Kiene als »eigentliche Marmolata« bezeichnet wurde. Auf eine orographische Definition wurde dabei verzichtet, wahrscheinlich weil diese bei der unumstrittenen Vorrangstellung des Gebirges als respektswidrig aufgefaßt werden könnte. Auch Castiglioni zeigte sich in seinem Führer (1937) nicht geneigt, der Königin die kühle Einstufung als »Untergruppe« zuzumuten. Er erdachte den Begriff »Massiv«, der die Orographie eines derartigen Berges besser zum Ausdruck bringt und ihn von den übrigen sechs Untergruppen deutlich unterscheidet. Einigen von diesen widmete Castiglioni rücksichtsvoll das Beiwort »Kette«. Der Verfasser dieses Buches hat sich mit Recht an die von Castiglioni getroffene Wahl gehalten.

Die anfangs gestellten Fragen bedürfen aber noch einer weiteren Klärung, auch wenn der aufmerksame Leser diese selbst im Buch finden kann. So wird manchmal behauptet, daß die eigentliche Marmolata, d. h. das Zentralmassiv, ein Berg nur für Felskletterer sei. In Wirklichkeit ist sie auch ein Berg für Hochtouristen und Wanderer. Wie könnte man die wunderschönen Aufstiege zur Punta Penia, Punta Rocca oder zum Kleinen Vernel übersehen, die jedem tüchtigen Hochtouristen zugänglich sind?

Es stimmt, daß jede einzelne der sechs übrigen Untergruppen dem Hochtouristen eine größere Auswahl an nicht weniger schönen Routen bietet. Und ich meine, daß jeder Bergwanderer beim Begehen dieser Routen Eindrücke haben wird, die untereinander verschieden und vielleicht sogar widersprüchlich sind.

Sicherlich steht aber auf allen diesen Wegen das Gefühl im Vordergrund, daß dort drüben — auch wenn zeitweilig verdeckt — eine Königin thront, feierlich in ihrer steinernen Ewigkeit und im weißleuchtenden Mantel.

Man bewegt sich in einer alpinen Umwelt, die »magnetisiert« zu sein scheint. Der eine oder andere könnte dieses Gefühl als eine Art von psychischer Untertänigkeit empfinden, anderen drängt sich ein gewisses Schuldbewußtsein oder gar ein Gefühl der Untreue gegenüber der Königin auf, wenn sie sich von ihr entfernen.

Weit weg von den Seilbahnen, den Straßen und den überfüllten Wanderwegen werden alle Empfindungen freier und leichter. Ob die Route zum Padòn, zur Ombretta, zur Auta-Spitze, zur Cima dell'Uomo oder auf die Monzoni führt — immer wird sich der Bergsteiger im Angesicht der Königin wie in deren Hofstaat fühlen; dermaßen außerhalb alles Gewöhnlichen und geradezu aristokratisch wirken die Führen I. Grades, die von den Gipfeln der sechs Untergruppen rings um das Marmolata-Massiv allen jenen geboten werden, die die Berge lieben und nicht den Schwierigkeitsgrad ihrer Besteigung.

Im Sinne dieser Betrachtungen ist dem Autor und dem Verleger für die bewiesene Liebe und die mutvolle Tat zu danken. Ich glaube, daß es viel Mühe gekostet hat, sich für ein alpines Werk über die Marmolata zu entscheiden, von denen es bereits eine Menge gibt. Das Buch richtet sich außerdem mehr oder weniger gegen den Strom, also kann es nicht leicht gewesen sein, es zu durchdenken, auszuarbeiten und druckreif zu machen.

Seit 1914—1918 sind viele Jahre vergangen, doch im Marmolatagebiet, im Hauptmassiv und in den Untergruppen, ist die Erinnerung an den Gebirgskrieg noch lebendig, von dem es nur in wenigen anderen alpinen Gebirgsgruppen ähnliche Beispiele gegeben hat. Außergewöhnliche Taten wurden hier unter unglaublichen Verhältnissen vollbracht, und einzigartige Episoden spielten sich in einer äußerst schwierigen Umwelt ab. Wie viele Opfer und wieviel Erfindungsgeist der Kämpfer auf beiden Seiten! Es war ein Krieg, geführt von Gebirgssoldaten; er wurde hart und hartnäckig, aber auch ritterlich ausgetragen.

Visentini hat gut daran getan, von Fall zu Fall an diesen Krieg zu erinnern. Und zwar nicht nur wegen der notwendigen Information, die ein Wanderführer seinen Lesern zu geben hat, sondern mehr noch, um den Mut jener Männer zu ehren, die als Soldaten Gegner waren; und um zum Nachdenken darüber anzuregen.

Mir scheint, daß der Autor bei der Abfassung des Führers für die Bergwanderer im Marmolatagebiet das Bedürfnis verspürt hat, diese von dem Phänomen des »Magnetismus« zu befreien, der vom Zentralmassiv ausstrahlt; gleichzeitig aber auch den Zwang, das Thema »Seilbahnen« anzuschneiden, das mit den auf die Gipfel »katapultierten« Menschenmassen in engem Zusammenhang steht.

Einem begeisterten Autor, der sich liebevoll mit einem solchen Wanderführer befaßt und der Meinung ist, daß ein mechanisch »erschlossener« Berg nicht mehr der gleiche ist wie vorher, bleiben zwei Möglichkeiten zur Wahl: er kann die technischen Anlagen fallweise zur Vervollständigung der Information erwähnen, ohne irgend etwas hinzuzufügen, das den kühlen, distanzierten Hinweis ergänzt; oder er kann dazu kritische Beurteilungen und Ablehnungen zum Ausdruck bringen, wenn er dies für richtig hält. Der Verfasser des vorliegenden Buches hat, begeistert und eifersüchtig über die Bergwelt wachend, selbstverständlich die zweite Möglichkeit gewählt.

Was macht aber der Mann, der für ein solches Buch das Vorwort schreibt? Wird er versuchen, die wenigen, zögernd angebrachten positiven Urteile zu verstärken? Wird er sich den negativen anschließen? Oder wird er über beides hinwegsehen?

Ich werde versuchen, dem Bergwanderer und Leser ein paar Anregungen zum Nachdenken zu geben.

Vor nahezu 50 Jahren verwickelte ich mich in eine scharfe Polemik, die — man beachte den Zufall — ausgerechnet ein Seilbahnprojekt auf die Marmolata betraf, und zwar von Fedaja aus (wo es damals weder einen Staudamm noch einen See gab) hinauf zur Punta Rocca. Wer unterstützte das Projekt? Gunther Langes, ein erstklassiger Alpinist und hervorragender Bergschriftsteller. Für mich ist dies demnach ein altes, leidiges Thema, das lange Jahre hindurch analysiert und diskutiert wurde.

Schlußfolgerungen? Es gibt keine. Es tut mir leid, die Befürworter irgendeiner der entgegengesetzten Thesen enttäuschen zu müssen. Ich sehe nicht, welches entscheidende Gewicht die vielen Argumente haben können, die ins Treffen geführt werden. Die Notwendigkeiten, die sich aus den territorialen Entwicklungsplänen ergeben, sind allein ausschlaggebend.

Eine Erwägung sollte jedoch nach meiner Meinung berücksichtigt werden: Es ist nicht wahr, daß die Seilbahnen — mit ganz wenigen Ausnahmen — den Geldgebern der teuren Projekte großen Nutzen bringen, während für die Talbewohner nur wenige Krumen abfallen. Die Wirklichkeit ist ganz anders. In unterentwickelten und seit jeher armen Tälern hat der Bau einer Seilbahn zu einer ganzen Reihe von lokalen Initiativen geführt, mit wirtschaftlichen Ergebnissen, die nach und nach jedem einzelnen Bauernhof zugute kommen. Natürlich werden durch diese Überlegung weder die Rivalitäten beseitigt, noch wird durch sie die Waage nach der einen oder der anderen Seite zum Ausschlag gebracht. Ich wollte sie nur der Wahrheit halber anführen; einer Wahrheit, die den Autor bewogen hat, nicht in die Spuren vorgefaßter Meinungen zu treten.

Dieses Buch ist mit derselben Liebe und Bescheidenheit vollendet worden, die bereits das vorausgegangene Werk über eine andere Dolomitengruppe ausgezeichnet haben. Dem Bergwanderer sei empfohlen, die bezaubernden, in diesem Führer genau beschriebenen Routen zu begehen — mit offenem Herzen und mit innerer Freude an der Entdeckung stiller, verborgener Bergwinkel und am Erlebnis noch nie geschauter Szenerien.

Ernste technische Vorbereitungen sind hiefür nicht nötig, wohl aber Respekt vor den Bergen und ein vorsichtiges Verhalten im Fels. Man braucht auch keine übertriebenen körperlichen Strapazen zu befürchten. Die vielen neuen Eindrücke bringen hingegen eine starke innere Bereicherung — mit dem sicheren Wohlwollen der Königin der Dolomiten »fina in pes«, der lieblichen im Frieden.

Arturo Tanesini

Die Marmolata

Ein Jahr nach dem Erscheinen meines ersten Buches über die Rosengartengruppe folgt nun diese neue Arbeit über die Gruppe der Marmolata. Vom ersten Buch habe ich den Stil und einige Besonderheiten übernommen, vor allem was die Fotografie und die Tourenvorschläge betrifft.

Ich habe versucht, die Gipfel und Täler der Marmolatagruppe in Bildern zu zeigen, die sich von den üblichen Ansichten unterscheiden. Manche der klassischen Bilder, die unweigerlich enthalten sein müssen, werden von anderen noch nicht bekannten Aufnahmen begleitet, die von neuen und absolut ungewohnten Standpunkten aus gemacht worden sind. Bei der Auswahl des Bildmaterials habe ich diesen den Vorzug gegeben, auch wenn sie weniger schön sind als andere, die auf Ansichtskarten und in Büchern immer wiederkehren.

Die abseits gelegenen, bisher verborgen gebliebenen Plätze und die noch nicht geschauten Details sind es, die heute ein stärkeres Interesse an einem Gebirge hervorzurufen vermögen als die allen Bergsteigern bereits bekannten Profile.

Wenn die Fotografie einen eigenen Wert besitzt, dann — so möchte ich sagen — hat sie diesen nicht um ihrer selbst willen, sondern nur im Zusammenhang mit einem spezifischen Zweck. Es ist also kein Zufall, wenn in den Bildern dieses Buches Gipfel und Übergänge zu sehen sind, die bisher nie gezeigt wurden, mir jedoch als die interessantesten erschienen sind.

Die Fotografie soll hier nicht Suche nach ästhetischer Wirkung bedeuten, sondern dem praktischen Zweck dienen. Zudem sollen die Bilder den Bergsteiger anregen, die weniger bekannten Teile einer Bergkette kennenzulernen. Es war dieselbe Erkundungsfreude, mit der ich das Buch über die Rosengartengruppe begonnen hatte, die mich anspornte, nach vielen Jahren neuerdings die Wege und Routen zu durchwandern, die ich zu Unrecht bereits genau zu kennen glaubte.

Auch in diesem Buch werden lückenlos alle jene Besteigungen angeführt und beschrieben, die den höheren ersten Schwierigkeitsgrad nicht übersteigen. Dies scheint mir die Grenze für das normale Bergsteigen zu sein, jenseits welcher man entweder ein erfahrener Felsgeher sein muß, oder in Begleitung eines Bergführers gehen soll.

Die Aufstiegsrouten wurden für jede Untergruppe getrennt behandelt oder manchmal auch mit benachbarten Routen verbunden, wodurch längere Gehstrecken entstanden sind, die jedoch immer als Tagestour gelten. Jedes der 27 enthaltenen Kapitel entspricht einer dieser Tagestouren, die Gipfel miteinbeziehen, die in der Marmolatagruppe ohne besondere Schwierigkeit bestiegen werden können.

Noch ein letztes Wort: Meine Vorstellung vom Bergsteigen stützt sich zwar auf ein Bedürfnis, das aus der Seele kommt. Um mich auszudrücken, ziehe ich jedoch die einfache, technisch bedingte und stellenweise auch eintönige Sprache vor — wie der Leser vielleicht mit Enttäuschung feststellen wird. Dies geschieht im Gegensatz zu dem pathetischen und rhetorischen Stil, der in der Bergliteratur sehr häufig zu finden ist.

Eines erscheint mir auf alle Fälle klar zu sein: Man muß die Berge lieben und eine positive Beziehung zu ihnen finden, denn nur so wird man das Bergsteigen und den Alpinismus richtig betreiben können. Während meiner letzten Wanderungen gegen Ende September im oberen San-Nicolò-Tal habe ich dies ganz deutlich erkannt. Die Gipfel und Wände der Dell'Uomo- und der Costabella-Kette, die ich wenige Wochen vorher bestiegen hatte, erschienen mir schon vollkommen vertraut. Ich spürte, so wie ich es bereits in der Rosengartengruppe erfahren hatte, mit ihnen eine tiefgehende Verbindung zu haben.

Luca Visentini

Herbst im S.-Nicolò-Tal

Das Zentralmassiv der Marmolata, vom Gipfel der Cima delle Vallate aus gesehen.

Bild auf Seite 12:

Der interessanteste Teil der Marmolata-Südwand mit einigen der berühmtesten Kletterführen: der Micheluzzi-Pfeiler (links), die Normalroute (Mitte) und die Vinatzer-Castiglioni-Führe zur Punta Rocca (rechts).

Erster Teil
Talorte und Stützpunkte

Die Marmolatagruppe besteht aus einem Komplex von Bergketten, die den Mittelpunkt der Dolomiten bilden. In ihr liegt deren höchste Erhebung, und sie zieht mit ihrer Vielfalt und ihrem landschaftlichen Reichtum mehr als alle anderen Dolomitengruppen die Bergsteiger, Felsgeher und Wanderer in ihren Bann.

Die Gruppe hat die ungefähre Form eines Trapezes, dessen Eckpunkte grob gesehen die Ortschaften Moena, das Pordoijoch, Andraz (Buchenstein) und Cencenighe berühren und dessen Seitenlinien vom Fassatal im Westen, vom Cordevole-Tal im Norden und Osten und vom Biois-Tal mit dem San-Pellegrino-Tal im Süden bestimmt werden.

Zu Unrecht wird von den Touristen und Bergsteigern meist nur der zentrale Teil mit dem Gletscher, dem Vernel und der grandiosen Südwand als Marmolatagruppe betrachtet. Dieser zentrale, eindrucksvolle und zweifellos wichtigste Gebirgsstock trägt den Namen Marmolata, die Gruppe ist aber viel größer und besteht aus einer Reihe von Untergruppen, die zwar weniger bekannt sind, für den Bergsteiger jedoch eine ganze Menge lohnender Ziele enthalten.

Vor allem sind diese Untergruppen lange nicht so überlaufen wie andere, gar nicht weit entfernt liegende Zonen (Vajolet, Sella, der Marmolatagletscher selbst usw.). Die Gründe für die geringeren Besucherzahlen liegen teils in den unbequemeren Zugängen und Zufahrten, teils in der unzureichenden Markierung der Steige und der geringeren Auswahl an Schutzhütten — alles Dinge, die in mancher Hinsicht auch von Vorteil sind. Denn abgesehen von dem stark besuchten Zentralmassiv sind die Bergketten der Marmolatagruppe eine wundervolle alpine Welt, in der das Bergsteigen noch wie eine Erforschung und Entdeckung betrieben werden kann. Die einsamen Routen durch die zerklüftete Felslandschaft verlangen wohl etwas mehr Anstrengung und Entsagung, sind aber im ganzen Dolomitenbereich beinahe eine Seltenheit und gerade deshalb faszinierend. Wie vieles bieten z. B. die Kämme und Grate des Col Bel und Su l'Aut (Buffaure), der Monzoni, der Costabella und der Cima dell'Uomo, der Cima d'Ombretta und d'Ombrettòla, der Kette dell'Auta und des Padòn!

Die Zusammensetzung des Gesteins — der typisch graue Marmolatakalk mit den zahlreichen Einbrüchen dunklen Eruptivgesteins — verleiht der ganzen Gebirgsgruppe eine wesentlich strengere und auch einsamere Atmosphäre im Vergleich zu den anderen Dolomitengruppen, deren Gestein gleichmäßig hell und gelblich erscheint (Sella, Rosengarten usw.).

Die alten Aufstiegsrouten der Gipfel werden nur mehr wenig begangen, und es kommt vor, daß man den ganzen Tag über keinen Menschen trifft. Die Spuren früherer Besteigungen sind fast völlig verwittert, und man hat zuweilen das Gefühl, einer der Pioniere im Kampf um die Erschließung dieser Bergspitzen zu sein.

Obwohl die Besteigungen durchwegs leicht sind, muß eine gewisse Trittsicherheit und Orientierungsfähigkeit vorausgesetzt werden, zumal an vielen Stellen im unübersichtlichen Gelände jede Art von Markierung fehlt. Es gibt aber auch eine ganze Menge von Routen und Wegstrecken auf ausgezeichneten Steigen, von denen manche geradezu »klassisch« sind. Diese Routen überschreiten in der Regel einen der zahlreichen Paßübergänge und werden wegen ihrer großartigen Panoramablicke am meisten begangen.

Unter diesen steht die berühmte Route vom Contrin-Haus zum Schutzhaus Falier über den Ombretta-Paß an vorderster Stelle, die an der mächtigen Südwand der Marmolata entlangführt. Aber auch die Wanderwege über den »Vièl dal Pan« (Bindelweg), den Passo delle Selle, den Passo S. Nicolò, den Passo delle Cirelle, den Ombrettòla-Paß und die Forca Rossa gehören zu den am stärksten begangenen Touristenrouten.

Wer hingegen Stunden der Erholung in schöner Umwelt sucht, findet diese auf den herrlichen Almen des oberen San-Nicolò-Tales, bei Fuchiade und in den anderen Tälern

Vom Gipfel des Collac: die Marmolata, der Ombretta-Paß und der Vernale-Gletscher

der weitverzweigten Gruppe. Diese besitzt auch eine Reihe von technischen Anlagen (Seilbahnen, Kabinen- und Sessellifte), die den Besucher ohne Anstrengung zu schönen Aussichtspunkten bringen.

Die Marmolatagruppe kann in folgende sieben Zonen oder Untergruppen aufgeteilt werden:

>MONZONI-VALLACCIA
>COLLAC-BUFFAURE
>COSTABELLA-CIMA DELL'UOMO
>OMBRETTA-OMBRETTÒLA
>MARMOLATA-MASSIV
>PADÒN-KETTE
>KETTE DELL'AUTA

Vier dieser sieben Untergruppen liegen im großen südlichen Gebirgszug, der sich vom Fassatal (Sasso delle Dodici) bis nach Alleghe (Sasso Bianco) erstreckt. An seinem Beginn liegen im äußersten Westen die Felsburgen der Vallaccia und der Monzoni; dem San-Pellegrino-Paß gegenüber erheben sich die Costabella und die Cima dell'Uomo; im Zentrum liegt die Untergruppe der Cima d'Ombretta, Ombrettòla und Valfredda, die sich im Norden beim Ombretta-Paß an die Marmolata-Südseite anlehnt; östlich der Forca Rossa, bis zum Cordevole-Tal (Alleghe) breitet sich die massige Untergruppe der Cima d'Auta aus. Zwischen dem San-Nicolò-Paß und dem Fassatal dehnt sich die etwas gleichförmige Landschaft des Collac-Buffaure, und zwischen dem Ombretta-Paß im Süden und dem Fedajapaß im Norden baut sich das eigentliche Zentralmassiv der Marmolata auf. Fehlt noch die aus vulkanischem Gestein bestehende Padòn-Kette, die am nördlichen Rand der Gruppe zwischen der Furche des Fedajapasses und dem Tal von Livinallongo von Westen nach Osten zieht.

Um die ganze Gruppe schlingt sich ein Ring von Straßen, die durch Täler und über Pässe und zu den Ausgangspunkten der Wanderwege führen. Nur eine Straße durchschneidet die Gruppe ungefähr in der Mitte, nämlich die Straße von Rocca Piètore über den Fedajapass nach Canazei.

Eine Fahrt auf all diesen Straßen ist nicht nur landschaftlich schön, sondern gibt auch Gelegenheit, reizvolle Täler und interessante Siedlungen kennenzulernen.

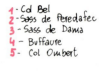

1 - Cd Bel
2 - Sass de Peredafec
3 - Sass de Dama
4 - Buffaure
5 - Col Ombert

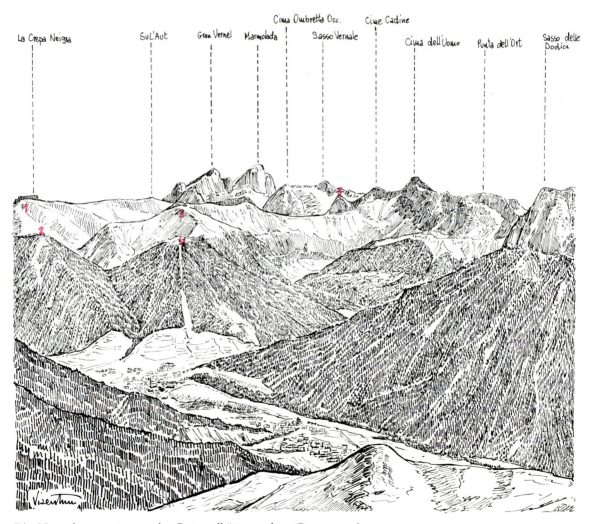

Die Marmolatagruppe, von der Rotwandhütte gesehen (Rosengarten).

Die Marmolatagruppe weist einige Besonderheiten auf: In ihr liegt der höchste Gipfel der Dolomiten, sie besitzt den größten Gletscher und hat als Gebirgsgruppe die zentralste Lage am Schnittpunkt der wichtigsten ladinischen Täler. Ein Beweis für diese zentrale Lage ist der uralte Weg »Viel dal Pan« (Bindelweg), über den in früheren Zeiten der Warenverkehr zwischen dem Cordevole-Tal, dem Fassatal, dem Abteital und dem Grödental ging. Erst durch die Erbauung der Großen Dolomitenstraße erlangten andere Paßübergänge, wie das Pordoijoch, eine größere Bedeutung.

Kehren wir aber zurück zum Straßennetz, das die Marmolatagruppe umrundet.

Das ganze obere Fassatal von Moena bis nach Canazei und hinauf zum Pordoijoch gehört zum Bereich der Gruppe und bildet deren westliche Abgrenzung. Über das Tal selbst braucht nicht viel gesagt zu werden. Es ist touristisch sehr beliebt, besonders als Standort für die reiche Auswahl an Wanderungen und Besteigungen im Rosengarten-, Langkofel- und Marmolatagebiet. Es wird vom Avisio durchzogen, der dem Marmolatagletscher entspringt; zwischen Moena und Canazei ist es auf einer Länge von rund 15 km breit und ziemlich eben. Blumige Wiesen schmücken seinen Grund, und dichte Tannen-, Fichten-, Kiefern- und Lärchenwälder bedecken seine seitlichen Hänge.

Ab Moena (1184 m), der letzten Ortschaft des Fleimstales (Val di Fiemme), in der bereits der ladinische Einschlag und die Eigenart des Fassatales erkennbar sind, begegnet man eine Reihe von Siedlungen bis zum Abschluß des Tales, wo der Anstieg der Straße zum Fedajapaß beginnt. Es sind dies:

— *Soraga* (1209 m)
— *Vigo di Fassa* (1382 m; Azienda Autonoma di Soggiorno / Verkehrsamt — Tel. 0462/
   6 40 93 und 6 40 94)
— *Pozza di Fassa* (1320 m; Azienda di Soggiorno / Verkehrsamt, Tel. 0462/6 41 17 und
   6 41 36)
— *Mazzin* (1372 m) mit den Fraktionen Campestrin und Fontanazzo
— *Campitello* (1448 m; Azienda di Soggiorno/Verkehrsamt — Tel. 0462/6 11 37)
— *Canazei* (1465 m) mit den beiden Fraktionen Alba und Penia.

Sämtliche Ortschaften besitzen alle notwendigen touristischen Einrichtungen (Hotels, Garnìs, Privatzimmer, Campingplätze, Banken, Geschäfte, Apotheke, Unfallstation usw.). Nahezu stärker frequentiert als die Sommersaison ist wegen des Skisports die Wintersaison.

Die Marmolatagruppe umfaßt in dieser Zone die Gebirgsstöcke der Vallaccia und der Buffaure, deren Flanken ziemlich steil, meist dicht bewaldet aber auch felsig, ins Fassatal abfallen. Vom Talgrund gehen zwei Seitentäler aus, die tief in das Innere der Gruppe eindringen: das Contrin-Tal und das San-Nicolò-Tal.

Das San-Nicolò-Tal entspringt am San-Nicolò-Paß und bei der Forcella Paschè und mündet bei Meida (Pozza) ins Fassatal. Eine schmale Asphaltstraße führt durch die malerische Talfurche bis hinauf zu den Almen der Baita Ciampiè. Die Fahrt zwischen Wäldern und blumigen Almböden mit alten Heuhütten ist überaus reizvoll. Schon von weitem erblickt man, elegant und ernst, den Kranz der Spitzen (Punte) dell'Uomo und Ciadin über dem Abschluß des Tales. Besonders zur Zeit des Sonnenuntergangs in den Herbstwochen ist das Bild beeindruckend schön. Noch intensiver kann man es aber von den Bergwiesen oberhalb der Baita Ciampiè (in der Nähe des San-Nicolò-Passes) oder von den Hängen der Forcella Paschè aus erleben. Im Talgrund laden mehrere Rastplätze am Bach zum sommerlichen Verweilen ein.

Kurz nach der Malga al Crocefisso, noch vor der ersten Weghälfte durch das Tal, zweigt in Richtung Süden als wichtiger Seitenarm das Monzoni-Tal ab.

Das S.-Nicolò-Tal mit seiner großartigen Bergkulisse: Col Ombert, Cadine-Spitzen, Cima dell'Uomo und Cima delle Vallate (von links nach rechts).

Almhütten im S.-Nicolò-Tal (Ciampiè).

Der noch bedeutendere Einschnitt des Contrin-Tales führt in die Mitte der Marmolatagruppe. Der Zugang beginnt bei Alba di Canazei und führt anfangs steil über eine bewaldete Rampe. Dann wird die Talfurche breiter und bleibt nahezu eben bis zur Felsstufe, auf der die grüne Wiesenfläche »Campo di Selva« und das Schutzhaus Contrin liegen. Weiter ansteigend mündet die Furche in das Rosalia-Hochtal (Ombretta-Paß), in das Cirelle-Tal und bei den Almen von Vernadais (San-Nicolò-Paß).
Zu erwähnen sind auch die beiden kleineren Seitenarme, die vom mittleren Teil des Fassatales ausgehen: das Giumela-Tal und das Crepa-Tal. Die Zugänge beider Talfurchen überwinden anfangs steile Waldhänge; dann werden ihre Böden breiter und zeigen im Inneren der Buffaure-Zone entzückend schöne, typische Landschaftsbilder.

Dem Ring um die Marmolatagruppe weiter folgend, erklimmt man auf der Großen Dolomitenstraße ab Canazei in zahlreichen Serpentinen das 2239 m hohe Pordoijoch. Im Bereich der Paßhöhe (Pecol, Col de Ross) liegen mehrere Bergstationen von Liftanlagen für den Wintersport. Von der Paßhöhe selbst schwingt sich eine kühn konstruierte Seilbahn hinauf zum Sass Pordoi, einem großartigen Aussichtspunkt, von dem der Blick u. a. auch den Marmolatagletscher, den Gran Vernel und andere Teile der Gruppe umfaßt.

Vom Pordoijoch senkt sich die Straße wiederum in Serpentinen hinab ins Tal des Cordevole, dessen Lauf sie bis nach Cencenighe folgt. Die Strecke zwischen dem Pordoijoch und Andraz, »Livinallongo« (Buchenstein) genannt, begrenzt den nördlichen Abschnitt der Marmolatagruppe. Von der Paßhöhe bis hinab nach Arabba werden 33 Kehren durchfahren, dann geht es fast eben weiter. Als Teil der »Großen Dolomitenstraße« von Bozen nach Cortina weist die ganze Strecke regen Verkehr auf.

Arabba (1605 m) ist die erste Ortschaft im Buchenstein. Es ist ein bekannter Ferienort und Wintersportplatz mit ausgezeichneten Abfahrtspisten, die von der Bergstation der Seilbahn Arabba-Porta Vescovo ausgehen (Azienda Autonoma di Soggiorno / Verkehrsamt — Tel. 0436/7 91 30). In Arabba zweigt die Straße zum Campolungo-Paß ab. Dieser gehört zu einer anderen, vielbefahrenen Dolomitenstrecke, die über die Pässe Pordoi, Campolungo, Grödner und Sellajoch das Sellamassiv umrundet.

Ab Arabba verläuft die nahezu ebene Strecke auf der linken Talseite des Cordevole den Südhängen des Col di Lana entlang. Man durchfährt die Ortschaften Pieve di Livinallongo (1465 m) und Andraz (1392 m), freundliche Ferienplätze mit schöner Aussicht auf die Nordflanke der Padòn-Kette und auf die zierlichen Häusergruppen von Ornella und das Davedino-Tal, hinter dem der Rand des Marmolatagletschers hervorlugt. Kurz nach Andraz teilt sich die Straße; geradeaus geht es über den Falzarego-Paß nach Cortina, rechtsabbiegend südwärts durch das Cordevole-Tal — hoch über dem Fluß bleibend — bis Caprile weiter. Auf dem gegenüberliegenden Hang des Monte Migogn erblickt man die von Wiesen und Wald umgebenen Häusergruppen von Laste.

Eine andere Fahrstraße, die vor Pieve di Livinallongo abzweigt, berührt auf der orographisch rechten Talseite die malerische Ortschaft Laste und endet bei Rocca Piètore. Nach Caprile wird die Talsohle breiter und wendet sich mit wenigen engen Stellen gegen Süden. Eine der Engstellen wird vom Alleghe-See ausgefüllt, dessen Wasser im 18. Jahrhundert durch einen gewaltigen Bergsturz vom Piz herab aufgestaut wurden. Alle-

Tiefblick von der Cima delle Vallate auf das schöne S.-Nicolò-Tal

Penia, Fraktion von Canazei, letzter Ort des Fassatales vor dem Aufstieg zum Fedaja-Paß

ghe (979 m) ist ein berühmtes Bergsteigerdorf, Heimat bekannter Alpinisten und idealer Ausgangspunkt für Besteigungen in der Civetta, deren gewaltige Nordwestwand die Ortschaft eindrucksvoll überragt.

Die Straße führt im Talgrund in Richtung Cencenighe weiter, vorbei an der Abzweigung nach Avoscan und S. Tomaso Agordino (1081 m), einem malerischen, einsamen Dorf, das mit seinen Fraktionen auf einem waldreichen Rücken mit prachtvoller Rundsicht auf die Civetta und das Tal liegt. Wandersteige führen auf die Cima di Pezza, zum Piz Zorlet und zum Sasso Bianco. Spazierwege verbinden die Ortschaft mit dem Alleghe-See, dem Pettorina-Tal und dem Biois-Tal.

Bei Cencenighe verläßt die Ringstrecke das Cordevole-Tal und tritt, rechts abbiegend, in das Tal des Biois ein. Dieses bildet mit dem jenseits des San-Pellegrino-Passes bis Moena weiterziehenden San-Pellegrino-Tal die südliche Begrenzung der Marmolatagruppe.

Das Biois-Tal steigt bis zum San-Pellegrino-Paß an. Auf der Fahrt berührt man die Ortschaften:

— Vallada Agordina (1080 m) mit den sieben Fraktionen Mas, Celat, Sacchet, Andrich, Toffol, Piaz und Cogul, alle zwischen 894 und 1274 m. Die uralte Kirche San Simon aus der Zeit vor 1185 enthält interessante Freskomalereien von Paris da Bordone (1500—1571). Nicht minder wertvoll ist das »Museum für Geschichte und Kultur des Biois-Tales«, in welchem bäuerliche Arbeits- und Hausgeräte, Schriften und Dokumente aus der Geschichte des Tales aufbewahrt sind. Wander- und Spazierwege durchziehen die umliegenden Wälder und führen auf die nahegelegene Cima d'Auta.

— Canale d'Agordo (976 m) an der Einmündung des Gares-Tales, wo sich der Liera-Bach mit dem Biois und dessen Tal vereinigt. Die Ortschaft ist von einer Runde schöner Bergspitzen umgeben: der Cima di Pape, dem Cimon della Stia und den Campanili di Lastei. Das Gares-Tal besitzt in dem Wasserfall »Comelle« eine kleine Sehenswürdigkeit. Von historischem Interesse sind der »Palazzo delle Regole« (1640) und der »Palazzo della Confraternità dei Battuti« (1455), der jetzt als Rathaus dient. Canale ist Ferienort das ganze Jahr über, mit vielen Wanderwegen und Ski-Langlaufloipen.

— Falcade und Caviola; es ist dies ein renommiertes Touristikzentrum für Sommer und Winter am Fuße des Valles- und des San-Pellegrino-Passes. Hervorragender Wintersportplatz mit schönen Abfahrtspisten aller Schwierigkeitsgrade. Stützpunkt für Wanderungen und Besteigungen im Bereich der Cima d'Auta.

Vor dem San-Pellegrino-Paß münden die breiten Furchen des Valfredda-Tales und des Rio del Cigolè in das Tal des Biois, die bei den Almböden von Fuchiade und des Pian della Schita ihren Ursprung haben.

Typische Bauernhäuser bei Arabba, an der Straße zum Pordoijoch.

Andraz im Livinallongo-Tal, unter den waldigen Hängen des Col di Lana.

Vom San-Pellegrino-Paß senkt sich die Straße in das gleichnamige Tal hinab. Zwischen der Talsohle und der Gebirgskette Costabella-Cima (Punta) dell'Uomo dehnt sich in weiten Wellen das Weideland der Campagnaccia und der Costabella. Talwärts weiterfahrend kommt man wiederum nach Moena zurück, wo die Rundfahrt um die Marmolatagruppe begonnen hatte.

Die eben beschriebene Runde wird in ihrem Innern nur von einer einzigen Straße durchquert, die von Canazei zum Fedajapaß hinauf und von dort, ins Pettorina-Tal absteigend, nach Rocca Pietore führt. Auf der Seite des Fassatales ist diese Straße breit und bequem, von der Malga Ciapela ab durch das Val d'Arei ist sie hingegen schmal und stellenweise steil. Ihr Ausbau ist geplant, zumal die Zone wegen der Seilbahn auf die Marmolata (Punta Rocca) für den Wintersport wichtig geworden ist.

Von der Mulde der Malga Ciapela führen in südlicher Richtung mehrere Seitentäler in die Untergruppe dell'Aut. Das schönste von ihnen ist das Franzedas-Tal, das zu den Paßübergängen der Forca Rossa und des Col Bechèr ansteigt.

Charakteristische Heuschuppen in Fedèr (Caviola), Biois-Tal.

Die Schutzhütten

Biwakschachtel »Donato Zeni« (2100 m)

Am Eingang der Vallaccia und am Beginn des Klettersteiges auf den Sass Aut und den Sass delle Dodici gelegen, ist die Biwakhütte als Stützpunkt für die Klettertouren in dieser Zone, die bis vor wenigen Jahren noch ganz ohne Unterkunftsmöglichkeit war, von großer Wichtigkeit, besonders für die Felskletterer, die von der luftigen Kante der Torre Vallaccia und der mächtigen Wand des Passo delle Undici angezogen werden, die gerade gegenüber der Biwakschachtel liegen.
In der Hütte, die unbewirtschaftet ist, finden neun Personen Platz. Wegen ihres roten Anstrichs ist sie schon von weitem zu erkennen, sobald man den oberen Waldrand auf der Talseite gegenüber der Pension Soldanella erreicht hat.

Zugang

— *Von der Pension Soldanella (1450 m, S.-Nicolò-Tal)*

2 Gehstunden

Etwa eineinhalb Kilometer nach Pozza zweigt von der Straße des S.-Nicolò-Tales knapp vor der kleinen Brücke, gegenüber der Pension Soldanella, ein markierter Steig ab. Nach rund einer Gehstunde durch den steil ansteigenden Wald erreicht man oberhalb der Waldgrenze eine Felsstufe, die zur Schlucht der Vallaccia hinaufführt und von der aus die Biwakschachtel bereits gut zu sehen ist. Elegant erheben sich die Kante und die Wände des Vallaccia-Turmes.

Übergänge

— *Zum Schutzhaus Taramelli (2046 m) über die Forcella Vallaccia (2493 m)*

2 Stunden, 30 Minuten.

Wenig benützter Übergang. Bei Schnee in der Rinne der Forcella ist die Tour nicht ungefährlich (Seil, Pickel und Steigeisen).

Von der Biwakschachtel marschiert man in Richtung des Talabschlusses der Vallaccia und nimmt dann die steile Rinne links von der Forcella Vallaccia (2493 m) in Angriff. Bis um die Mitte des Sommers ist diese meist mit vereistem Schnee gefüllt, der den Aufstieg stark erschwert. Ohne Schnee ist die Rinne kein Problem.

Nach der Überschreitung der Scharte geht es auf der anderen Seite über einen dürftig grasbewachsenen Hang bergab, bis man auf den Steig Nr. 624 trifft, der von der Costella herabkommt.

Etwas oberhalb der Monzoni-Alm biegt man nach rechts und gelangt bald zum nahegelegenen Schutzhaus Taramelli.

Schutzhaus Torquato Taramelli (2046 m)

Ein berühmtes Haus, das den Namen eines großen Geologen trägt. Es wird alljährlich von Wissenschaftlern und Naturfreunden besucht, die es als Stützpunkt für ihre Forschungsarbeit in den umliegenden Monzoni-Bergen benützen, die wegen ihres Mineralienreichtums weltbekannt sind. Das Haus steht auf einer kleinen Terrasse hoch über dem Monzoni-Tal; in seiner Nähe stürzen über eine Felswand die Wasser des weiter oben liegenden Selle-Sees herab. Es ist meist vom 15. Juli bis zum 25. August geöffnet und gewährt trotz seiner bescheidenen Größe auch Ausflüglern Unterkunft und Verpflegung. In den steilen Geröllhalden der zerklüfteten Rizzoni-Kette dem Schutzhaus gegenüber suchen und finden die Sammler geologisch interessantes Material.
Vom S.-Nicolò-Tal aus kann man im Auto bis zur Weitung der Monzoni-Alm fahren, von wo aus man in rund 20 Minuten beim Taramelli-Haus ist. Dieses ist Eigentum der SAT (Società Alpinisti Tridentini), Sektion Trient, des Italienischen Alpenklubs CAI.

Die Biwakschachtel Donato Zeni und die Punta della Vallaccia.

Zugang

— *Von der Malga al Crocefisso (1522 m)*

Fahrstraße bis zur Monzoni-Alm, von dort Saumweg — 1½ Gehstunden.

Bei der Malga al Crocefisso verläßt man die Straße des S. Nicolò-Tales und biegt rechts in eine ebenfalls asphaltierte Straße ein. Diese folgt dem waldreichen Monzoni-Tal, steigt mit einigen Kehren an und führt nach einer Serpentine, nunmehr ohne Asphaltdecke, an einer Holzbrücke über den Bach vorbei (Abzweigung nach Lagusel). Bald darauf erblickt man die Weitung der Almwiesen mit dem Wirtschaftsgebäude und dem großen Viehstall der Malga Monzoni. Durch lichten Wald geht es weiter bis zum Talabschluß und nach einem Linksbogen kommt man zur Felserrasse, auf der das Schutzhaus steht.

Übergänge

— *Zur Baita Ciampiè (S.-Nicolò-Tal, 1826 m) über Lagusel*

Gehzeit 2—2½ Stunden.

Eine klassische Wanderung, die an dem malerisch gelegenen See Lagusel vorbeiführt. Häufiger wird die wunderschöne Gegend im Rahmen einer Wanderung von der Malga al Crocefisso zur Baita Ciampiè besucht.

Das Schutzhaus Torquato Taramelli gegen die Pale di Carpella.

— *Zum Schutzhaus Passo Le Selle (2529 m).*

Gehzeit 1½ Stunden.

Vom Taramelli-Haus folgt man dem Steig zum San-Pellegrino-Paß, der in steilen Kurven den Hang gegenüber dem Schutzhaus erklimmt und in die Mulde hinaufführt, in der sich das Wasser des Selle-Sees sammelt. Über die Schuttkare der Pale di Carpella führt der Steig weiter empor zu einer letzten Felsstufe und zum Paß Le Selle.

— *Zur Biwakschachtel Donato Zeni (2100 m) über die Forcella della Vallaccia*

Gehzeit 2½ Stunden.

Eine wenig begangene Route, die zu Beginn des Sommers wegen des Abstieges durch die mit Schnee und Eis gefüllte Rinne der Forcella della Vallaccia nicht leicht ist.

Vom Taramelli-Haus geht es zunächst abwärts zum Pian dei Monzoni. Kurz vor dem Stallgebäude biegt man in den markierten Steig ein, der linker Hand zu den Almböden der Gardeccia hinaufführt. Dann geht es in Richtung zur Costella weiter und rechts durch den Einschnitt zwischen dieser und der Punta Vallaccia über einen steilen Grashang hinauf zur Forcella Vallaccia (2493 m). Durch die sehr steile Rinne, für die bei Schnee und Eis Pickel und Steigeisen notwendig sind, steigt man in die Schlucht der Vallaccia ab und kommt bald zum bereits sichtbaren Biwak Donato Zeni.

— *Nach Moena (1184 m) über die Costella (2529 m).*

Gehzeit 3—3½ Stunden.

Eine sehr lohnende Wanderung in schöner, einsamer und fast unberührter Berglandschaft.

Vom Taramelli-Haus marschiert man auf dem vorhin beschriebenen Weg zu den Hochweiden der Gardeccia (absteigend bis zur Monzoni-Alm und kurz davor links abbiegend), oder man benützt eine Steigspur, die linker Hand den Hängen der Cima Malinverno entlangführt. Auf beiden Wegen erreicht man die Hütten und Ställe der Gardeccia, von wo aus ein leicht ansteigender Weg über Bergwiesen zum Übergang der Costella (Valico della Costella) hinaufführt.

Von dort geht man entweder über den langen Kamm der Punta Vallaccia hinüber zum Piz Meda und steigt dann nach Moena ab, oder man benützt den Steig durch das enge Val Pizmeda hinab zum Weiler Ronchi an der San-Pellegrino-Straße und wandert auf dieser hinaus nach Moena.

Schutzhaus Passo Le Selle (2529 m)

Im Sommer 1978 hatte Pepi Pellegrin vom Hotel Miralago am San-Pellegrino-Paß mit dem Bau eines Schutzhauses auf dem Selle-Paß begonnen. Das Haus war schon im Jahr darauf fertig und ist seither als Wirtschaft mit Übernachtungsmöglichkeit für Touristen und Bergsteiger allsommerlich geöffnet (15 Matratzenlager und Schlafstellen im Dachgeschoß). Ebenerdig bieten zwei geräumige Gastlokale reichlich Platz.

Das Schutzhaus steht auf der Paßhöhe nahe der Stelle, wo während des Ersten Weltkrieges ein österreichisches Barackenlager war, dessen Reste noch zu sehen sind. Das Haus ist ein wichtiger Stützpunkt für die Durchquerung der Costabella (zur Forcella del Ciadin) und der Monzoni-Kette. Bergwacht Tel. 0473/72 33 70, verbunden mit dem Hotel Miralago.

Zugänge

— *Vom Taramelli-Haus (2046 m)*

Gehzeit 1½ Stunden.

Eine Route, die wegen der Besichtigung der ehemaligen Kriegsstellungen am Paß, aber auch als Teil des Wanderweges zum San-Pellegrino-Tal stark begangen wird.

Vom Taramelli-Haus geht es in steilen Serpentinen aufwärts bis zur steinigen Mulde am Fuß der Pale di Carpella. Vorbei am Selle-See führt der Steig weiter empor und über eine Stufe zum letzten Steilhang, der am Passo delle Selle endet.

— *Vom S.-Pellegrino-Paß (1919 m)*

Gehzeit 1½ Stunden.

Auf dem Steig, der auch zum Taramelli-Haus, ins Monzoni-Tal und ins San-Nicolò-Tal führt.

Ein seit kurzem vorhandener Sessellift erspart eine halbe Stunde Aufstieg (Sessellift »Costabella« zum Restaurant »Paradiso«). Die Anlage ist im Sommer nur im August in Betrieb.

Vom S.-Pellegrino-Paß kommt man auf dem breiten Saumweg bergwärts über Wiesen in eine Mulde hinein. Nach einer Kurve wird links abgebogen und, an der Bergstation des Sessellistes »Costabella« vorbei, wird auf markiertem Steig die Almlandschaft der Costabella und der Campagnaccia durchwandert. Über einen abschließenden steilen Hang kommt man zum Paß und zum Schutzhaus Le Selle, dessen Umrisse während des Aufstieges schon von weitem zu sehen sind.

Der massige Kamm der Punta dell'Ort, vom Eingang des S.-Nicolò-Tales aus gesehen.

S.-Pellegrino-Paß (1919 m)

Mehr als von Schutzhäusern muß hier von Gasthöfen und Hotels die Rede sein. Der Paß gehört aber zu den Stützpunkten, da er Ausgangspunkt mehrerer wichtiger Übergangswege und Besteigungsrouten der Gruppe ist.

Nahezu alle Aufstiegsrouten der Kette Cima dell'Uomo-Costabella nehmen auf dem S.-Pellegrino-Paß ihren Ausgang. Der Paß ist ein breiter Einschnitt am Ende der beiden Täler, die das Fassa-Gebiet und das Agordino-Gebiet miteinander verbinden. Sein Name stammt vom ehemaligen Hospiz, das schon 1358 von Mönchen erbaut wurde. Obwohl es nach dem Ersten Weltkrieg neu errichtet wurde, ist seine alte Struktur heute noch zu erkennen.

In den letzten Jahren sind auf der Paßhöhe moderne Hotels entstanden, die hauptsächlich dem Wintersport dienen. Für den Skisport wurde eine Reihe von Aufstiegsanlagen geschaffen (Sessellifte und Skilifte).

Unweit vom Paß liegen zwei kleine Seen, der San-Pellegrino-See und der Pozze-See mit dem Hotel Miralago. Eine bequeme Asphaltstraße überquert den Paß und verbindet Moena (11 km) mit Falcade (9 km). Eine Autobuslinie mit nicht gerade günstigen Fahrzeiten verkehrt zwischen den beiden Touristenorten und dem Paß.

Übergänge

— *Zum Schutzhaus Passo Le Selle (2529 m)*

Gehzeit 1½—2 Stunden. Stark begangene Route mit Markierung 604.

Der Steig berührt eine Reihe von Stellungen aus dem Ersten Weltkrieg im Frontabschnitt des Selle-Passes und führt dann hinab zum Taramelli-Haus und weiter ins S.-Nicolò-Tal.

— *Zum Schutzhaus Fuchiade (1982 m)*

¾ Gehstunden.

Östlich der Paßhöhe, wo die Straße nach Falcade abzusinken beginnt, biegt man in einen schmalen Fahrweg ein, der zum Hotel Miralago führt. Gerne geht man den Weg zu Fuß, denn er durchquert schöne Waldstücke und Wiesen mit malerischen Heuhütten.

Bis vor wenigen Jahren nahmen auch die Wanderungen in die Zone der Ombrettòla und der Valfredda vom S.-Pellegrino-Paß ihren Ausgang. Durch die Errichtung des Schutzhauses Fuchiade und der Instandsetzung seiner Zufahrtsstraße wurde der Ausgangspunkt weiter in die Berge hinein verschoben. Sowohl von Moena als von Falcade herauf fährt das Postauto bis zum Hotel Miralago.

Schutzhaus Fuchiade (1982 m)

Das Schutzhaus Fuchiade ist Privatbesitz; es wurde in der Nähe einer Gruppe von Heuschuppen errichtet, die seit jeher ein landschaftlich reizvoller Anziehungspunkt waren. Fuchiade ist eine idyllische Almgegend mit größtenteils ebenen Wiesen vor dem prächtigen Hintergrund der Ombrettòla- und Valfredda-Gipfel. Wie die vielen Heuhütten beweisen, wird hier auch heute noch fleißig in der Landwirtschaft gearbeitet. Fuchiade ist ein beliebtes Ausflugsziel, das besonders am Wochenende viele Urlauber anzieht. Am Abend senkt sich ein tiefes Schweigen über die Almwiesen, und in der Ferne leuchten die kühnen Felszacken der Pale di San Martino auf.

Von Fuchiade gehen einige leichte Wanderrouten aus; hier beginnen auch die beiden klassischen Wanderwege über den Cirelle-Paß und die Forca Rossa.

Zugang

— *Vom S.-Pellegrino-Paß (1919 m)*

¾ Gehstunde.

Auf einer zwar nicht asphaltierten doch guten Fahrstraße in wenigen Minuten im Auto, oder zu Fuß auf absolut nicht anstrengendem Weg.

Übergänge

— *Zum Schutzhaus Contrin (2016 m) über den Cirelle-Paß (2686 m)*

3—3½ Gehstunden. Schöne und vielbegangene Paßroute ohne Schwierigkeiten.

Der Steig ist gefahrlos und gut markiert; über die Schutthänge zum Cirelle-Paß hinauf ist er etwas beschwerlich. Schöne Ausblicke auf den kleinen Gletscher des Vernale und auf die Marmolata.

Der Selle-Paß mit der neuen Schutzhütte, vom Piccolo Lastei aus gesehen (Costabella-Grat).

Die grüne Weitung von Fuchiade gegen den Cirelle-Paß und die Punta del Cigolè.

Vom Cirelle-Paß ist ein Abstecher auf die nahen Gipfel der Cime Cadine und der Punta del Cigolè zu empfehlen, auf denen die italienischen Alpini wichtige Stellungen hatten.

— *Zum Schutzhaus Falier (2080 m) über den Cirelle-Paß und den Ombrettòla-Paß, 2868 m*

Rund 4 Gehstunden. Eine längere und auch anstrengendere Paßroute als die vorhergehend beschriebene. Trotz vieler schöner Aussichtspunkte nicht viel begangen.

Der Wegverlauf ist einfach und markiert. Auf dem Cirelle-Paß angelangt, steigt man in Richtung Contrin-Haus ab, biegt aber bald nach rechts, um dem Steig zu folgen, der zum Ombrettòla-Paß hinaufführt, dem hohen Übergang zwischen dem Sasso Vernale und der Cima d'Ombrettòla. Rings um den Paß sieht man reichlich Reste der Dolomitenfront des Ersten Weltkrieges. Etwas aufregend ist der Abstieg durch die wildzerklüftete (und manchmal auch schneebedeckte) Schlucht des Vallon d'Ombrettòla, an deren Ausgang das Schutzhaus Falier liegt.

— *Zum Schutzhaus Falier (2080 m) über die Forcella del Bachet, 2828 m*

Gehzeit 3½ Stunden

Eine im Grunde genommen leichte und dennoch problematischere Route als die vorher beschriebenen, weil man in der Zone des Paßüberganges ohne Steigspuren auskommen muß. Die Orientierung ist zwar leicht und die Tour ohne Gefahren, doch ist der Aufstieg zur Forcella Bachet durch das steile Geröll ohne jede Wegspur sehr anstrengend. Es ist auch eine einsame Wanderung, was aber für viele Bergsteiger hinwiederum ein Anreiz ist.

Vom Schutzhaus Fuchiade folgt man zu Beginn dem Steig zum Cirelle-Paß. Wo dieser in Serpentinen einen ziemlich steilen Grashang erklettert, geht man auf einer rechts abbiegenden Wegspur weiter. Diese durchquert die lange Mulde zwischen der Cima d'Ombrettòla und dem Sasso di Valfredda. Bevor man den Kamm der Saline erreicht, geht man an der Grenze der kargen Vegetation geradeaus weiter (rote Markierung auf Steinblöcken) und steigt in der Mitte oder am linken Rand durch das Couloir hinauf zu einer mit Felsgeröll gefüllten Mulde (in der auch die Führe zur Valfredda-Spitze beginnt). Nach weiteren 150 Metern Aufstieg steht man auf der Forcella del Bachet, von der aus ein prachtvoller Blick auf die Marmolata die nicht geringe Mühe des Aufstieges belohnt. Der Abstieg ist wegen Schneestellen mit Vorsicht anzutreten, bis man auf den Steig stößt, der vom Ombrettòla-Paß herüberführt. Durch die gleichnamige Schlucht gelangt man bald hinab zum Schutzhaus Falier.

Das Schutzhaus Fuchiade mit den nördlichen Spitzen der Pale di San Martino.

Die schönen Almböden von Fuchiade mit dem Fahrweg vom S.-Pellegrino-Tal zum Schutzhaus, aufgenommen von der Punta del Cigolè.

— *Zum Schutzhaus Falier (2080 m) über die Forcella della Banca di Valfredda, 2777 m.*

Gehzeit 3½ Stunden.

Eine sehr interessante Paßroute, die fast nie begangen wird, dem anspruchsvollen Bergsteiger aber nur empfohlen werden kann. Etwas schwierig in der Orientierung im mittleren Teil, wo der richtige Einstieg in das Kar gefunden werden muß, das zur Banca di Valfredda hinaufführt.

Im großen und ganzen ist die Tour leicht, wenngleich sie einige heikle Stellen enthält (Abstieg von der Forcella) und zum großen Teil ohne Wegspuren ausgeführt werden muß. Ein paar Steigspuren lassen sich jedoch entdecken.

Von der Forcella aus ist die Besteigung des Monte La Banca (2860 m) zu empfehlen, denn der Blick von seinem Gipfel auf die Marmolata-Südwand ist eindrucksvoll. Der Abstieg von der Forcella erfolgt nach einer nicht leichten Felsstufe (Vorsicht) über Schneepartien, wobei man sich immer nahe an der links aufragenden Wand der Punta del Formenton zu halten hat. Ein steiler Felsabsatz wird mit Hilfe eines schräg nach links abfallenden Schotterbandes überwunden, das bis zum Vallon d'Ombrettòla hinabreicht. Von dort kommt man auf gutem Steig ziemlich rasch zum Schutzhaus Falier (siehe Wegbeschreibung auf Seite 170).

— *Zur Malga Ciapela (1449 m) über die Forca Rossa, 2486 m.*

3 Gehstunden.

Eine klassische Route auf gutem, markiertem Steig, als Teil des Höhenweges Nr. 2 durch die Dolomiten stark begangen. Auch für die Wintersportler als alpine Skiwanderung interessant.

Schutzhaus Passo S. Nicolò (2340 m)

Ein erst vor kurzem errichteter Bau auf dem breiten Sattel des S.-Nicolò-Passes.

Der Paßübergang vom S. Nicolò-Tal zum Contrin-Haus gehört von jeher zu den meistbegangenen Routen der ganzen Gruppe. Durch die Errichtung des Schutzhauses mit Übernachtungsmöglichkeit ist das Bergsteigen in dieser Zone wesentlich erleichtert worden. Beiderseits der Paßhöhe stößt man auf Reste der österreichischen Stellungen im Ersten Weltkrieg. Der breite Sockel des Col Ombert und die felsige Terrasse am Fuß der Lastei di Contrin boten den Österreichern hinreichend

Schutz vor der Artillerie der Alpini, die auf den Cime Cadine und den benachbarten Höhen Beobachtungsposten hatten. Auch der felsige Kamm der Varos, der sich nördlich vom Paß gegen das Contrin-Tal hin vorschiebt, weist deutliche Spuren des Krieges auf.

Wohltuend ist die kurze Wanderung vom Schutzhaus zu den Almen des Ciamp de Mez vor dem großartigen Hintergrund der Marmolata-Südwestwand, des Vernel und des Vernale-Gletschers.

Zugänge

— *Von der Baita Ciampiè (1826 m)*

1½ Gehstunden auf gutem Steig mit Markierung Nr. 608.

Die Wanderung führt durch den letzten Teil des S.-Nicolò-Tales mit schönem Blick auf die Kette der Cima dell'Uomo. Die letzte Geländestufe vor der Paßhöhe ist ziemlich anstrengend. Die Route wurde schon früher sehr viel begangen und ist

Die Schutzhütte Passo S. Nicolò unter der Felsenwand des Col Ombert.

Der breite Sattel des S.-Nicolò-Passes, von der Cima delle Vallate aus. Links der Collac mit dem dunklen Profil des Dantone-Turms (Torre Dantone), rechts der Col Ombert. Weit draußen die Sellagruppe.

jetzt, nach der Errichtung des neuen Schutzhauses auf dem Sattel, noch attraktiver geworden. Viele Touristen besuchen nur das Schutzhaus, ohne die ganze Strecke bis zum Contrinhaus zu gehen.

— *Vom Schutzhaus Contrin (2016 m)*
1½ Gehstunden auf Steig mit Markierung Nr. 608.
Als Teil des leichten Überganges vom Contrinins S.-Nicolò-Tal kann die Route wegen der herrlichen Aussicht auf die Marmolata und des Aufstiegs über die wunderschönen Bergwiesen des Vernadais nur empfohlen werden. Sie gehört übrigens zu den bekanntesten der ganzen Zone.

Übergänge

— *Nach Ciampac (2180 m) über die Forcia Neigra, 2512 m.*
1¾ Gehstunden auf markiertem Steig. Leichte und landschaftlich schöne Wanderung.
Dem nach Norden ziehenden Kamm entlang führt der Steig vom S.-Nicolò-Paß ausgehend über grüne Almflächen am Fuß der Felsabbrüche des Sasso Bianco und des Sasso Nero. Dann überschreitet er die kleine Scharte zwischen dem Sasso Nero und dem Torre Dantone und steuert, auf gleicher Höhe bleibend, auf die breite Forcia Neigra zu. Von dieser steigt man in die weite Mulde des Ciampac hinab und kommt zur Bergstation der von Alba di Canazei heraufführenden Seilbahn.

— *Rund um den Col Ombert über die Forcella Paschè (2520 m)*
Gehzeit 2 Stunden, 30 Minuten.
Diese interessante Rundtour ist aus zwei Gründen besonders empfehlenswert: der Felsenkamm der Cime Cadine gegenüber der Forcella Paschè ist voll von Kavernen, Stufen und Leitern (Vorsicht) aus dem Ersten Weltkrieg; und die wie eine gigantische Mauer dastehenden Wände der Kette Dell'Uomo am Abschluß des S.-Nicolò-Tales bieten einen geradezu aufregenden Anblick.

— *Zum Schutzhaus Fuchiade (1982 m) über den Cirelle-Paß, 2686 m.*
Eine leichte und wenig bekannte Route, die als Abwechslung zu den üblichen Wanderungen in der Zone des Cirelle-Passes Beachtung verdient. Vom S.-Nicolò-Paß führt eine Wegspur auf der Nordseite des Col Ombert unterhalb einer Felsterrasse entlang, auf die man durch das erste sich bietende Schuttkar hinaufsteigt. Man kommt so zu den Lastei di Contrin, von wo eine anfänglich schwer erkennbare, doch später deutliche Wegspur an der langen Nordwand der Cime Cadine vorbeizieht. Bald stößt man auf den Steig Nr. 607, der vom Contrin-Haus zum Cirelle-Paß und weiter nach Fuchiade führt.

Schutzhaus Contrin (2016 m)

Das Contrin-Haus am Abschluß des Contrin-Tales ist eines der bekanntesten Schutzhäuser der Dolomiten. Es wurde auf einer grünen Terrasse (Campo di Selva) an derselben Stelle wiedererrichtet, wo vorher das im Ersten Weltkrieg völlig zerstörte Contrin-Haus des Deutschen und Österreichischen Alpenvereins, Sektion Nürnberg, stand.

Es ist ein erstrangiger Stützpunkt für alle Bergfahrten und Wanderungen in der Gruppe und für die Kletterfahrten in den Südwänden der beiden Vernel und der Marmolata. Das Haus ist auch Ausgangspunkt der klassischen Route auf die Marmolata über den gesicherten Westgrat-Klettersteig, für die eine Übernachtung auf der Hütte erforderlich ist.

Der Stützpunkt besteht aus zwei Häusern, die für rund 100 Personen Unterkunft bieten. Sie sind Eigentum der A. N. A. (Associazione Nazionale Alpini) Tel. 0462/6 11 01.

Zugang

— *Von Alba di Canazei (1517 m)*

Gehzeit 1½—2 Stunden.
Schöner Wanderweg, im ersten Teil jedoch etwas anstrengend. Nach dem ersten Steilstück wird das Tal breiter und steigt nur mehr leicht an, bis zur zweiten Geländestufe mit einer grasbewachsenen Terrasse, auf der das Contrin-Haus steht.
Während des Anmarsches kommt man an zwei Raststätten vorbei: an der Baita Locia knapp oberhalb der ersten waldigen Talstufe, und an der Baita Robinson am Ende der ebenen Strecke des Tales.

Übergänge

— *Zum Pian dei Fiacconi (2626 m) über die Forcella Marmolata (2910 m).*

Gehzeit 3 Stunden. Traversierung des Gletschers (Pickel und Steigeisen).
Eine grandiose, nicht schwierige Tour, die zur Hälfte den Marmolatagletscher miteinbezieht. Entsprechende Ausrüstung sowie eine gewisse Bergerfahrung und Trittsicherheit sind erforderlich. Anstrengend der Aufstieg (auf ziemlich gutem Steig) zur Forcella Marmolata (2 Stunden). Zum Sommerbeginn ist der Aufstieg wegen der vereisten Schneerinne schwieriger als später. Von der Forcella ab folgt man der meist gut ausgetretenen Spur quer über den Vernelgletscher und hinab zum Pian dei Fiacconi.

Man kann auch direkt nach Fedaia oder nach Pian Trevisan absteigen. Im ersten Fall biegt man beim Beginn des Gletschers nach rechts, durchquert den Einschnitt des Nordwestgrates der Marmolata (südlich der Quote 2709) und steigt zum Pian dei Fiacconi ab. Im zweiten Fall geht man am Ende des Vernel-Gletschers auf Steigspuren durch Geröll über die Camorcia und den Col da Baranchiè hinab zum Fedaja-Paß.

— *Zum Schutzhaus Falier (2080 m) über den Ombretta-Paß (2704 m).*

Gehzeit 2½ Stunden auf Steig Nr. 610.
Eine der klassischen Wanderrouten, vor allem wegen der faszinierenden Eindrücke am Fuß der gigantischen Marmolata-Südwand. Interessant ist auch der Ombretta-Paß mit seinen Kavernen und Laufgräben aus dem Ersten Weltkrieg. Auf dem Felsenkamm der Cima Ombretta steht die Biwakschachtel Marco Dal Bianco. Der Abstieg über die Schuttkare geht rasch; in kurzer Zeit ist man beim Schutzhaus Falier.

— *Zum Schutzhaus Falier (2080 m) über den Ombrettòla-Paß (2868 m)*

Gehzeit 3½ Stunden.
Anstrengender doch interessanter Paßübergang immer auf markiertem Steig. Weniger begangen als der vorher beschriebene Weg; er bildet eine willkommene Alternative.

— *Zum Schutzhaus Fuchiade (1982 m) über den Cirelle-Paß (2686 m).*

Gehzeit 3 Stunden, auf gutem, markiertem Steig.
Eine klassische und vielbegangene Route mit prachtvollem Blick auf die Marmolata und den Vernale-Gletscher. Sie ist ein Teil der »Hohen Dolomitenroute Nr. 2«, die von Brixen aus mehrere Dolomitengruppen bis nach Feltre hinab durchquert.

— *Zur Baita Ciampiè (1826 m) über den S.-Nicolò-Paß (2340 m).*

Gehzeit 2½ Stunden. Beliebter und vielbegangener Weg mit herrlicher Aussicht auf die Marmolata.
Auf dem S.-Nicolò-Paß ist seit einigen Jahren ein privates Schutzhaus mit Übernachtungsmöglichkeit geöffnet.

Das Schutzhaus Contrin vor der gewaltigen Pyramide der Westlichen Ombretta-Spitze.

Die Biwakschachtel Marco Dal Bianco oberhalb des Ombretta-Passes.

— *Zur Baita Ciampiè (1826 m) über die Forcella Paschè (2520 m).*

Leichte Route, jedoch nur Steigspuren.
Eine interessante Alternative zu der vorher beschriebenen Route, mit der Durchquerung wildromantischer, einsamer Bergwinkel in der Nähe der Forcella Paschè (Schächte und Leitern aus dem Ersten Weltkrieg) und im mächtigen Kessel unterhalb der Cima dell'Uomo.

Biwakschachtel »Marco Dal Bianco« (2730 m)

Man gelangt zu diesem Stützpunkt vom Ombretta-Paß über den Felsgrat, der in südlicher Richtung zur Cima Ombretta hinaufzieht. Die Hütte ist eine ausgesprochen alpine Unterkunft, die laut einem im Inneren angebrachten Hinweis jenen Klettersportlern als Nachtquartier dienen soll, die am darauffolgenden Tag sehr schwere Führen der Marmolata-Süd- und Südwestwand durchsteigen wollen. Die rot angestrichene Hütte ist unbewirtschaftet, bietet Unterkunft für neun Personen und ist immer geöffnet. Fast einzigartig ist die Gelegenheit, von ihrem Standort aus die Seilschaften auf den äußerst schwierigen Kletterführen zur Punta Penia und zur Punta Rocca zu beobachten.

Zugänge

— *Vom Schutzhaus Contrin (2016 m)*
1¾ Stunden Gehzeit.

— *Vom Schutzhaus Falier (2080 m)*
1¾ Stunden Gehzeit.

Beide Zugänge sind ein Teil jener klassischen Route, die wegen ihres grandiosen Blickes auf die Marmolata-Südwand sehr viele Freunde gewonnen hat.

Schutzhaus Onorio Falier (2080 m)

Am westlichen Rand des Ombretta-Plateaus in 2080 m Höhe gelegen, ist dieses Schutzhaus ein Schnittpunkt mehrerer Routen des zentralen Teiles der Gruppe. Hoch über der Hütte baut sich der östliche Pfeiler des Ombrettagipfels mit der charakteristischen Pilzkuppe auf. In ihrer Nähe befindet sich auch der Eingang des Vallon d'Ombrettòla, an dessen Abschluß die Gipfel Monte La Banca, Cime del Formenton und Sasso di Valfredda in den Himmel ragen.

Das Schutzhaus ist der ideale Stützpunkt für die extrem schwierigen Kletterfahrten in der Südwand der Marmolata di Rocca und Marmolata di Serauta. Das Haus ist Eigentum der Sektion Venedig des CAI (Club Alpino Italiano), der für seine Bewirtschaftung zur Sommerszeit Sorge trägt. Ebenso wie das Schutzhaus Contrin wurde auch dieses Schutzhaus gleich am Beginn des Ersten Weltkrieges zerstört und später in erneuerter Form wiederaufgebaut. Es bietet Übernachtungsmöglichkeit für mehr als 30 Personen. Tel. 0337/ 7 11 48.

Zugänge

— *Von der Malga Ciapela (1446 m)*
2 Gehstunden auf Steig Nr. 610.

Die Schutzhütte Falier gegen den Vallon d'Ombrettòla.

Der Steig wendet sich in westlicher Richtung den Almwiesen zu, die sich vor dem Eingang des Ombretta-Tales ausbreiten. An der Malga Ombretta (1902 m) vorbei wandert man leicht ansteigend bis zur Schwelle des Vallon d'Ombrettòla, dem Standort des Schutzhauses.

— *Vom Schutzhaus Contrin (2016 m) über den Ombretta-Paß (2704 m).*

3 Gehstunden auf markiertem Steig.

Eine aufregend schöne Route ganz im Zeichen der mächtigen Südabstürze der Marmolata. In der Nähe des Paßüberganges liegt die Biwakschachtel Marco Dal Bianco.

Übergänge

— *Nach Fedaja über den Ombretta-Paß (2704 m) und die Forcella Marmolata (2910 m).*

4½ Gehstunden.

Eine alpinistisch sehr interessante und nicht schwierige Route, für deren Begehung jedoch Eispickel und Steigeisen erforderlich sind. Nach dem Aufstieg in zahlreichen Serpentinen zum Ombretta-Paß traversiert eine nicht markierte Steigspur am Fuße der Südwestwand der Marmolata di Penia hinüber zur Rinne knapp unterhalb der Forcella Marmolata, bei der man auf die normale Route stößt, die man dann weiterverfolgt. Auf der Forcella angelangt, führt der Abstieg über die Vedretta del Vernel (Gletscher), über die man entweder zum Pian dei Fiacconi oder nach Fedaja absteigen kann.

— *Zum Schutzhaus Contrin (2016 m) über den Ombrettòla-Paß (2868 m).*

3½ Gehstunden auf Steig Nr. 612. Ohne Schwierigkeiten.

Ein längerer und mühsamer Übergang als jener über den Ombretta-Paß, doch interessant vor allem während des Aufstieges durch den schluchtartigen Vallon d'Ombrettòla und wegen der vielen Kriegsspuren in der Nähe der Paßhöhe (italienische Kampfstellungen im Ersten Weltkrieg).

— *Zum Schutzhaus Fuchiade (1982 m) über den Ombrettòla-Paß (2686 m).*

4½ Gehstunden auf Steig Nr. 612 und 607.

Auch diese Route ist schön und auf gefahrlosem Steig ziemlich stark begangen. Ohne großen Zeitverlust kann man ebenso wie bei der vorher beschriebenen Wanderung die leichte und rasche Besteigung des Sasso Vernale oder der Cima d'Ombrettòla einbeziehen. Interessant ist ferner ein Besuch der Cime Cadine und der Punta Cigolè. Alle diese Besteigungen sind leicht und wegen ihres herrlichen Rundblickes lohnend.

— *Zum Schutzhaus Fuchiade (1982 m) über die Forcella del Bachet (2828 m).*

3½—4 Gehstunden.

Eine zwar leichte Paßroute, die aber doch etwas schwieriger ist als die vorher beschriebenen, vor allem weil die Überschreitung der Forcella ohne Steigspur bewältigt werden muß. Andere Schwierigkeiten erwarten den erfahrenen Bergsteiger nicht; trotzdem wird die Route nur wenig begangen.

Nach dem Aufstieg durch den Vallon d'Ombrettòla wendet man sich nicht rechts dem Ombrettòla-Paß zu, sondern tritt in die fast immer schneebedeckte, mit Vorsicht zu begehende Rinne ein, die zur Forcella del Bachet emporführt. Linker Hand erhebt sich der Sasso di Valfredda und rechts die Cima d'Ombrettòla. Von der Scharte erfolgt der Abstieg wieder ohne Wegspur über ein langes und breites Schuttkar, an dessen Ende man auf ein Steiglein stößt, das rechts zum markierten Weg Nr. 607 führt. Auf diesem vom Passo delle Cirelle herabkommenden Steig weiterwandernd erreicht man das Schutzhaus Fuchiade.

— *Zum Schutzhaus Fuchiade (1982 m) über die Forcella Banca di Valfredda (2777 m)*

3½—4 Gehstunden. Empfehlenswerte Route.

Eine Paßwanderung in einsamer Umgebung, die nicht viel mühsamer ist, als die vorher beschriebenen Routen. Stellenweise gibt es allerdings keine Wegspuren; anderen Schwierigkeiten begegnet man nicht. Besonders eindrucksvoll die Ausblicke auf die Südwand der Marmolata di Rocca und di Serauta.

Durch den Vallon d'Ombrettòla aufsteigend hält man ungefähr nach halbem Weg auf die Wand der Punta del Formenton zu. Über ein schräg von rechts nach links hochführendes Schuttband überwindet man die Felsstufe unterhalb der weiten Mulde zwischem dem Monte la Banca und dem Formenton.

Aus der Mulde steigt man durch eine Rinne (Schnee) weiter auf und gelangt, rechts haltend, über Geschröfe zur Forcella della Banca di Valfredda (2777 m). Leicht und lohnend wegen der großartigen Aussicht ist die Besteigung des Monte la Banca.

Im Abstieg von der Scharte bleibt man rechts nahe am Fuß der Südwand der Cime del Formenton und folgt dann einer Steigspur durch Schotter und Geröll bis hinab nach Masarè di Valfredda, einem riesigen, mit Felstrümmern übersäten Kessel. Durch die Valfredda-Schlucht talwärts gehend stößt man auf den Steig zur Forca Rossa und wandert auf diesem in rechter Richtung zum Schutzhaus Fuchiade.

Fedaja (2054 m)

Die Hochfläche von Fedaja war einst eine blumenübersäte, liebliche Alm mit vielen sonngebräunten Heuhütten. Durch die Errichtung der großen Staumauer wurde auf ihr ein künstlicher See für ein Wasserkraftwerk geschaffen.
Als touristischer Platz hat Fedaja große Bedeutung. Tausende von Bergsteigern und Skifahrern benützen die Schutzhäuser und Hotels als Ausgangspunkt für Touren im Marmolatabereich. Von Fedaja führt ein Sessellift zum Pian dei Fiacconi hinauf, auf dem der leichte, schöne Aufstieg über den Gletscher zur Punta Penia beginnt (I. Grad).
Die Hochfläche wird auf ihrer Südseite von den abgeschliffenen Felsen des Marmolatagletschers und an der Nordseite vom grünen Rücken des Padòn umrahmt. Der Blick umfaßt sowohl den eleganten Aufbau des Vernel als auch die entfernt aufragende Wand der Civetta. Die Paßhöhe verbindet das Fassatal (Canazei) mit dem Pettorina-Tal (Rocca Piètore) mittels einer asphaltierten Straße, die im absteigenden Teil von Fedaja durch das Val d'Arei etwas schmal und stellenweise auch steil ist.
Fedaja besitzt Schutzhäuser, die komfortabel wie Hotels eingerichtet sind, so das Schutzhaus Castiglioni des CAI (Tel. 0462/6 11 17), das Schutzhaus Fedaja, das Schutzhaus Dolomia und das Schutzhaus der Sesselliftstation. Weiter östlich, am Ende des Stausees, liegt das Schutzhaus Passo Fedaja.

Zugänge

— *Von Canazei (1465 m, Fassatal) und von Malga Ciapela (1446 m, Pettorina-Tal)*
auf asphaltierter Straße

— *Von Pian Trevisan (1717 m)*
1 Stunde Gehzeit, auf dem traditionellen Wanderweg, der seit Jahrzehnten, lange vor dem Bau der Fahrstraße, der Hauptzugang zum Pian di Fedaja war.

Übergänge

— *Zum Pordoijoch (2239 m) über den »Viel dal Pan« (Bindelweg).*
2½ Gehstunden. Klassischer Wanderweg mit großartigem Panoramablick auf den Marmolata-Gletscher und den Gran Vernel. Noch schöner in umgekehrter Richtung vom Pordoijoch aus zu begehen. Auf halbem Weg liegt das Schutzhaus Viel dal Pan (2450 m)

— *Zur Porta Vescovo (2478 m)*
1½ Gehstunden. Mühsamer Anstieg.
Gleich hinter dem Rifugio Castiglioni steigt man auf einer ziemlich steilen Wegspur über Grashänge und durch Talfurchen hinauf zum Grat, auf dem die Bergstation der von Arabba heraufführenden Seilbahn steht.

— *Zum Schutzhaus Contrin (2016 m) über die Forcella Marmolada (2910 m).*
4½ Stunden Gehzeit. Ein schöner, leichter Übergang, der jedoch eine gewisse Sicherheit am Berg und Gletscherausrüstung (Pickel und Steigeisen) voraussetzt.
Bis zum Pian dei Fiacconi benützt man am besten den Sessellift. Dann überquert man, rechts gehend, das plattige Eis und steigt zum Nordwestgrat der Marmolada di Penia empor. Der Grat wird auf einer Scharte südlich der Quote 2709 überschritten. Dann betritt man den westlichen Teil des Gletschers, die Vedretta del Vernel (zu der man von Fedaja aus direkt durch die abschüssige Lamorcia aufsteigen kann). Über die Vedretta führt meist eine gut ausgetretene Spur zur Forcella Marmolada (2910 m). Der Abstieg erfolgt auf gutem Steig durch das Val Rosalia hinab zum Schutzhaus Contrin.

— *Zum Schutzhaus Falier (2080 m) über die Forcella Marmolada (2910 m).*
5 Gehstunden.
Von der Forcella Marmolada steigt man ein Stück durch die Schlucht des Val Rosalia ab, verläßt aber bald den Steig zum Contrinhaus und biegt links in eine nicht markierte, doch gut erkennbare Wegspur ein, die am Fuß der Marmolata-Südwestwand zum Ombretta-Paß hinüberleitet. Von dort erreicht man in raschem Abstieg das Schutzhaus Falier.

— *Nach Pieve di Livinallongo (1465 m) über den Passo Padòn (2366 m).*
3½ Gehstunden.
Ein schöner, nicht anstrengender Übergang in einsamer, erholsamer Landschaft.
Man wandert zum kleinen Fedaja-See am östlichen Rand der Hochfläche, beginnt dort den Aufstieg über die grünen Hänge der Mesolina und gelangt in die breite Senke unterhalb des Passo Padòn. Immer dem Steig folgend, überschreitet man den Paß und steigt auf seiner Nordseite über Terrassen und Almböden in das Ornella-Tal ab, das unweit von Pieve di Livinallongo in das Cordevole-Tal einmündet.

Malga Ciapela (1446 m)

Die Almweitung der Malga Ciapela öffnet sich am Ende der schaurigen Schlucht der Serrai di Sottoguda und reicht bis zum Eingang des Franzedas-Tales hinab. Sie wird beherrscht von den wuchtigen Wandfluchten der Serauta und des Piz Guda. Von ihr geht das d'Arei-Tal aus, das beim Fedaja-Plateau endet.

Vor Jahren war die grüne Mulde der Malga Ciapela eine einsame, beeindruckende Almlandschaft mit vielen Heuhütten und einem einzigen Gasthof. Heute ist Ciapela Ausgangspunkt der modernen, dreistufigen Seilbahn auf die Serauta-Scharte und die Marmolada di Rocca, auf deren Gletscher im Frühling und im Sommer reger Skibetrieb herrscht. Mehrere große Hotels wurden bereits erbaut oder sind noch im Werden.

Von Malga Ciapela aus führen verschiedene interessante Routen auch in den Bereich der Untergruppe dell'Auta.

Der ständig wachsende Verkehr machte den Bau einer neuen Fahrstraße zwischen Caprile und Malga Ciapela notwendig. Eindrucksvoll ist jedoch eine Wanderung auf der noch geöffneten, doch ziemlich verlassenen alten Straße neben und über dem Pettorina-Bach durch die romantische, teilweise schaurige Schlucht der »serrai« (auch Sottoguda-Schlucht genannt).

Übergänge

— *Zum Schutzhaus Falier (2080 m)*

2 Gehstunden, markierter Steig Nr. 610. Normaler Aufstieg zum Schutzhaus über die Piani di Ombretta.

— *Nach Pieve di Livinallongo (1465 m) über den Passo delle Crepe Rosse (2137 m).*

3½ Gehstunden, markierter Steig.
Man folgt der Fahrstraße in Richtung Fedaja bis Tabià Palazze (Capanna Bill) und beginnt dort den Anstieg über steile Grashänge hinauf zum Passo delle Crepe Rosse. Von der Paßhöhe aus führt der Abstieg durch das Val Davedino, inmitten einer geruhsamen, schönen Landschaft.

— *Zum Schutzhaus Fuchiade (1982 m) über die Forca Rossa (2486 m).*

4 Gehstunden, markierter Weg Nr. 689 und 693.
Eine Route, die auch im Winter als Skiwanderung begangen wird. Sie ist ein Teil des »Dolomiten-Höhenweges Nr. 2«.

— *Zur Baita Cacciatori (1751 m) über den Passo di Col Becher (2312 m).*

3½—4 Gehstunden, markierter Steig Nr. 689.
Eine anstrengende und wenig benützte Route, hauptsächlich wegen der nahegelegenen, besser bekannten Forca Rossa. Durch das Tal Franzedas zur Forca Rossa aufsteigend, zweigt man knapp unterhalb der Paßhöhe links ab und folgt dem Steig zum deutlich sichtbaren, etwas niedrigeren Sattel des Passo del Col Becher. Dort zeigt eine Wegtafel die Richtung des Weiterweges zur Baita Cacciatori an.

— *Nach Vallada (Valle del Biois) über das Franzei-Tal und die Forcella Pianezza (2049 m).*

4½ Gehstunden. Markierter Steig Nr. 681.
Die Route führt über den niedrigsten Einschnitt des Kammes der Untergruppe dell'Auta. Sie wird neben dem Weg über die Forca Rossa am meisten begangen.

— *Nach Feder (1282 m, Caviola), über die Forcella dei Negher (2287 m).*

4½ Gehstunden. Steig Nr. 687.
Eine wegen der Nähe der Forcella Pianezza wenig frequentierte Route. Da jene niedriger liegt, wird sie häufiger begangen. Die Landschaft rings um den See auf der Einsattelung von Negher ist besonders reizvoll. Von der Forcella dei Negher kann man auch zur Baita Cacciatori absteigen.

— *Von Sottoguda (1252 m) nach Vallada über die Forcella di Valbona (2200 m).*

4½—5 Gehstunden. Steig Nr. 685.
Eine Wanderung, auf der man teilweise schwieriges, wegloses Gelände durchquert. Die Orientierung ist nicht leicht, landschaftlich ist die Route jedoch gerade wegen der Eigenart und Einsamkeit der Gegend ansprechend.

Variante. Von Sottoguda kommend kann man bei der Casera di Valbona rechts auf einem nur schwer erkennbaren und mehrmals unterbrochenen Steig zur einsamen Forcella delle Fontane aufsteigen. Von dort gelangt man hinüber zur Forcella Pianezze und auf gutem Steig hinab in das Tal des Biois.

— *Von Sottoguda nach S. Tomaso über die Forcella di M. Schiota (2037 m).*

Eine wenig begangene Route, die wegen der Möglichkeit der Besteigung des Sasso Bianco (von der Forcella aus) jedoch interessant sein kann.

Die Baita Cacciatori (1751 m).

Baita dei Cacciatori (1751 m)

Ein kleines, freundliches, holzverkleidetes Haus, das einzige Schutzhaus in der Untergruppe dell'Auta. Es steht nahe am Fuß der Südwände der Cima d'Auta, bis zu denen man aber trotzdem eine gute Stunde zu gehen hat.

Auf einer kleinen Lichtung des Hochwaldes neben einem mächtigen Felszacken gelegen, ist die Hütte ein romantisches Ausflugsziel, das viele Touristen, besonders von Colmean aus, anzieht.

Bergsteiger halten in der Hütte Rast, bevor sie den Aufstieg auf die Cima d'Auta über den gesicherten Klettersteig beginnen, oder die Überschreitung zum Passo di Col Becher und zur Forcella dei Negher in Angriff nehmen, die jedoch **nur von wenigen gemacht wird**. Felskletterer benützen das Schutzhaus als Stützpunkt für Kletterfahrten in den Südwänden der Cime dell'Auta, die als die schönsten und kühnsten Führen der ganzen Zone gelten.

Zugang

— *Von Colmean (1274 m, Caviola) in 2 Stunden.*

Schöne und lohnende Wanderung auf ausgezeichnetem Weg, der durch Wälder und im unteren Teil durch Wiesengelände führt.

Übergänge

— *Nach Malga Ciapela (1446 m) über den Passo di Col Becher (2312 m).*

3 Gehstunden. Markierter Steig. Wenig begangene Route. Für den Übergang von einem Tal ins andere wird der benachbarte Sattel der Forca Rossa allgemein vorgezogen.

— *Nach Malga Ciapela (1446 m) über die Forcella dei Negher (2287 m) und die Forcella Franzei (2009 m).*

3½ Gehstunden. Steig.

Eine einsame, durch anmutige Landschaft führende Route, besonders in der Umgebung des Sees dei Negher.

Andere Schutzhütten

— *Malga al Crocefisso (1522 m) und Baita Ciampiè (1826 m)*.

Zwei Unterkünfte, in denen man sich stärken und auch übernachten kann. Sie liegen in der Mitte, bzw. am Ende des S.-Nicolò-Tales und werden im Sommer von vielen Ausflüglern besucht, die auf den herrlichen Almwiesen und am Rande des rauschenden Bergbaches genußreiche Stunden verbringen. Sehr schön zeigt sich von der Baita Ciampiè aus der Hintergrund mit den Spitzen der Kette dell'Uomo.

— *Buffaure (2050 m)*.

Endpunkt der Liftanlage von Meida (Pozza di Fassa) herauf. In schöner Lage mit Blick auf den Rosengarten, Vallaccia und Monzoni sind hier mehrere Gaststätten entstanden, unter ihnen auf einer Almwiese, fünf Minuten von der Bergstation des Lifts entfernt, das Schutzhaus Buffaure. Buffaure ist der Ausgangspunkt des Gratwandersteiges, der zum Sass de Dama und weiter zur Sella del Brunec führt.

— *Ciampac (2180 m)*

Endpunkt der Seilbahn von Alba di Canazei herauf. Ciampac ist eine weite grüne Mulde, die heute von mehreren, das Landschaftsbild arg störenden Skilift-Anlagen durchzogen wird. Ciampac ist Ausgangspunkt lohnender Routen durch die Untergruppe Buffaure sowie des jüngst angelegten Klettersteiges zum Gipfel des Collac. Von der Seilbahnstation nur wenig entfernt liegt in der Mulde das Schutzhaus Tobià del Jagher.

— *Villetta Maria al Pian Trevisan (1717 m)*.

Das Schutzhaus, eines der traditionsreichsten des gesamten Dolomitengebietes, ist erst vor kurzem renoviert worden. Es galt früher als eine Art Pflichteinkehr auf dem Weg zum Marmolatagletscher. Der Weg zum Fedaja-Paß war damals einer der meistbegangenen in den Dolomiten. Seitdem von Canazei aus eine moderne Fahrstraße oberhalb des Schutzhauses nach Fedaja hinaufführt, hat dieser Weg viel von seiner einstigen Bedeutung verloren.

— *Pian dei Fiacconi (2626 m)*.

Bergstation des Sessellifts vom Fedaja herauf, dessen Benützung den mühsamen Aufstieg über den plattigen Fels erspart und die Touristen ohne Mühe an den Rand des Gletschers heranbringt, bei dem die Normalroute zur Punta Penia beginnt. In der Nachbarschaft der Liftstation befindet sich das private Schutzhaus Pian dei Fiacconi mit rund 30 Betten, geöffnet von Februar bis September.

— *Capanna Punta Penia (3343 m)*.

Eine kleine Schutzhütte auf dem Gipfel der Marmolata, ganz nahe am Rand der felsigen Terrasse, von der die Südwand atemberaubend in die Tiefe stürzt. Außer Verpflegung bietet die Hütte, wenn nötig, auch Übernachtungsmöglichkeit. Sie ist aber nicht immer geöffnet.

— *Rifugio Serauta (2950 m) und Rifugio Punta Rocca (3270 m)*.

Ersteres gehört zur Umsteigestation der Seilbahn Malga Ciapela-Marmolata und liegt auf der Forcella Serauta. Das zweite ist die Endstation der Seilbahn und liegt auf einem Schneeplateau unmittelbar neben dem Felsgipfel der Punta Rocca.

— *Porta Vescovo (2478 m) und Rifugio Viel dal Pan (2450 m)*.

Einzige Schutzhäuser in der Kette des Padòn. Das Haus Porta Vescovo steht auf dem breiten Sattel, bei dem die Seilbahn von Arabba herauf endet. Es ist Ausgangspunkt des außergewöhnlich schön angelegten Klettersteiges »delle Trincee« zum Gipfel der Mèsola.

Das zweite liegt ungefähr auf Halbweg des berühmten Wanderweges »Viel dal Pan« (Bindelweg), der das Pordoijoch mit Fedaja verbindet. Vielbesuchte Raststätte am Fuß des seltsamen Sasso Cappello, mit großartigem Panoramablick auf die Marmolata und den Gran Vernel.

Zweiter Teil

Die Untergruppen und die Gipfelbesteigungen

Monzoni - Vallaccia

Die Bezeichnung »Monzoni-Vallaccia« für die westlichste Untergruppe des Marmolatagebietes bezieht sich auf die beiden größten der Gebirgsketten, aus denen sich die Untergruppe zusammensetzt. Ihre Namen sind den Bergsteigern wohlbekannt, weniger aber die Wege und Routen, die diese Ketten durchziehen.
Dies gilt übrigens auch für die anderen Untergruppen, die im Vergleich zum Hauptmassiv der Marmolata nur wenig begangen werden. Jede einzelne Zone hat ihre besonderen Merkmale, allen gemeinsam ist aber die relativ geringe Beachtung, die ihnen zuteil wird. Jedoch auch die Einsamkeit und die geringe Aufmerksamkeit, die von den Touristen und Alpinisten diesen Bergen bisher zuteil wurde, sind nicht für jede Untergruppe gleich. Ein neues Interesse ist in letzter Zeit wach geworden.
Begegnet man in den Bergen der Monzoni einer ungewohnten Einsamkeit und Stille, so ist diese auf den Almen und Weiden der Gardeccia noch deutlicher zu spüren. Im Tal der Vallaccia wird diese Stille geradezu beängstigend und bedrückend. Auf dem langen Kamm, der von der Punta Vallaccia bis nach Moena hinabreicht, empfindet man sie hingegen wohltuend wie ein Geschenk der Berge, die fern von jedem Lärm sind.
Am meisten genießt man unter den vielen Wegen die Kammwanderungen. Ihnen sollte der anspruchsvolle Hochtourist, der nicht so sehr die alpine Leistung und Technik als vielmehr das stille Erlebnis in der Bergwelt sucht, Tage des Wanderns und des Erlebens widmen.
Neue Wanderwege werden angelegt und bereits vorhandene mit Markierungen versehen. Eine besondere Anziehung üben die gesicherten Klettersteige aus, denen fast jährlich neue hinzugefügt werden. Die langgestreckten Gebirgskämme zwischen den tiefen Taleinschnitten bieten hingegen wiederum, weitab vom Schauplatz der überfüllten Touristensteige, ganz neue Eindrücke und ungewohnte Rundblicke auf die umliegende Bergwelt. Eben in diesem Sinne haben wir uns bemüht, die Wanderungen und Besteigungen in dieser und in den übrigen Untergruppen nach Möglichkeit vollständig zu behandeln — soweit sie innerhalb der vorgenommenen Schwierigkeitsgrenze bleiben.
Die Wanderwege, Paßüberschreitungen und Gipfelbesteigungen sind in der Untergruppe Vallaccia-Monzoni im allgemeinen nicht schwierig. Fast alle sind leicht, mit Ausnahme eines Teilstückes des Rizzoni-Grates (I. und unterer II. Grad) sowie einiger Stellen der gesicherten Klettersteige auf die Cima Dodici und den Sass Aut. Die Wanderer kommen also voll auf ihre Rechnung, ebenso aber auch die Felsgeher, denn sie können in den kühnen Wänden des Sasso delle Dodici (Cima Dodici), des Sasso delle Undici und vor allem der Torre Vallaccia schwierige und ausgesetzte Führen durchklettern.
Die ganze Untergruppe bietet reiche Abwechslung für den Bergsteiger jeden Formats. Bisher hat sich die Menge der Touristen auf die Route konzentriert, die vom Monzoni-Tal aus zum Passo delle Selle führt, und wanderte von dort allenfalls bis zum San-Pellegrino-Paß weiter (oder umgekehrt). Nur einige entschlossen sich zur Besteigung der Cima Dodici, die man vom Fassatal aus so schön und verlockend sehen kann.
Noch sind es wenige, die selten begangene Routen ausprobieren und dabei versuchen, Paßüberschreitungen miteinzubeziehen. Warum sollte man nicht z. B. den Aufstieg zum Passo delle Selle, auf dem ein bequemes Schutzhaus Rast gewährt, mit einer Gratwanderung über die Monzoni verbinden? Man geht drei Stunden länger, in anfangs leichtem Gelände, das im mittleren Teil zwar etwas schwieriger wird, dann aber wiederum keine Hindernisse enthält. Am Ende der Gratwanderung kann man von der Cima Malinverno

sowohl ins Monzoni-Tal als ins San-Pellegrino-Tal absteigen. Die Route ist nicht nur wegen ihres landschaftlichen und alpinistischen Reizes interessant, sondern auch wegen der Möglichkeit, eindrucksvolle Kampfanlagen aus dem Ersten Weltkrieg 1915—1918 zu besichtigen (Stellungen des österreichischen Frontabschnittes).

Nicht minder anziehend, doch landschaftlich wesentlich anders, wirkt der Übergang vom Monzoni-Tal nach Moena über die Costella. Eine Wanderung, die keine Schwierigkeiten enthält, selbst wenn man — was sehr lohnend ist — die Gipfelbesteigungen der Cima Undici (Sasso delle Undici) und der Punta della Vallaccia miteinbezieht. Ganz reizvoll ist der Abstieg über den einsamen Südkamm bis hinaus zum Piz Meda und dann hinab nach Moena.

Die Durchquerung der westlichen Kette mit der Cima Dodici und dem Sass Aut ist seit der Errichtung des schönen Klettersteiges durch die Fassaner Bergführer (Toni Rizzi) beliebter geworden. Den Besucher dieser Berge erwartet neben der körperlichen Anstrengung die erquickende Ruhe einer ungestörten, naturbelassenen Welt, wie es sie nicht mehr häufig in den gesamten Dolomiten gibt.

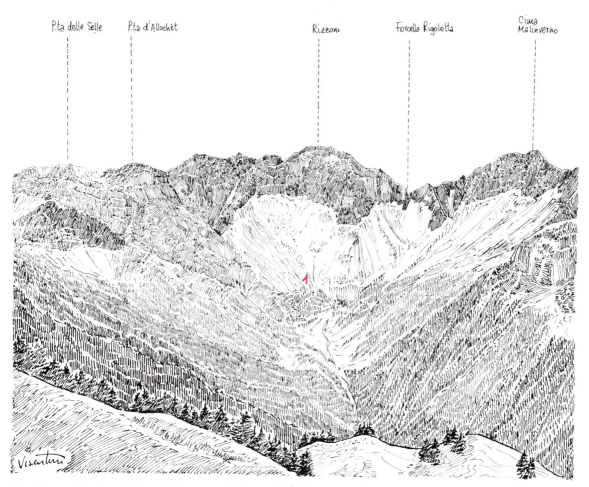

1 - Rifugio Taramelli

Die Monzoni-Kette und das gleichnamige Tal, von Buffaure aus gesehen.

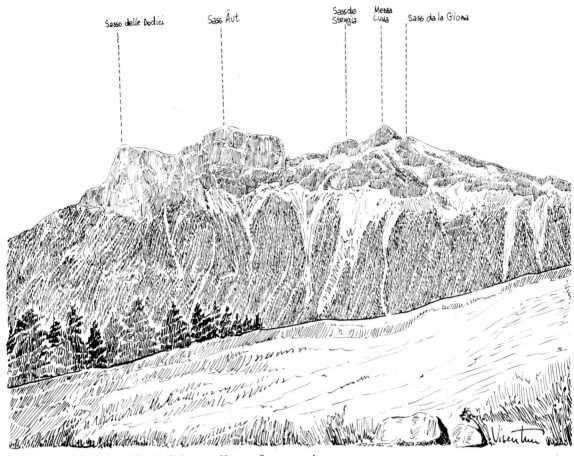

Das Massiv des Sasso delle Dodici, vom Karerpaß aus gesehen.

Kommen wir aber nun zur Beschreibung der Untergruppe.

Diese besteht aus zwei Hauptketten, die sich nicht nur durch ihr Aussehen, sondern auch durch ihre verschiedenen geologischen Eigenschaften voneinander unterscheiden. Während die Kette der Vallaccia mit ihren hohen Türmen und Wänden und den steil abfallenden Waldhängen eindrucksvoll wirkt, erscheint die kahle und zerrissene Monzoni-Kette viel weniger ansehnlich. Ihre Flanken bestehen teils aus steilen Grashängen (zum San-Pellegrino-Tal) und teils aus langen Schutthalden. Die Vallaccia-Kette ist eindeutig aus Dolomitgestein aufgebaut (Marmolatakalk), die Monzoni-Kette hingegen aus dunklem Eruptivgestein.

Über die Monzoni-Kette wäre in bezug auf ihren Reichtum an Mineralien vieles zu sagen, doch wollen wir hierzu lieber auf die Werke verweisen, die von Fachleuten verfaßt worden sind.

Der Passo delle Selle (2529 m) stellt die Verbindung zur Costabella-Kette bzw. zum Piccolo Lastei her. Auf der Paßhöhe, wo noch österreichische Unterstände aus dem Ersten Weltkrieg zu sehen sind, wurde ein privates Schutzhaus eröffnet, das auch Übernachtungsgelegenheit bietet. Das Gelände beiderseits des Passes war im Ersten Weltkrieg als Versorgungslager der österreichischen Linien in der Costabella-Kette und in den Monzoni eingerichtet und war gleichzeitig ein vorgeschobener Posten gegen die italienischen Frontstellungen im San-Pellegrino-Tal.

Vom Passo delle Selle zieht sich der Kamm der Monzoni zunächst mit geringen Höhenunterschieden in Richtung Rizzoni hin. Zwei Erhebungen verdienen erwähnt zu werden: die Punta delle Selle (2596 m) und die Punta d'Allochét (2582 m). Vom San-Pellegrino-Tal aus sind diese Gipfel kaum zu erkennen, da ihre grünen Hänge nur wenig aus den Almen der Campagnaccia hervorstechen. Ausgeprägter zeigt sich der Hang, der von der Punta d'Allochét zum Selle-See steil abfällt. Beide Gipfel sind vom Schutzhaus Passo Selle in wenigen Minuten leichter Gratwanderung erreichbar (Steigspuren). Nach einer deutlichen Einsattelung beginnt der eigentliche Rizzoni-Kamm, der aus einer Reihe von Erhebungen und dunklen Felszacken besteht. Sein höchster Punkt erreicht 2645 m. Vom San-Pellegrino-Tal aus erblickt man den Kamm als eine gezahnte Felsenreihe am oberen Rand steiler Grashänge, vom Monzoni-Tal aus hingegen als eine nicht unbedeutende Felsenkette. Ein wild zerklüfteter Absturz endet in den Schuttkaren gegenüber dem Schutzhaus Taramelli. Früher wurde die Begehung des Rizzoni-Grates durch einen Kriegssteig erleichtert, der heute jedoch an mehreren Stellen abgebrochen ist. Die Steigspur verläuft auf der Nordseite wenige Meter unterhalb der Kammlinie und durchquert mehrere zwischen Felszacken liegende Scharten. Es besteht die Absicht, diesen Steig wieder instand zu setzen, da er im heutigen Zustand gewisse Schwierigkeiten mit sich bringt (I. und II. Grad).

Nach dem letzten Felszacken der Rizzoni senkt sich der Kamm zu einem niedrigeren, ausgeprägten Sattel hinab. Es ist die Forcella Ricoletta (2431 m), die einen leichten Übergang vom Monzoni-Tal ins San-Pellegrino-Tal gestattet. Die Route wird aber nur sehr selten begangen, da der bekannte und vielbenützte Passo delle Selle ganz in der Nähe liegt. Zudem ist der Paßübergang nicht markiert und nur vom Weiler Fango aus (San-Pellegrino-Tal, 1659 m) auf einem Steiglein zu erreichen.

Nach dem Sattel setzt sich die Kette in einem weiten Bogen mit steilen, schöngeformten Grashängen fort, steigt zu einem ersten Gipfel, der Cima Ricoletta (2512 m) auf und endet dann mit der einsam stehenden, schönsten Spitze der gesamten Untergruppe, der Cima Malinverno (2636 m). Wiederum ist die Nordseite felsiger und imponierender als die Südseite, die fast nur aus Grashängen besteht. Vom Gipfel der Cima Malinverno genießt man den schönsten Rundblick auf die ganze Untergruppe.

Anschließend senkt sich der restliche Kamm mit Felsgraten und Scharten, deren Begehung nicht leicht ist, hinab zum grünen Sattel von La Costella (2529 m). Die Senke, die vom Steig Nr. 624 überquert wird, bildet das Ende der Monzoni-Kette und den Beginn der sich anschließenden, felsigen Gebirgskette der Vallaccia.

Der erste Gipfel oberhalb eines vom Costella-Sattel emporführenden Schuttkars ist gleich der höchste und wichtigste der Kette. Es ist die Punta della Vallaccia (2639 m), von der strahlenförmig drei lange Felszüge ausgehen. Die beiden massiveren, in Richtung Nord, zeigen hohe, senkrecht abstürzende Wände, die wie ein riesiges Hufeisen die Schlucht der Vallaccia umschließen. Der dritte Zug ist weniger ausgeprägt und verläuft mit einer Reihe von grasigen Gipfeln und mit Felsgeschröf in Richtung Süden. Nach der Kuppe des Piz Meda (2199 m), fällt er oberhalb Moena steil ab ins Tal. Schöne Wälder bedecken die Hänge (Wälder von Soraga).

Die beiden nach Norden ziehenden Felszüge rings um die Vallaccia sind als Wander- und Klettergebiet hochinteressant. Der östliche Zweig geht nach dem Einschnitt der Forcella Vallaccia (2493 m) in einen massiven Gratrücken über, der auf der Ostseite wenig steil und stellenweise bewachsen ist, auf seiner Westseite hingegen mit senkrechten Wänden in die Tiefe stürzt. Der Grat, »Zoccol« genannt, endet mit dem Gipfel des Sasso delle Undici (Cima Undici, 2503 m) und dem etwas abseits stehenden Vallaccia-Turm, dessen elegante Nordwestkante vom Eingang des San-Nicolò-Tales aus gut zu se-

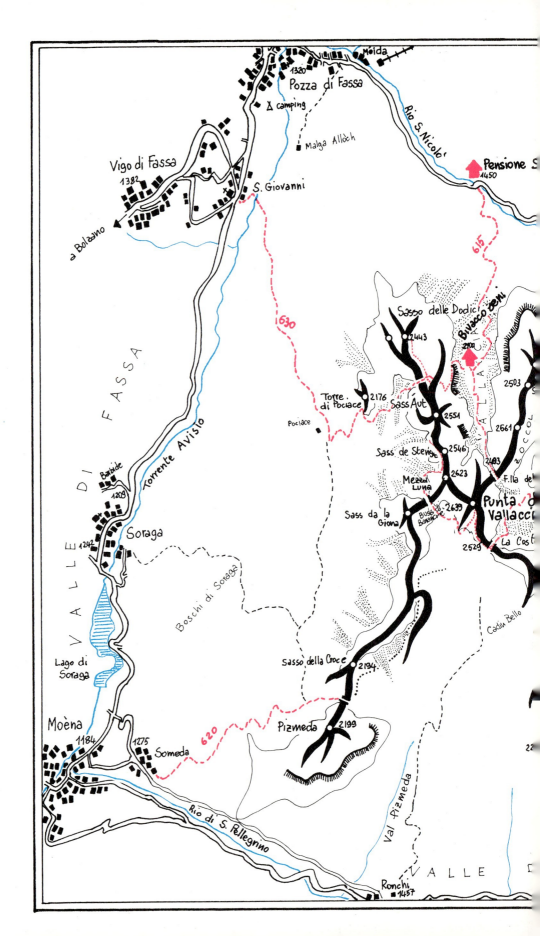

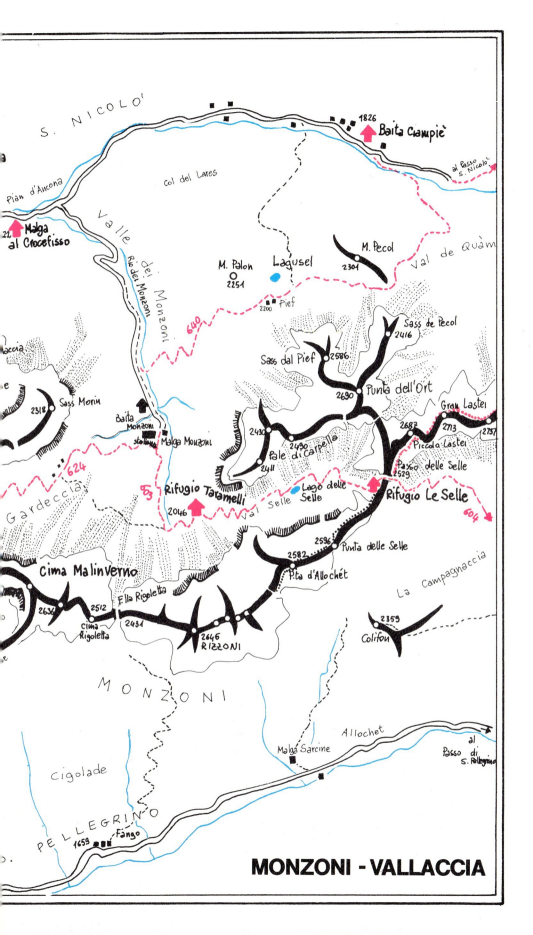

Die Cima Malinverno mit den Almweiden der Gardeccia.

hen ist. Beim Abstieg zu den Almböden von Gardeccia und ins Monzoni-Tal erblickt man vom Zoccol den unbedeutenden Felsrücken des Sass Morin (2318 m).

Der andere, westlich der Vallaccia verlaufende Zug gipfelt nach einigen unwichtigen Erhebungen, la Mezza Luna (2623 m), Sass de la Giona und Sass de Stengia (2546 m), in dem gewaltigen Felsmassiv des Sass Aut (2551 m), dessen höchste Spitze seltsamerweise ein graswachsenes Plateau trägt, was, von unten gesehen, ganz unvorstellbar erscheint. Auf das Massiv des Sass Aut folgt eine niedrige Scharte und etwa 100 m weiter nördlich der Felsbau des Sasso delle Dodici (oder Cima Dodici, 2443 m). Weiter abfallend geht dann die Kette in einen Kamm über, der mit dichten Wäldern bis hinab nach Pozza di Fassa reicht. Die Cima Dodici und der Sass Aut bestimmen das Landschaftsbild des Touristen- und Ferienortes Vigo di Fassa. Ein vor kurzem angelegter, gesicherter Klettersteig vermittelt den bergfreudigen Gästen ein unvergeßliches Erlebnis.

Nach dieser Beschreibung der Bergketten der Untergruppe muß auch noch über ihre Täler berichtet werden. Die beiden wichtigsten Talfurchen sind das Monzoni-Tal und die Vallaccia.

Das Monzoni-Tal zweigt auf der Höhe der Malga al Crocefisso vom San-Nicolò-Tal ab und dringt südwärts in das von den beiden Bergketten gebildete Halbrund ein. In seinem unteren Teil ist das Tal von dichten Wäldern umrahmt, weiter oben folgen herrliche Almböden mit den Stallungen der Malga Monzoni. Bis knapp vor diesen, und zwar bis zur Baita Monzoni, kann man auf einer zwar schmalen, doch asphaltierten Straße mit dem Auto fahren. Nach einer Geländestufe weitet sich das Tal und teilt sich nach Osten und Westen. Die riesige Mulde wird gleich einem Amphitheater von den Spitzen des Rizzoni-Kammes, der Cima Malinverno, der Vallaccia und des Zoccol umschlossen.

Der orographisch rechte Zweig des Tales mündet nach der Terrasse, auf der das Schutzhaus Taramelli steht, in das Hochtal des Selle-Sees. Seinen Abschluß findet es in der Einsenkung des Selle-Passes. Der andere Zweig des Monzoni-Tales beginnt bei der Monzoni-Alm und endet bei der Costella. Auf den prachtvollen Almflächen der Gardeccia finden im Sommer Viehherden nahrhafte Weiden.

Ganz anders zeigt sich die Vallaccia, in die man zwar ebenfalls vom San-Nicolò-Tal aus, jedoch nicht durch eine gewöhnliche Talmündung gelangt. Man muß bald nach Meida bei der Pension Soldanella durch ein steiles Waldstück aufsteigen, bevor man im Angesicht der ersten Eckpfeiler des Sasso delle Undici (Torre Vallaccia) und des Sasso delle Dodici in das schluchtartige Tal eintreten kann. Vor einigen Jahren wurde am Eingang der Vallaccia die Biwakschachtel »Donato Zeni« in 2100 m Höhe errichtet.

Der enge und düstere Taleinschnitt wird auf beiden Seiten von hohen Wandfluchten eingeschlossen und endet mit der Rinne der Forcella della Vallaccia. Der schmale und steile Zugang zu dieser Scharte ist meist bis in den Sommer hinein mit vereistem Schnee bedeckt und ist nicht leicht zu überwinden.

Eine weniger wichtige Talfurche beginnt auf der Höhe der Costella und geht, begleitet vom Kamm des Piz Meda und den südlichen Ausläufern der Cima Malinverno, in das tiefer liegende Val Piz Meda über, durch das vom San-Pellegrino-Tal aus ein Saumweg emporführt.

Eine besondere Erwähnung verdienen die wunderschönen Almen und Hochweiden der Campagnaccia auf den Südhängen der Selle-Spitze und des Selle-Passes.

Die besten Stützpunkte für Wanderungen in dieser Untergruppe sind:

— das Schutzhaus Torquato Taramelli (2046 m)
— das Schutzhaus Passo Le Selle (2529 m) und
— die Biwakschachtel Donato Zeni (2100 m)

Gipfelbesteigungen

— Punta Le Selle (2596 m)
sehr leicht — 20 Minuten

Vom Selle-Paß aus folgt man der Gratlinie oder den Steigspuren unmittelbar rechts davon, welche Reste österreichischer Stellungen und Laufgräben des Ersten Weltkrieges durchqueren.

— Punta d'Allochet (2582 m)
sehr leicht — ¾ Gehstunden

Vom Selle-Paß aus wird die Punta delle Selle (2596 m) überschritten; dann geht man auf dem Grat oder wenige Meter unterhalb auf dem nördlichen Hang weiter, vorbei an ehemaligen Kriegsstellungen und verfallenen Baracken.

— Die Rizzoni (2645 m)

1¾—2 Gehstunden; Leicht, mit einigen Stellen des unteren zweiten Schwierigkeitsgrades. Die Anbringung von Sicherungsseilen an diesen Stellen ist geplant.
Vom Selle-Paß ausgehend werden sowohl die Punta delle Selle wie auch die Punta d'Allochet überschritten. Nach dem darauffolgenden grünen Sattel beginnt der schwierigere Teil über einen zerklüfteten Gratkamm, auf dessen Nordseite ein alter Kriegssteig entlangführt. Da dieser jedoch an mehreren Stellen unterbrochen ist, müssen einige nicht gerade leichte Felspartien überwunden werden, bevor man den höchsten Punkt des Rizzoni-Kammes (2645 m) erklommen hat.

— Cima di Malinverno (2636 m)
leicht — ½ Gehstunde

Ausgangspunkt ist die Forcella Ricoletta (2431 m), zu der man ohne Schwierigkeit durch die vom Taramelli-Haus hinaufführende Schlucht oder durch den steilen Graben vom S.-Pellegrino-Tal aus (Abzweigung bei Fango) aufsteigt, oder ebenso über den empfehlenswerten, doch nicht ganz leichten Gratweg vom Selle-Paß her über die Punta delle Selle, die Punta d'Allochet und den Rizzoni-Kamm. Der Abstieg vom höchsten Punkt der Rizzoni zur Forcella Ricoletta bietet kein Problem. Bis zur Scharte geht man 2—2½ Stunden, von dort steigt man, etwas links haltend, über den steilen, grasigen Kamm zur ersten Felskuppe hinauf (Cima Ricoletta, 2512 m) und erreicht bald darauf den Gipfel.

— Punta della Vallaccia (2639 m)
sehr leicht — 20 Minuten

Man geht von der Costella (2529 m) über einen leichten, mit Grasbüscheln bedeckten Schutthang auf rot markiertem Steig bergan bis zum schönen Gipfel mit Steinsäule. Zur Costella gelangt man am besten auf dem Steig Nr. 624 von der Manzoni-Alm aus über die sattgrünen Weiden der Gardeccia (1½—2 Gehstunden).

— Sasso delle Undici (Cima Undici, 2503 m)
sehr leicht — 2 Gehstunden

Von der Monzoni-Alm folgt man dem Weg zur Costella. Auf der Almweitung der Gardeccia zweigt man oberhalb einiger Hütten in der Nähe einer Tränkstelle rechts ab und steigt durch eine Furche unmittelbar links vom Sass Morin zu einem Sattel zwischen diesem und dem Zoccol empor. Nach dessen Überquerung geht es auf steilem Hang zwar ohne Weg, doch in leichtem Aufstieg weiter bis zum Grat. Von dort rechts (N) abbiegend zum Gipfel.

— Piz Meda (2199 m)
leicht — 2½ Stunden

Von Someda (einer Fraktion von Moena) durch sehr steiles Waldgelände, oder von Ronch aus (S.-Pellegrino-Tal) durch das Piz-Meda-Tal auf einer Wegspur zu dem nördlich des Piz Meda sichtbaren Sattel. Von dort auf erkennbarem Weg über den Grashang hinauf zur Spitze.

— Sasso delle Dodici (Cima Dodici, 2443 m)
a) von S. Giovanni di Fassa aus. Leicht — 3½ Gehstunden.

Man überquert den Avisio und beginnt auf gutem, markiertem Steig den langen Aufstieg durch den steilen Wald bis zur Lichtung von Pociace. Von dort auf dem noch steiler werdenden Weg durch die oberste Vegetationszone und vorbei an einem auffallenden Felsvorsprung (Torre delle Pociace oder Torre Una). Dann über einen teilweise grasbewachsenen Hang hinauf zu dem nicht leichten Geschröfe (Vorsicht) und zur breiten Scharte zwischen dem Sass Aut und dem Sasso delle Dodici. Nun nach links biegend (N) über den grasigen Kamm hinauf zum Gipfel.

b) Vom Biwak Zeni aus. Gesicherter Klettersteig — 1¾ Stunden. Ziemlich ausgesetzte Route.

Der gesicherte Steig beschränkt sich auf den ersten Teil gleich oberhalb der Biwakschachtel und weist nur eine stark ausgesetzte Passage auf. Dann wird die Führe leichter, ist aber trotzdem nur geübten Bergsteigern zu empfehlen. Auch sie führt zur Scharte neben dem Sass Aut, von der aus man den Gipfel erklimmt.

— Sass Aut (2551 m)

Von S. Giovanni di Fassa oder vom Biwak Donato Zeni aus auf einer der bereits beschriebenen Routen hinauf zur Scharte zwischen dem Sasso delle Dodici und dem Sass Aut. Von dort rechts durch eine im Frühsommer mit Schnee bedeckte Rinne, dann auf dem letzten, gesicherten Wegstück über leichte Felsen zum Grasfeld hinauf, das den Gipfel des Sass Aut bildet. Für den Abstieg ist die Südseite zu empfehlen, die in den tiefen Geländeeinschnitt des Bus del Diavul übergeht.

1 Sasso delle Undici (2503 m) - Punta della Vallaccia (2639 m)

Valle dei Monzoni → Sasso delle Undici → Forcella della Vallaccia → La Costella → Punta della Vallaccia → Moena

Ausgangspunkt: Malga Monzoni (1862 m)

Gehzeit: 5—6 Stunden.

Nächste Schutzhütte: Malga al Crocefisso (1522 m) — Schutzhaus Taramelli (2046 m) — Biwakschachtel Zeni (2100 m).

Bemerkungen: Die Überschreitung enthält keinerlei alpinistische Schwierigkeiten. Die Gipfel der Cima Undici und der Punta Vallaccia werden über Gras- und Schutthänge bestiegen. Nahezu die ganze, etwas langwierige Tour wird auf gut kenntlichen Steigen ausgeführt.

Es handelt sich um eine interessante, nicht häufig begangene Überschreitung. Hauptanziehungspunkte sind die einsame, typische Landschaft der Hochweiden der Gardeccia und die schöne Aussicht von den Gipfeln des Sasso delle Undici und der Punte della Vallaccia.

Man kann diese Tour schon im Frühsommer unternehmen, da die nach Süden gerichteten Berglehnen bald schneefrei sind. Die Besteigung des Sasso delle Undici gilt übrigens auch als schöne Skitour. Im allgemeinen werden die beiden Gipfel getrennt besucht, je nach dem Geschmack der einzelnen Bergsteiger. Die besprochene Route bietet jedoch die Möglichkeit, beide Gipfel im Laufe ein und desselben Tages ohne besondere Anstrengung zu besteigen. Es ist eine Tour, die auf jeden Fall als überaus lohnend zu bezeichnen ist. Besonders schön ist der Blick vom Sasso delle Undici auf das Fassatal hinab. Von der Punta Vallaccia reicht die Aussicht noch viel weiter. Genußreich ist schließlich auch der Abstieg über den langen Kamm bis hin zum Piz Meda oberhalb der Ortschaft Moena.

Der Gipfel des Sasso delle Undici: sanft abgeflacht und grasbewachsen die Ostseite, felsig in die Tiefe (zur Vallaccia) abstürzend die Westseite.

Nebenstehendes Bild:

Bergwiesen der Gardeccia mit der dreieckigen Ostwand der Punta della Vallaccia.

— Ausgangspunkt für die Besteigung des Sasso delle Undici ist das Monzoni-Tal; man erreicht es von Pozza di Fassa aus über die Malga al Crocefisso zu Fuß in etwa 2 Stunden. Bis zum Piano dei Monzoni unterhalb der Malga Monzoni kann man — wie bereits erwähnt — mit dem Auto fahren. Die Straße ist in ihrem ersten Teil asphaltiert und zweigt bei der Malga al Crocefisso von der Straße des S.-Nicolò-Tales rechts ab.

Man durchwandert oder durchfährt also das Monzoni-Tal bis zur Alm, bei der die eigentliche Aufstiegsroute beginnt. Zuerst folgt man ein kurzes Stück weit dem Weg zum Schutzhaus Taramelli, verläßt diesen jedoch schon etwa 50 Meter oberhalb des Stallgebäudes und benützt einen anderen, rechts abzweigenden Steig Nr. 624 mit weißroter und später nur roter Markierung. Es werden Wiesenhänge durchquert, und bald tauchen die Hochalmen und Bergwiesen mit den malerischen Heuhütten der Gardeccia auf (1 Gehstunde).

Bei einer Tränke verläßt man den markierten, zur Costella führenden Steig, wendet sich nach rechts und geht auf einer Steigspur weiter, die einen steilen Grashang zwischen zwei Felsvorsprüngen links vom Sass Morin erklimmt. Man steigt dann ab und durchquert eine Mulde, in der sich die Wegspur verliert. Die Richtung ist jedoch klar, denn der letzte steile Hang zum Gipfel des Sasso delle Undici liegt im Blickfeld voraus. Der Aufstieg ist mühsam, doch ohne Schwierigkeit. Über Grasbüschel und Schotter erreicht man den Grat und kurz darauf den mit einer Steinsäule versehenen Gipfel (1 Gehstunde von der Tränkstelle, 2 Stunden von der Monzoni-Alm).

Der wundervolle Rundblick lädt zwar zum Verweilen ein, doch steht noch eine weitere Gipfelbesteigung bevor. Vom Sasso delle Undici absteigend hält man sich schräg rechts in Richtung des Sockels der Ostwand der Punta della Vallaccia. Nach dem kurzen Abstieg und nach der Vallaccia-Scharte (man quert etwas unterhalb und könnte sie vielleicht übersehen) stößt man bald auf den Steig, der am Fuße der senkrechten Wand das von der Costella herabreichende Schuttkar durchzieht (¾ Stunden vom Sasso delle Undici).

La Costella ist der breite Sattel (2529 m), der das Monzoni-Tal mit dem S.-Pellegrino-Tal verbindet und gleichzeitig den Berührungspunkt der Monzoni- und der Vallaccia-Kette bildet.

Von diesem Sattel aus birgt der Aufstieg zur Punta della Vallaccia keinerlei Schwierigkeit mehr. Man folgt einer markierten Steigspur, die über den kurzen Gras- und Schotterhang emporführt, und steht nach etwa 20 Minuten auf dem Gipfel.

Der Abstieg vollzieht sich auf demselben Weg wie der Aufstieg und führt zurück zum Sattel der Costella. Auf dem zum S.-Pellegrino-Tal hingewandten Hang geht es dann talwärts durch eine Furche, anschließend schräg nach rechts (W) ohne Steig quer durch das Gelände dem langen Kamm zu, der mit dem Piz Meda endet (den man während des ganzen Abstiegs vor Augen hat).

Sobald es möglich wird, biegt man noch stärker nach rechts und steigt durch einen Taleinschnitt ab, der mit geringer Neigung zur Senke neben dem Piz Meda führt. Von dieser Seite wird der Gipfel auf einer von unten gut erkennbaren Steigspur „mitgenommen". Es ist ein kurzer und lohnender Aufstieg, wenn das Wetter günstig und die Müdigkeit nach dem langen Marsch nicht zu groß ist. Von der Felskuppe aus hat man einen schönen Blick auf die Ortschaft Moena.

Zurück zur Senke; von hier geht es über Wiesen rasch bergab dem Fassatal zu. Nach einer weiteren Grasmulde erreicht man die Waldgrenze und den markierten Steig Nr. 620. Teilweise sehr steil abfallend durchquert dieser den Wald bis zu seiner unteren Grenze und führt über einen längeren Wiesenhang zu den Häusern von Someda, einer Fraktion von Moena (etwas mehr als 2 Stunden Abstieg von La Costella bis Moena).

Varianten

a) Der Sasso delle Undici kann auch von der Forcella della Vallaccia aus über das Biwak Zeni und die aus der Vallaccia emporführende Rinne bestiegen werden. Die Route ist aber mühsam und lang. Zu Beginn des Sommers ist sie wegen des vereisten Schnees in der Rinne zudem nicht ganz ungefährlich.

b) Für den Abstieg gibt es auch einen anderen Weg. Man kann nämlich, anstatt schräg rechts zum Kamm abzusteigen, auch direkt durch eine Reihe von Geländefurchen (Cadin Bel) und durch das Piz-Meda-Tal zum Weiler Ronc im S.-Pellegrino-Tal gelangen.

c) Man kann von der Costella auf demselben Weg wie im Aufstieg zu den Hochweiden der Gardeccia und in das Monzoni-Tal absteigen.

d) Als weitere Variante für den Abstieg kann man schließlich über die Forcella della Vallaccia in das Vallaccia-Tal und zur Biwakschachtel Zeni absteigen. Der Weg durch die Rinne ist aber erst um die Sommermitte ungefährlich, wenn der Schnee zum Großteil geschmolzen ist.

Der Sasso delle Dodici mit seiner Gipfelsäule (links). Rechts hinten die Punta della Vallaccia.

Der Sasso delle Dodici und der Sass Aut, aufgenommen von der Höhe des Karerpasses.

2 Sasso delle Dodici (2443 m) - Sass Aut (2551 m)
Gesicherter Klettersteig

Ausgangspunkt: Pension Soldanella (1450 m, S.-Nicolò-Tal).

Gehzeit: Die Überschreitung ist langwierig und anstrengend; trotzdem ist das Unternehmen zu empfehlen.
Von der Pension Soldanella zur Biwakschachtel Zeni 1½—2 Stunden.
Vom Biwak zum Sasso delle Dodici 1½ Stunden.
Vom Sasso delle Dodici zum Sass Aut 45 Minuten.
Vom Sass Aut nach S. Giovanni di Fassa 2½ Stunden.
Insgesamt 6—7 Gehstunden.

Nächste Schutzhütte: Auf der Seite der Vallaccia ist der nächste Stützpunkt die Biwakhütte Zeni (2100 m). Ist man auf der Grathöhe angelangt, so ist es besser, auf der dem Fassatal zugewandten Seite nach S. Giovanni abzusteigen. Der Weg ist zwar lang, doch durchwegs leicht und gut zu begehen.

Bemerkungen: Der gesicherte Steig von der Vallaccia aus ist nicht schwierig. Er kann mit der Führe auf den Kesselkogel in der Rosengartengruppe verglichen werden. Es ist der leichteste Klettersteig der ganzen Marmolatagruppe, wenngleich er einige ausgesetzte Stellen aufweist, die mit Vorsicht begangen werden müssen. Diese befinden sich besonders im ersten Teil, gleich oberhalb der Biwakschachtel Zeni. Weniger geübte Bergsteiger sollten ein kurzes Seil und Karabiner bei sich haben. Eine Passage im unteren Teil ist ausgesetzt, doch bietet der Fels gute Griffe.

Die beiden Gipfel bilden den mächtigen Gebirgsstock, der auf der Ostseite des Fassatales zwischen Moena und Pozza das Landschaftsbild beherrscht. Bis zu zwei Drittel seiner Höhe reichen die dichten Wälder hinauf; darüber stehen die Türme, Grate und Wände, deren Besteigung nur für erfahrene Bergsteiger möglich zu sein scheint.
In Wirklichkeit haben diese zerklüfteten Felsburgen sowohl auf ihrer vorderen als auch auf der rückwärtigen Seite mehrere »schwache« Stellen, von denen die ausgeprägteste als breiter, leicht zu begehender Sattel die beiden Felsgruppen trennt. Über diesen Sattel führt auch der Weg zu den Gipfeln, der innerhalb der Grenzen des ersten Schwierigkeitsgrades bleibt.
Der Sasso delle Dodici und der Sass Aut sind die beiden auffallendsten Spitzen dieser Kette, die von Süden nach Norden verläuft, parallel zu der nicht minder bedeutenden Kette der Punta Vallaccia und des Sasso delle Undici. Als Trennung liegt zwischen diesen beiden hohen Felszügen der tiefe Einschnitt der Vallaccia-Schlucht.
Im Süden vereinigen die Abhänge der Punta della Vallaccia und der Mezza Luna die beiden Gebirgsketten miteinander. Hier öffnet sich auch die kleine Felsenmulde, die Busa di Baranchiè. Vom Fassatal aus erkennt man deutlich die vor der Busa di Baranchiè liegende Scharte. Sie grenzt an die abgerundete Kuppe des Sass della Giona. Von dieser Erhebung ab zieht sich der lange Bergkamm gleichförmig und mit mäßigem Gefälle hinab zum Piz Meda und weiter bis Moena.
Die Erwähnung der Busa di Baranchiè hat einen besonderen Grund: 1977 wurde von Bergführern des Fassatales ein außergewöhnlich schöner Höhenweg angelegt, der beim Biwak Zeni in der Vallaccia beginnt, mit einigen gesicherten Stellen über den bereits erwähnten Klettersteig auf den Sasso delle Dodici und den Sass Aut führt und von dort — wenn man nicht nach S. Giovanni di Fassa absteigen will — durch eine Rinne und über Schuttkare in die Busa di Baranchiè hineinleitet. Diese Mulde hat eine Schlüsselstellung, denn von ihr aus kann man auf die andere Bergseite hinüberqueren, die Punta della Vallaccia umgehen (oder auch besteigen) und über die Forcella della Vallaccia wiederum zum Biwak Zeni zurückkehren.

Begehung des gesicherten Klettersteiges auf den Sasso delle Dodici und den Sass Aut.

Es gibt aber noch andere Routen, die wir später beschreiben werden. Doch dieser durchwegs markierte Höhenweg ist der schönste und eindrucksvollste unter ihnen. Die Überschreitung ist gewiß langwierig und anstrengend. Man ist den ganzen Tag unterwegs, ohne auf eine Schutzhütte zu stoßen. Die Gegend ist abgeschieden und einsam, es gibt auch keine Wasserquellen, und man hat den Eindruck, sich in völliger Verlassenheit zu bewegen, ja geradezu auf Entdeckung aus zu sein.

Die Strapazen sind nicht gering — es gibt aber auch Erleichterungen, vor allem weil die ganze Route markiert (rot) und ein Verirren deshalb so gut wie ausgeschlossen ist.

Die anstrengende, lange Überschreitung ist nur gut trainierten Bergsteigern anzuraten. Das erste Stück des gesicherten Steiges zum Sasso delle Dodici verlangt außerdem Schwindelfreiheit. Die Tour sollte nur bei guten Wetterbedingungen unternommen werden, da auf der ganzen Strecke vom Biwak Zeni ab kein schützendes Dach mehr anzutreffen ist.

Die Gipfel des Sasso delle Dodici und des Sass Aut geben einen herrlichen Blick auf das Fassatal und die Rosengartengruppe frei.

Eigenartig und überraschend ist die Grasfläche auf dem Gipfel des Sass Aut, deren Größe man vom Tal aus gewiß nicht erahnen kann.

Es ist zu hoffen, daß dieser noch unversehrte Teil der Marmolatagruppe nicht auch der Offensive des Zements und der Liftanlagen für den Wintersport zum Opfer fällt.

Da die Route keine hohen Gipfel berührt (die höchste Quote ist der Sass Aut mit 2551 m) kann sie schon im Juni begangen werden. Oft liegt um diese Zeit in den Rinnen noch harter Schnee; deshalb sollte ein Pickel mitgenommen werden.

Bei der nun folgenden Beschreibung der Route sollte auf die Varianten geachtet werden, die sich an drei Punkten anbieten: auf der Scharte zwischen dem Sasso delle Dodici und dem Sass Aut, am Ende des Abstieges vom Sass Aut und nach der Passierung der Südseite der Punta della Vallaccia.

— Von Pozza di Fassa, 1320 m (genauer von Meida aus) folgt man der Straße durch das S.-Nicolò-Tal. Bevor diese den Bach überquert, beginnt in der Nähe einer Brücke und der Pension Soldanella (1450 m) rechter Hand der Steig zum Biwak Zeni. Der Aufstieg durch den Wald ist steil und mühsam. Die Vegetation wird spärlicher, je mehr man sich der Höhe des Einganges in das schluchtartige Vallaccia-Tal nähert. Der Anblick der enormen Wand des Vallaccia-Turmes mit der senkrecht emporstrebenden Nordwestkante und des Sasso delle Undici begleitet ein gutes Stück den Weg.

Man tritt in die enge Talschlucht ein (im Frühsommer links durch eine leichte Schneerinne) und erkennt bald weiter oben die Umrisse der rot gestrichenen Biwakschachtel Donato Zeni. Von links nach rechts wechselnd steigt man leicht über plattigen Fels mit Seilsicherung hoch, überwindet eine Felsstufe und gelangt zum kleinen Felsplateau, auf dem die Biwakhütte steht. (Von der Pension Soldanella rund 2 Gehstunden.)

Der Steig führt weiter durch die ganze Vallaccia und hinauf zur Scharte an ihrem oberen Ende. Man folgt ihm aber nicht und verläßt ihn beim Biwak, um der Markierung nachzugehen, die rechts (W) zum Einstieg des bereits erwähnten gesicherten Klettersteiges weist. Nach wenigen Minuten trifft man auf die ersten Drahtseile und Wandhaken. Mit ihrer Hilfe wird eine nicht leichte Felsstrecke mit einer Reihe von Bändern und Rissen überwunden. Eine ausgesetzte Passage muß mit der nötigen Vorsicht durchklettert werden. Alles in allem ist der gesicherte Felsenweg jedoch nicht schwierig und sorgt für angenehme Abwechslung.

Es folgt ein steiler, mit Grasbüscheln bewachsener Hang, der leicht zu begehen ist (Steig). Dann geht es durch eine Rinne und anschließend über eine schmale Scharte zwischen dem Hauptfels und einem Vorsprung hindurch (der Einschnitt wird im Bild auf der vorhergehenden Seite gezeigt). Der Abstieg auf der anderen Seite der Scharte führt in einen mit Felsblöcken und Schutt gefüllten Kessel und durch diesen hindurch zum breiten Sattel zwischen dem Sasso delle Dodici und dem Sass Aut (Markierung). Rechts (N) weitergehend erreicht man in wenigen Minuten die Grasflächen am Gipfel des Sasso delle Dodici (Gipfelkreuz — 1½ Gehstunden vom Biwak Zeni).

Vom Gipfel kehrt man wieder zurück zum Sattel zwischen dem Sasso delle Dodici und dem Sass Aut. Dort kann man die Überschreitung unterbrechen und über den eben erwähnten gesicherten Steig oder auf der dem Fassatal zugewandten Bergflanke absteigen. Ein gut markierter Pfad führt zuerst über leichtes Geschröfe und später durch Waldhänge hinab bis zum Avisio, überquert diesen und endet bei der Ortschaft S. Giovanni di Fassa. Dies ist der normale Zugang für die Besteigung des Sasso delle Dodici. Er ist wesentlich leichter als der gesicherte Steig von der Vallaccia aus, ist aber länger (über 3 Gehstunden), mühsamer und weniger interessant.

Um die Überschreitung fortzusetzen, folgt man dem Steig, der den Sattel überquert und hält auf eine Rinne zu, die zum oberen Felsaufbau des Sass Aut hinaufzieht. Wenn Schnee liegt, ist die Rinne mit Vorsicht zu begehen (Pickel). Die letzten Passagen durch Wandpartien sind wiederum mit Drahtseilen gesichert. Bald wird man die flache Kuppe des Sass Aut erreichen (¾ Gehstunden vom Sasso delle Dodici).

Der Abstieg vom Gipfel erfolgt auf seiner Südseite über ein breites, in seiner Art einzigartiges Grasfeld, von dem auf allen Seiten senkrechte Felswände abstürzen, mit Ausnahme einer Stelle, an der eine steile, doch begehbare Rinne beginnt. Über Schotter und

Der Sass Aut (mit der Wand des gesicherten Felsenweges) vom grünen Gipfel des Sasso delle Dodici aus gesehen.

Der ausgedehnte Grasteppich auf dem Gipfel des Sass Aut.

teilweise über Schneeflecken steigt man bis zu einem eingeklemmten Felsblock ab, dessen romantischer Durchlaß von den Fassanern „Bus del Diavul" (Teufelsloch) genannt wird. Mit Hilfe eines Drahtseiles wird das Hindernis überwunden, und der Abstieg geht bis zum Ende der Rinne weiter.

Hier bietet sich wiederum eine Möglichkeit, die Überschreitung zu unterbrechen und in das Fassatal abzusteigen. Es ist zwar keine Wegspur vorhanden, doch kann man die Richtung kaum verfehlen. Am Ende der Rinne geht man durch eine anschließende, steilere Furche weiter bergab, verläßt diese aber schon nach wenigen Metern, um nach rechts in Richtung einiger abschüssiger Wiesenhänge unterhalb der Felswand des Sass Aut zu traversieren.

Schräg rechts haltend geht es am Fuß der Wand, die hier den als „Halbmond" (Mezza Luna) bezeichneten Riß sichtbar macht, talwärts weiter. Über Almwiesen und durch Talfurchen wandernd gelangt man zum Waldrand und steigt ein Stück weit durch den Hochwald in freier Orientierung ab, bis man auf den Steig stößt, der, vom Piz Meda kommend, den ganzen Berghang durchquert. Bis zur Begegnung mit diesem Pfad hat man einen interessanten Abstieg durch eine unberührte, einsame Wald- und Wiesenlandschaft erlebt. Man folgt dem Steig nach rechts und kommt in der Nähe der Lichtung von Pociace zum markierten Weg Nr. 630, der vom Passo delle Dodici nach S. Giovanni di Fassa hinabführt (2 Gehstunden vom Ende der Rinne „Bus del Diavul").

Fährt man nach der Besteigung des Sass Aut mit der Überschreitung fort, dann folgt man dem durch Schuttkare und Geröll in einem weiten Bogen ansteigenden Pfad bis zur Scharte, die den Sass del la Giona (rechts) mit dem Hauptmassiv verbindet. Jenseits der Scharte tritt man in die kleine, grasbewachsene Mulde der Busa di Baranchiè südwestlich der Punta della Vallaccia ein.

Dort biegt der markierte Weg nach links (NO) ab und erklimmt die Flanke der Punta della Vallaccia bis zu ihrem Gipfel. Der Aufstieg von der Busa di Baranchiè ist kurz und leicht. Man kann aber auch darauf verzichten und den Hang im unteren Teil durchqueren, um über kurze Schutthalden direkt zur Costella (2529 m) zu gelangen.

Von diesem Sattel aus kann man auf dem Steig Nr. 624 zu den Hochweiden von Gardeccia und ins Monzoni-Tal, zur Monzoni-Alm hinuntergehen. Oder man benützt den Steig, der am Fuß der Vallaccia-Ostwand zur Vallaccia-Scharte hinüberführt und steigt dann durch die Rinne (im Frühsommer wegen Schnee und Eis gefährlich) in die Vallaccia hinab An der Biwakschachtel Zeni vorbei kommt man dann talwärts wiederum zur Pension Soldanella im S.-Nicolò-Tal zurück.

Zu erwähnen ist noch die bevorstehende Erneuerung des Steiges, der den ganzen langen Südwestkamm des Gebirgsstockes durchmißt, von der Busa di Baranchiè bis zur Forcella del Piz Meda. Es ist derselbe lange und abfallende Gebirgskamm, der von S. Giovanni bis Moena den charakteristischen Hintergrund des Fassatales bildet. Der Steig wird markiert werden und der eben geschilderten Höhenwanderung als willkommene Fortsetzung dienen.

3 Überschreitung der Monzoni

Ausgangspunkt: Schutzhaus Passo Le Selle (2529 m)

Gehzeit: ungefähr 3½ Stunden (vom Selle-Paß zur Cima Malinverno).
Für den Anmarsch zum Selle-Paß und den Rückweg von der Cima Malinverno sind rund weitere 3 Stunden hinzuzurechnen.

Nächste Schutzhütte: Im Bereich bis zum Rizzoni-Kamm wird man im Notfall zum Schutzhaus Passo Le Selle zurückkehren. Von der Rizzoni-Spitze und der Forcella Ricoletta ab ist der Abstieg zum Taramelli-Haus oder nach Fango im S.-Pellegrino-Tal kürzer.

Bemerkungen: I. Schwierigkeitsgrad.
Der Gebirgskamm wird von einem alten Kriegssteig begleitet, der jedoch im Abschnitt der Rizzoni an mehreren Stellen unterbrochen ist. Es gibt dort Passagen mit dem II. Schwierigkeitsgrad, für deren Begehung große Vorsicht geboten ist.
Leicht ist hingegen der Abschnitt vom Passo Le Selle bis zur Scharte vor den Rizzoni sowie der Teil von der Cima dei Rizzoni zur Forcella Ricoletta und weiter zur Cima Malinverno.
Zu Beginn des Sommers, wenn die Rinnen noch voll Schnee sind, ist die Begehung des Rizzoni-Kammes reichlich komplizierter.

Der Ruf der »Monzoni« ist wegen des Mineralienreichtums dieser Berge schon längst weit über die Grenzen der Dolomiten gedrungen und zieht Geologen und Wissenschaftler aus allen Teilen Europas an. Die einzelnen Zonen werden von Sammlern und Gelehrten aufgesucht, die im Schutzhaus Torquato Taramelli (bedeutender Geologe) ihr Standquartier haben. Der Ursprung des Gebirgsstockes ist vulkanischer Natur und das Gestein ist demnach ganz anders als der Kalk, aus dem die anderen Ketten der Marmolatagruppe geformt sind. Hier soll jedoch nicht über Geologie, sondern über die Monzoni als Bergsteiger- und Wanderziel gesprochen werden.

Die Kette der Monzoni im äußersten Südwesten der Marmolatagruppe ist die Fortsetzung der Kette Cima dell'Uomo—Costabella und reicht bis an den Rand der Felsbastionen der Vallaccia heran. Sie erstreckt sich vom Passo Le Selle im Osten bis zum Passo La Costella im Westen als felsiger Kamm mit respektablen Flanken; ansehnliche Felsbildungen beherrschen die zum Monzo-

Almhütten der Gardeccia am Fuß der Monzoni-Kette, am Weg zur Costella.

ni-Tal und zum Schutzhaus Taramelli hingewandte Seite, die Abhänge zum S.-Pellegrino-Tal sind hingegen weniger schroff und teilweise grasbewachsen.

Die höchsten Erhebungen der Kette sind: die Punta delle Selle (2596 m); die Punta d'Allochèt (2582 m); die Rizzoni (2645 m); die Forcella Ricoletta (2431 m); die Cima Ricoletta (2512 m) und die Cima Malinverno (2636 m).

Eine beeindruckende Wanderroute durchquert die ganze Kette vom Passo Le Selle bis zur Cima Malinverno. Es ist eine fast durchwegs leichte Strecke, die sich des Frontsteiges bedient, der im Ersten Weltkrieg von den Österreichern angelegt wurde. An vielen Stellen der Kammlinie sind noch deutliche Spuren der einstigen Dolomitenfront zu sehen: Laufgräben, Schießscharten, Barakkenreste und Kavernen. Im Felsgewirr der Rizzoni ist der Kriegssteig mehrfach unterbrochen und die Begehung dieser weglosen Stellen ist nicht leicht. Ein kurzes Seil sollte man bei sich haben, und große Vorsicht ist auf alle Fälle geboten. Der Weg vom höchsten Punkt der Rizzoni bis zur Cima Malinverno enthält hingegen keine Schwierigkeiten.

Die Kammwanderung ist lohnend und kann bestens empfohlen werden. Die Route wird selten begangen, und die Zone ist ausgesprochen einsam. Die Wiederherstellung des Kriegssteiges ist geplant; an den schwierigen Stellen (die Rizzoni) sollen Drahtseile angebracht werden.

Allen Touristen ist der erste Teil vom Selle-Paß zur Scharte vor den Rizzoni anzuraten (1 Stunde, leicht—interessante Begegnungen mit österreichischen Kriegsstellungen der Dolomitenfront 1915—18). Bei dieser Scharte kann sich der Wanderer je nach seiner Bergerfahrung und Leistungsfähigkeit entscheiden, ob er weitergehen soll oder nicht.

Vom Passo Le Selle zur Cima Malinverno benötigt man ungefähr 3—3½ Stunden. Für den Anmarsch zum Schutzhaus Le Selle und den Abstieg von der Forcella Ricoletta sind insgesamt weitere 3 Gehstunden hinzuzurechnen.

Die Gratwanderung von der Cima Malinverno zur Costella ist zwar möglich, doch nicht zu empfehlen. Der Grat ist in diesem Abschnitt nicht leicht zu begehen (Bild auf der vorhergehenden Seite). Man müßte jedenfalls vom Gipfel aus einen weiten Bogen nach Südwesten einschalten (die Felsen dieser Zone werden »Pale Rabbiose« genannt), um dann über Schuttkare und Felsgeröll zur Costella hinüberzuqueren. Es ist aber ratsamer, von der Cima Malinverno zur Forcella Ricoletta zurückzukehren und von dort ohne Mühe zum Taramelli-Haus oder nach Fango im S.-Pellegrino-Tal abzusteigen.

Der Monzoni-Grat von der Punta delle Selle aus. Weiter rückwärts die Punta d'Allochet und die Rizzoni-Kette.

Auf Seite 73:

Ein österreichischer Unterstand aus dem Ersten Weltkrieg auf dem Monzoni-Grat (Punta delle Selle). Vom Fenster aus konnte das S.-Pellegrino-Tal mit den italienischen Stellungen beobachtet werden.

— Zum Schutzhaus Passo Le Selle kommt man sowohl vom S.-Nicolò-Tal als vom S.-Pellegrino-Tal. Vom S.-Nicolò-Tal aus wandert oder fährt man zur Piana dei Monzoni und steigt von dort zum Taramelli-Haus und zum Paß auf. Zu Fuß alles in allem ungefähr 1½ Stunden. Vom S.-Pellegrino-Tal aus benötigt man so ziemlich dieselbe Zeit. Im Hochsommer ist der Sessellift von der Paßhöhe zum Restaurant Paradiso im Betrieb, wodurch man sich einen beträchtlichen Teil des Aufstieges ersparen kann.

Vom Schutzhaus Le Selle wandert man auf alten Kriegssteigen in südwestlicher Richtung über den niedrigen Kamm. Ein Steig führt auf der Nordseite etwas unterhalb der Kammlinie entlang, ein anderer verläuft auf dem Kamm selbst. Überreste österreichischer Kriegsstellungen sind in Mengen zu sehen.

Nach etwa 20 Minuten leichter Wanderung betritt man die erste Erhebung, die **Punta delle Selle** (2596 m). Man steigt dann ein Stück ab und geht nahe der Kammlinie ohne Schwierigkeiten weiter bis zum zweiten Gipfel, der Punta d'Allochèt (2582 m). An manchen Stellen ist es besser, auf der Nordseite und ein paar Meter unterhalb des Kammes zu bleiben.

Wiederum folgt ein Abstieg — die Höhenunterschiede sind bis hierher gering — bis zu einer grasbewachsenen Scharte, bei der die zerrissene Felsenreihe der Rizzoni beginnt (bis hier etwa 1 Gehstunde).

Falls die Fortsetzung der Wanderung zu schwierig erscheint, kann man umkehren oder über die sehr steilen Grashänge (Vorsicht) in Richtung S.-Pellegrino-Tal absteigen. Etwas weiter unten stößt man auf einen Pfad.

Das Wegstück bis zur höchsten Quote der Rizzoni ist nicht leicht. Die Steigspuren auf der dem Monzoni-Tal zugewandten Nordseite sind mehrfach unterbrochen, und einige Passagen von einer Rinne zur anderen erheischen Vorsicht. Bis die geplanten Sicherungsseile angebracht sind, ist es notwendig, behutsam vorzugehen und sich, wenn möglich, anzuseilen. Bald geht es auf dem alten Kriegssteig weniger gefährlich weiter und hinab zu einer Einsattelung, genannt Forcella Ricoletta (2431 m). Da nun alle schwierigen Stellen vorüber sind, ist von hier aus, vor der Rückkehr ins Tal, der kurze Aufstieg zur Punta Malinverno zu empfehlen. Mehr auf der dem S.-Pellegrino-Tal zugewandten Südseite bleibend steigt man in etwa 30 Minuten über einen steilen Grashang empor, geht an dem Felsvorsprung der Cima Ricoletta vorbei und gewinnt den höchsten Punkt der Cima Malinverno, der bedeutendsten und schönsten Erhebung der Monzoni-Kette.

Vom Gipfel kehrt man zur Forcella Ricoletta zurück und hat dort die Wahl, nach Norden oder nach Süden abzusteigen. Hat man das Auto im Monzoni-Tal stehen, dann eilt man durch eine Rinne über Schutt und Geröll in Richtung Taramelli-Haus abwärts. Will man hingegen in das S.-Pellegrino-Tal, so benützt man eine steile, grasbedeckte Hangfurche, in deren unterem Teil ein Steig in Serpentinen rasch zu den Häusern von Fango (1659 m) hinabführt.

Collac - Buffaure

Die Untergruppe Collac-Buffaure nimmt den nordwestlichen Teil des Marmolatagebietes ein. Sie umfaßt eine freistehende, ausgeprägte Gebirgszone mit der ungefähren Basis eines Dreiecks, dessen Seiten vom S.-Nicolò-Tal, vom Fassatal und dem Contrin-Tal bestimmt werden.

Das Baumaterial der Zone ist dunkles, porphyrisches Gestein, das von ausgedehnten Grashängen und Flächen mit spärlicher Vegetation bekleidet ist — mit Ausnahme der kalkigen, hellen Felsburg des Collac und der beiden Pfeiler der Maerins. Der Collac ist mit seiner Größe und Höhe (2713 m) der einzige bedeutende Gipfel der Untergruppe; die übrigen Spitzen wirken bescheiden. Die langen Kämme, die von ihnen ausgehen, sind grasbewachsen und an den Hängen mit steilen Wäldern bedeckt. In seinem Inneren wird die Gebirgszone von mehreren Tälern durchquert, deren Weiden und Almböden der Viehwirtschaft dienen.

Die Begehung dieser Berge kann früher als in den übrigen Untergruppen der Marmolata beginnen. Die durchschnittliche Höhenlage ist hier geringer, der Schnee schmilzt bald weg, und die Gipfel- und Kammrouten sind durchwegs sehr leicht. Der Collac übt mit seinem schön geformten, kühn aufstrebenden Gipfel einen großen Reiz auf anspruchsvolle Bergsteiger aus, besonders seitdem seine Nordwestwand von einem gesicherten Klettersteig durchzogen wird. Alle übrigen Erhebungen laden zu gemütlichen und genußreichen Wanderungen in einer erholsamen Landschaft ein.

Das Vergnügen der abwechslungsreichen Begehungen konzentriert sich auch in dieser viel milder geformten Untergruppe auf die verschiedenartigen Grate und Kämme. Von ihren grünen oder nur spärlich bewachsenen Höhen aus genießt man die Schönheit der beiden unversehrten Juwele dieser Bergwelt: des Giumela- und des Crepa-Tales; es sind dies zwei einzigartige, stille Gebirgstäler ohne touristische Wege und mit prächtigen Weiden, auf denen im Sommer das Vieh grast.

Die Welt ist hier wohltuend einsam und noch heil. Besonders im Crepa-Tal lassen die vielen, heute nicht mehr benützten Heuhütten auf eine frühe und intensive landwirtschaftliche Nutzung der fast ebenen Wiesengründe schließen. Die Harmonie der Landschaft zieht den Wanderer stark in ihren Bann; trotzdem wird das Tal nur wenig begangen. Die Mehrzahl der Touristen wendet sich den bekannten und viel begangenen Wegen zu, in diesem Fall der Wanderung über die Sella del Brunec (Lift). Für die wirklich schönen, verborgenen Reize einer Bergfahrt fehlt es vielfach an Verständnis.

Bei der Beschreibung der einzelnen Routen dieser Untergruppe haben wir uns bemüht, etwas mehr als nur das Übliche aufzuzeigen und auf die Möglichkeit hinzuweisen, im Rahmen einer Tagestour Gratwanderungen mit anschließendem Abstieg in eines der beiden reizvollen Täler miteinzubeziehen. Die ausgedehnte Gebirgszone mit dreieckförmiger Basis ist nur an einer Stelle mit dem übrigen Marmolatagebiet verbunden, und zwar durch den Sattel des S.-Nicolò-Passes (2340 m), der die Untergruppe Buffaure-Collac von der Untergruppe Costabella-Cima dell'Uomo trennt. Die massige Felsfigur des Col Ombert südlich des Sattels gehört bereits zur letzteren Untergruppe.

Nördlich des Sattels beginnt die Untergruppe Buffaure-Collac mit einigen alpinistisch unbedeutenden Spitzen. Es sind dies der Sasso Bianco (2575 m) der Sass de Rocca (2618 Meter) und der Sasso Nero (2610 m) — drei niedrige Gipfel aus verschiedenfarbigem

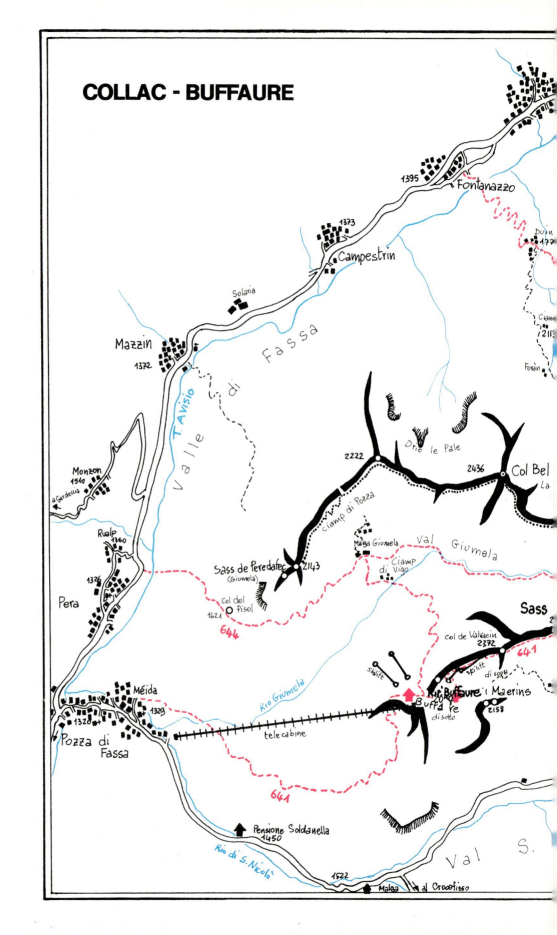

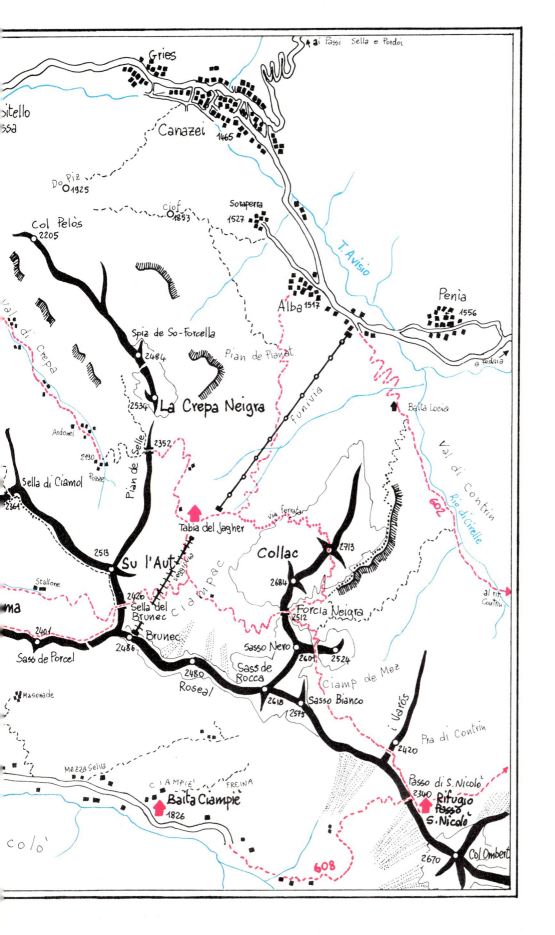

Panoramablick von der Cima delle Vallate auf die Untergruppe des Collac: der grüne Sattel des S.-Nicolò-Passes, der Sasso Bianco, der Sass de Rocca, der Sasso Nero und die Felsburg des Collac. In der Ferne die Langkofel- und die Sellagruppe.

Der lange grüne Rücken mit der Erhebung des Su l'Aut vom Col Bel gesehen. Jenseits der Almen der Collac (links), der Große Vernel, die Marmolata und der Vernale-Gletscher.

Gestein. Sie bilden einen Kern, von dem bedeutendere Gebirgszüge ausgehen. Östlich des Sasso Nero erhebt sich nach einem kleinen Einschnitt, über den ein markierter Steig führt, der unförmige, dunkle Turm Torre Dantone (2524 m), als deutlicher Beweis für das Vorhandensein vulkanischen Gesteins in dieser Zone.

Von diesem Punkt bis zum S.-Nicolò-Paß zieht sich die schöne und einsame Wasserscheide zwischen dem S.-Nicolò-Tal und dem Contrin-Tal hin. Auf beiden Seiten, mehr jedoch auf der Seite des Contrin-Tales, neigen sich Almen und Bergwiesen talwärts. Auch hier sind Überreste der österreichischen Kampfstellungen des Ersten Weltkriegs zu sehen, besonders auf dem kurzen, gezackten Felsgrat der Varòs unmittelbar nordwestlich des Passes S. Nicolò. Die Paßhöhe selbst ist Standort eines bequemen privaten Schutzhauses, in dem man auch übernachten kann.

Nördlich des Sasso Nero trennt ein breiter Einschnitt letzteren vom wuchtigen Massiv des Collac. Es ist die Forcia Neigra (2512 m), die das obere Contrin-Tal mit der Mulde von Ciampac und durch einen weiteren markierten Steig mit dem S.-Nicolò-Paß verbindet. Der Sattel ist Übergangspunkt mehrerer Wanderrouten mit großartiger Aussicht auf die mächtigen Wände des Vernel und der Marmolata und auf den kleinen Gletscher des Vernale.

Nördlich des Sattels steht der zyklopische Felsbau des Collac, allein und ohne benachbarte Rivalen. Sein Haupt trägt zwei Gipfel, von denen der niedrigere, unmittelbar über der Forcia Neigra, 2684 Meter mißt. Auf den Hauptgipfel (2713 m) führt als Normalroute ein schon seit langem bestehender Steig, der von der Forcia Neigra ausgeht, das Hauptmassiv im Süden umrundet und durch mehrere steile Rinnen die unschwierigen Schlußfelsen erklimmt. Es ist ein leichter, markierter Weg mit einigen Stellen des I. Schwierigkeitsgrades, der wegen seiner Ungefährlichkeit, aber vor allem wegen seines schönen Gipfelblicks auf die Marmolata und die Fassaner Dolomiten häufig begangen wird. Einige Stellen des Aufstiegs sind durch Drahtseile gesichert.

Gegen Nordwesten hin (Richtung Alba di Canazei und Ciampac) fällt das Massiv des Collac mit einer langen, schrägen Wand ab, durch die 1979 ein neuer, sehr schöner, gesicherter Klettersteig angelegt wurde, dessen Beschreibung folgen wird.

Kehren wir vorerst aber mehr nach Süden zurück, zu den Erhebungen rings um den Sass de Rocca, von denen nach Nordwesten der zerrissene Felsenkamm abzweigt (Roseal, 2480 m und Brunec, 2486 m), von dem die drei Hauptketten der Untergruppe ausgehen.

Diese drei Ketten berühren sich in der Zone der Sella del Brunec (2420 m), des Überganges zwischen Ciampac und dem Giumela-Tal.

Die erste Kette erstreckt sich westwärts und endet mit den Buffaure. Sie bildet die lange Nordbarriere des S.-Nicolò-Tales. An einem Punkt, bald nach der Talenge hinter der Malga al Crocefisso, schiebt die Kette zwei senkrecht abstürzende Felspfeiler weit in das Tal vor. Mit ihrer hellen, dolomitischen Färbung sind die Felsen, Maerins genannt, nicht zu übersehen. Im übrigen besteht die Kette aus unscheinbaren, grasbewachsenen Erhebungen, die aber mit sehr schönen Fernblicken auf das Tal S. Nicolò, die Cima dell'Uomo und die Costabella überraschen. Die erste Kuppe im Westen der Sella del Brunec (genauer im Westen des Brunec) ist der Sass de Porcèl (2401 m), den man auf der Kammwanderung aber kaum bemerkt. Deutlicher erhebt sich hingegen der Sass de Dama (2434 m). Von seiner steil ansteigenden, bewachsenen Spitze aus genießt man wohl die schönste Rundsicht der ganzen Kette. Der Kamm zieht sich noch weiter nach Westen hin und endet mit den Hochflächen der Buffaure (obere und untere), die durch einen Lift mit der Ortschaft Meida im Fassatal verbunden sind. Von Buffaure fällt der mit Wäldern bedeckte Berghang rasch ab. Sein Profil bildet, gemeinsam mit der nahen Pyramide des Sass de Peredafec, den typischen Hintergrund des Fassatales zwischen Vigo und Pozza.

Der ganze lange Kamm, von der Sella del Brunec bis zu den Buffaure, wird von einem leicht begehbaren Steig durchzogen.

Die zweite Kette beginnt nördlich der Sella del Brunec und zieht gegen Nordwesten, zur Mitte der Untergruppe. Sie ist das Prunkstück der Zone. Knapp 100 Meter vom Sattel entfernt steht schon der erste Felsgipfel, der Su l'Aut (2513 m), wichtiger Standort für die Betrachtung und das Studium der Morphologie der gesamten Untergruppe.

Die Kette setzt sich als Trennlinie zwischen dem Giumela-Tal (S) und den Tälern Crepa und Ciamol fort und steigt nach einer weiten, flachen Mulde (Sella di Ciamol, 2361 m) sanft zum ausladenden, grünen Plateau des Col Bel (2436 m) an.

Der Col Bel ist als grüne Pyramide gleich hinter dem bewaldeten Kegel des Sass de Peredafec (links von den Buffaure) vom Fassatal aus gut zu sehen. Der Kamm fällt dann merklich ab und steigt nach einem Sattel mit schönen Hangwiesen (Ciamp de Pozza) zum Sass de Peredafec (oder Giumela, 2143 m) an. Auf diesem Gipfel wurde von den Talbewohnern ein riesiges Bergkreuz aufgestellt. Die steilen, mit Wäldern bedeckten Hänge reichen hinab bis ins Tal.

Die dritte und letzte Kette beginnt nördlich des Su l'Aut mit einem welligen Wiesenkamm, der sich bis zum Pian de Selle (2353 m) hinzieht und dann unvermittelt zur ansehnlichen Crepa Neigra (2534 m) ansteigt. Nach dem Collac ist dieser Felsberg die be-

Der Collac, die weite Mulde des Ciampac und die Crepa Neigra von der Straße nach Fedaja aus, in der Nähe von Pian Trevisan.

deutendste und auch formschönste Erhebung in der Untergruppe. Der Fels besteht aus dunklem vulkanischem Gestein. Der Gipfel ist mit Gras bedeckt. Vom Fassatal und vom Pordoijoch aus zeigt der Berg ein Profil, das an das Gesicht Dante Alighieris erinnert.

An Höhe verlierend verläuft die Kette in Richtung Nordwesten weiter, sinkt am Ende des wiesenbedeckten Rückens des Col Pelos nochmals ab, um schließlich mit steilen Waldhängen im Fassatal zu enden.

Die mit großem Abstand verlaufenden Ketten schließen anmutige Täler ein, wahre Kleinodien der Natur. Zwischen dem Kamm des Sass de Dama und der mittleren Kette schlummert das Giumela-Tal mit saftigen Almweiden und zwei großen Stallungen. Zwischen der mittleren Kette und der Crepa Neigra ist das Val di Crepa gebettet, ein noch einsameres und landschaftlich noch reizvolleres Tälchen. An seinem Beginn zweigt rechts des Weges, der von Fontanazzo ins Crepa-Tal führt, eine kleine Talfurche in Richtung des Col Bel ab, das ganz einsame und verträumte Ciamol-Tal.

Zwischen dem Massiv des Collac, der Gipfelgruppe rings um den Sass de Rocca und dem Rücken des Su l'Aut, dehnt sich die breite, offene Mulde von Ciampac, deren Hänge im Sommer den traurigen Anblick der Wintersportlifte bieten.

Im Innern dieser Untergruppe sind noch keine Schutzhäuser vorhanden. Es ist daher notwendig, sich auf die Gaststätten der Ausgangspunkte zu stützen, und zwar auf

— die Schutzhütten der Buffaure (2050 m, Gondellift von Meida di Pozza herauf)
— das Schutzhaus Tobià del Jagher (2180 m) am Ciampac (Seilbahn von Alba di Canazei herauf).
— das Schutzhaus Passo S. Nicolò.

Gipfelbesteigungen

— **Sass de Rocca (2618 m)**
1 Gehstunde — leicht.

Man steigt von der Mulde des Ciampac entweder direkt über den steilen, beschwerlichen Hang zum Gipfel auf, oder geht leichter über dessen westlichen Kamm.

— **Sasso Nero (2601 m)**
30 Minuten — leicht.

Von der Forcia Neigra (2512 m) über den leichten, teilweise bewachsenen Kamm.

— **Der Collac (2713 m)**

a) über den Normalweg — leicht — 1¼ Stunden.
Von der Forcia Neigra aus folgt man einem Steig, der auf gleicher Höhe bleibend den Südsockel des Collac auf der Contrin-Seite umgeht und in eine kleine Schlucht führt, durch die man aufsteigt. Bald wird die Schlucht zu einer mit immer mehr Schutt gefüllten Rinne, die sich weiter oben in zwei Arme teilt. Rechts weitergehend trifft man auf einige seilgesicherte, leichte Passagen und kommt dann zu einer Scharte und anschließend durch eine letzte Rinne zum Gipfelgrat, der linker Hand mit dem Gipfelpunkt endet.

b) über den gesicherten Felsenweg durch die Nordwestwand. 2½ Stunden — ausgesetzt — nur für erfahrene Hochtouristen geeignet.
Von Ciampac aus folgt man einem Steiglein, das links von der Seilbahnstation eine kleine Mulde (Sandgrube) durchquert und zum Einstieg am Fuß der Felsen führt. Die Route ist durch gelbe Markierungen gekennzeichnet, die zuerst schräg nach links weisen und weiter oben direkt durch die Wand. Die Führe ist durchwegs mit gut angebrachten Drahtseilen und Eisenstiften gesichert, ist aber trotzdem nicht leicht und ziemlich luftig. Man erreicht den Gipfelgrat durch eine Scharte knapp nördlich des Gipfels, traversiert dann nach rechts und erklimmt die letzte steile Wandstufe zur Spitze.

— **Sass de Dama (2434 m)**
40 Minuten — sehr leicht.

Auf dem Steig, der genau auf der langen, grünen Kammlinie verläuft, erreicht man sowohl von den Buffaure als von der Sella del Brunec aus den höchsten Punkt des Kammes, den Sass de Dama. Der Weg ist nicht beschwerlich und bietet einen großartigen Rundblick.

— **Su l'Aut (2513 m)**
20 Minuten — sehr leicht.

Von der Sella del Brunec (2420 m) in wenigen Minuten auf dem Steig über den grünen Kamm zum Gipfel.

— **Col Bel (2436 m)**
1 Stunde — sehr leicht.

Von der Sella del Brunec (2420 m) über die Kuppe des Su l'Aut und weiter auf dem grasbewachsenen Kamm bis hinab in die Mulde der Sella di Ciamol (2361 m). Von dort über den breiten Hang zum Gipfel.

— **Sass de Peredafec (Giumela, 2143 m)**
2 Stunden — sehr leicht.

Der Zugang vom Fassatal über die Malga Giumela ist lang und mühsam. Schöner und empfehlenswerter ist daher der Aufstieg von der Sella del Brunec über die grünen Gipfel des Su l'Aut und des Col Bel. Von der letzteren Kuppe folgt man dem abfallenden Kamm bis zu einer Einsattelung, von der nach links ausgedehnte Wiesenflächen den Berghang bedecken (Ciamp de Pozza). Auf einem Steig wird ein Stück Hochwald durchquert und aufsteigend wiederum die Kammlinie erreicht. Von dort der Gipfel mit dem großen Kreuz (2 Stunden von der Sella del Brunec). Die Weideflächen knapp unterhalb des höchsten Waldstückes lassen sich auch von Pera di Fassa aus auf dem Steig durch das Giumela-Tal erreichen. Von der Malga Giumela steigt man links über steile Wiesenhänge auf und kommt nach einer Gruppe von Heuhütten in der Nähe des grünen Sattels zwischen dem Sass de Peredafec und dem Col Bel hinauf zum Kamm.

— **La Crepa Neigra (2534 m)**
1¼ Stunden — nicht leicht.

Vom Pian de Selle (2352 m, 40 Minuten von Ciampac) folgt man einer Steigspur, die unter dem Geschröfe der Crepa Neigra vorbeiführt, bis sie sich auf dem steiler werdenden Hang verliert. Nun arbeitet man sich durch eine grasige Rinne sehr steil zur Gratscharte zwischen der Crepa Neigra und dem Spiz de So-Forcella empor.
Von dieser Scharte (Achtung auf die Felsabstürze an ihrem Rand gegen Alba) traversiert man über Grashänge und ausgesetzte Felspartien (Vorsicht — nicht leicht) die dem Crepa-Tal zugewandte Bergseite bis zu einer Felsschulter und betritt nach kleineren Wandstufen den grünen Gipfelteppich. Eindrucksvoll ist der Blick auf die riesige Nordwestwand des Collac.

4 Buffaure - Sass de Dama - Val Giumela

Buffaure → Sass de Dama → Sella del Brunec → Val Giumela → Pera di Fassa

Ausgangspunkt: Bergstation des Gondelliftes Meida (Pozza di Fassa) — Buffaure (2050 m).

Nächste Schutzhütten: Die Kammwanderung bietet mehrere Einkehrgelegenheiten, je nach dem Punkt, an dem man sich befindet: das Schutzhaus Buffaure (2050 m), das Schutzhaus Tobià del Jagher am Ciampac (2180 m) und die Malga Giumela (1840 m).

Gehzeit: ungefähr 4 Stunden.

Bemerkungen: Sehr leichte Kammwanderung, immer auf markiertem Steig.

Diese und die beiden folgenden Routen sind nur Beispiele für die vielen Möglichkeiten, die dem Wanderer in dieser Zone geboten sind. Zudem gibt es eine Reihe von Kombinationen mit Gipfelbesteigungen, Höhenwanderungen und Überschreitungen, je nach dem persönlichen Interesse des einzelnen Touristen.

So kann der erste Teil der folgenden Wanderroute (Buffaure—Sass de Dama—Sella del Brunec) sehr einfach mit der nächsten ergänzt werden (5—6 Gehstunden).

Die drei hier beschriebenen Routen sind jedenfalls die lohnendsten, sie bieten nicht nur herrliche Rundblicke, sondern ermöglichen es auch, diese wenig bekannten Zonen des Marmolatagebietes gründlich kennenzulernen. Die Wahl dieser Wanderstrecken stützt sich weniger auf die markierten Steige und die klassischen, von der Vielzahl der Touristen aufgesuchten Wege, als auf den Verlauf der drei wichtigsten Ketten der Untergruppe, von denen einer jeden eine eigene Route gewidmet ist. Die Strecken sind leicht und führen fast durchwegs über grasbewachsenes Gelände. Ohne große Höhenunterschiede bewältigen zu müssen, können mehrere Gipfel nacheinander bestiegen werden.

Der erste der drei Wege, die im folgenden beschrieben werden, ist dem Verlauf der südlichsten Kette angepaßt, die sich von der Sella del Brunec (O) bis zu den Buffaure (W) als jener Kamm erstreckt, der das Giumela-Tal von der tiefen Furche des S.-Nicolò-Tales trennt.

Die ganze Wanderung erfolgt auf guten Steigen und weist keinerlei Schwierigkeiten auf. Anfangs geht es dem langen Kamm entlang bis zum Aussichtsgipfel Sass de Dama, dann weiter zur Sella del Brunec. Von dort auf einem alten Saumweg hinab ins Giumela-Tal und talauswärts nach Pera di Fassa.

Die Höhenlage ist bescheiden, und die Gipfel sind ganz und gar nicht »aufregend«, wandert man doch größtenteils über grasbewachsene Böden. Dennoch ist die Wanderung interessant, sowohl wegen der Aussicht auf das S.-Nicolò-Tal als auch wegen der überraschenden Schönheit des Giumela-Tales.

Die Tour kann schon am Ende des Frühlings unternommen werden; die geringe Höhe und die der Sonne zugewandte Lage der Hänge begünstigen das rasche Schmelzen des Schnees, der hier früher weggeht als in anderen Zonen der Marmolatagruppe.

— Das Plateau der Buffaure (2050 m) wird mit Hilfe des von Meida (1329 m, Pozza di Fassa) hinaufführenden Gondellifts in kurzer Zeit erreicht. Die Bergstation steht auf dem unteren Plateau der Buffaure (Buffaure di sotto). Die muldenförmige Wiesenlandschaft bildet zusammen mit den Weiden des oberen Plateaus (Buffaure di sopra) eine wundervolle Aussichtsterrasse vor dem Panorama der Rosengartengruppe, der Vallaccia, der Monzoni und der Costabella.

Von der Station aus (Wegtafel) geht man ein kurzes Stück durch die Talmulde bergan und biegt dann vor dem Schutzhaus Buffaure, in der Nähe eines großen Wiesenhanges, vom Steig ab, um schräg links diesen Hang zu überqueren und den Aufstieg zur Kammschneide zu beginnen. Über zwei aufeinanderfolgende Buckel des Kammes, der von Skiliftanlagen durchzogen wird, kommt man in beschwerlichem, doch kurzem Aufstieg zur Bergstation eines Lifts.

Von dort auf Steig Nr. 641 dem Kamm entlang und über eine letzte Erhebung zum Gipfel des Sass de Dama, einer unbedeutenden, bewachsenen Kuppe, die jedoch ein schöner Aussichtspunkt ist.

Nun verliert der Steig an Höhe und führt über höckerige Stellen auf dem Kamm in eine ausgeprägte Mulde hinab (Blick auf die tief unten liegenden Ställe des Giumela-Tales), kurz vor der Anhöhe des Brunec. Den Hang links querend gelangt man auf Steigspuren zur Sella del Brunec, von der aus der Blick die weite Senke des Ciampac und das Massiv des Collac umfaßt (1¾ Gehstunden).

Von der Sella del Brunec kann man bequem zur Bergstation der Seilbahn Alba-Ciampac hinübergehen, doch rundet sich die Tour besser mit dem Abstieg ins Giumela-Tal.

Anstatt also den Sattel des Brunec zu überschreiten, wandert man auf leichtem Gelände talwärts und trifft bald auf eine der alten Viehstallungen. Der Saumweg wird nun breiter und folgt der Talfurche, bald links und bald rechts vom Bach, dann wieder über Wiesen und Weideflächen. Die Landschaft zeigt sich unversehrt, und das Wandern ist erholsam. Bei den Hütten der Malga Giumela kann man meistens Einkehr halten.

Der darauffolgende Abstieg durch den Waldhang des Sass Peredafec bringt den Wanderer auf steilem Saumweg bis hinab zum Ufer des Avisio und über die Brücke zur Ortschaft Pera di Fassa (3½—4 Gehstunden).

Der Sass de Dama und die Stallung im oberen Giumela-Tal, aufgenommen vom Gipfel des Su l'Aut.

5 Su l'Aut - Col Bel - Sass de Peredafec
Sella del Brunec → Su l'Aut → Col Bel → Sass de Peredafec → Pera di Fassa

Ausgangspunkt: Von der Sella del Brunec, 2420 m, die man von Ciampac in 1 Gehstunde oder von den Buffaure über den Sass de Dama in 1½ Stunden erreicht.

Gehzeit: ungefähr 4¼ Stunden (von der Sella del Brunec bis Pera di Fassa).

Nächste Schutzhütte: Bis zum Gipfel des Su l'Aut empfiehlt es sich, zur Mulde Ciampac (Schutzhaus Tobià del Jagher, 2180 m) zurückzukehren. Später ist die unterhalb des Ciamp de Pozza am Saumweg nach Pera di Fassa gelegene Malga di Giumela näher.

Bemerkungen: Eine sehr leichte Wanderung. Auf der Kammschneide gibt es keinen Steig, doch ist die Orientierung kaum zu verfehlen.

Diese zweite Route ist die einsamste der drei beschriebenen. Sie verläuft in einem weiten Bogen über die mittlere Kette der Untergruppe, von der Sella del Brunec in ostwestlicher Richtung bis zum Sass de Peredafec, dessen steile Waldhänge die Bergseite bis zur Sohle des Fassatales bedecken.

Drei Erhebungen kennzeichnen den Kamm: der Su l'Aut (2513 m) der Col Bel (2436 m) und der Sass de Peredafec (2143 m). Die Route über die Kammlinie hat von der Sella del Brunec ab nur geringe Höhenunterschiede zu überwinden und ist entsprechend wenig beschwerlich. Wegen seines zentralen Verlaufs bietet der Kamm umfassende Ausblicke auf das Crepa-Tal, das Giumela-Tal und die Mulde von Ciampac. Man gewinnt auf der Wanderung ganz neue Eindrücke von diesem abwechslungsreichen Teil der Marmolatagruppe. Erst seitdem die Seilbahn zum Ciampac erbaut wurde, wird die vorher nur wenig bekannte Zone stärker besucht. Die Mehrzahl der Touristen begnügt sich aber mit einem Ausflug zur Forcia Neigra oder zur Sella del Brunec. Diese Spaziergänge bieten sicherlich wesentlich mehr, als man vom Fassatal und vom S.-Nicolò-Tal aus sehen kann, reichen aber in keiner Weise an die Eindrücke heran, die man auf der Wanderung über den langen Kamm der Kette erlebt.

Die Tour ist sehr leicht, auch wenn sie fast durchaus wegloses Gelände berührt. Aber gerade dies macht die Wanderung interessant und bringt neue Erfahrung.

Es ist ratsam, den Weg in der hier angeführten Richtung zu gehen, denn im umgekehrten Sinne würde die Tour mit dem Aufstieg von Pera di Fassa auf den Sass de Peredafec beginnen, der zwar nicht schwierig, doch wegen der Steilheit des Geländes und des Höhenunterschiedes von fast 1000 Metern ungleich mühsamer ist. Den gut trainierten Bergsteigern ist zudem zu empfehlen, diese Route mit der vorher genannten Kammwanderung von Buffaure über den Sass de Dama zur Sella del Brunec zu verbinden. Es ergibt sich dadurch eine vollständige, besonders lohnende Rundtour.

— Der ideale Ausgangspunkt für die Kammwanderung ist die Sella del Brunec, die man von der Bergstation der Seilbahn Alba-Ciampac in 1 Stunde oder von den Buffaure aus auf einem zwar längeren, doch viel lohnenderen Kammweg in etwa 1¾ Stunden erreicht. Von der Sella del Brunec sind es rund 20 Minuten bis zur höchsten Quote der Zentralkette der Untergruppe, dem Su l'Aut (2513 m). Auf Steigspuren, die von der Sella ausgehen und genau auf dem Grat zwischen Ciampac und dem Giumela-Tal entlangführen, erreicht man den Gipfel. (Vom Su l'Aut geht ein anderer langer Verbindungskamm aus, der nach Norden hin zum Pian de Selle abfällt.)

Absteigend geht man auf dem Hauptkamm weiter, der als Trennlinie zwischen dem Giumela- und dem Crepa-Tal stellenweise schmal, doch niemals schwierig ist. Die Flanken der Kette sind nackt oder mit spärlichem Gras bewachsen, bieten aber, von oben gesehen — so wie in diesem Fall — ein nicht uninteressantes Bild.

Nach weiteren 20 Minuten Gehzeit in westlicher Richtung gelangt man zu einer breiten Einsenkung des Kammes, die mit ihrem üppigen Graswuchs mehr wie eine Alm als wie ein gewöhnlicher Sattel aussieht. Es ist die Sella del Ciamol (2361 m, mit eingezäunten Weideflächen), von der man nach Nordwesten ins unberührte Ciamol-Tal absteigen und nach Fontanazzo im Fassatal hinauswandern kann.

Dem oberen Rand der Wiesenflächen entlanggehend nähert man sich dem sanft ansteigenden Hang, der in der breiten Kuppe des Col Bel gipfelt. Der Rundblick von diesem höchsten Punkt auf die Cima dell'Uomo, die Costabella und die Rosengartengruppe ist imposant (1 Stunde Gehzeit von der Sella del Brunec). Vom Col Bel führt die Route stärker abwärts nach links über den schmäler werdenden Kamm bis zu einem tiefer liegenden breiten Sattel, auf dessen linken Seite sich eine üppig bewachsene Mulde, Ciamp de Pozza genannt, zum Giumela-Tal hin ausbreitet. Es ist ein wertvolles Weidegebiet für das Vieh der nahegelegenen Stallung.

Der Sattel geht auf der anderen, steileren Bergseite in dichte Tannen- und Fichtenwälder über, die bis ins Fassatal hinabreichen.

Die Route führt am Waldrand über Wiesen weiter und hält dann auf die bewaldete Kuppe des Sass de Peredafec zu, an deren Fuß man auf eine deutliche Steigspur stößt. Nach einigen Kehren verläuft diese wiederum auf dem Kamm, durchquert ein kurzes, wild und üppig bewachsenes Wegstück und erklimmt dann den höchsten Punkt des Sass de Peredafec (2143 m), in dessen unmittelbarer Nähe am 20. Juni 1976 von den Bewohnern des Fassatales ein großes Gipfelkreuz errichtet wurde. Wie von einem märchenhaften Balkon aus umschließt von dieser Höhe der Blick das tiefliegende Tal und den ganzen Rosengarten (2½ Stunden von der Sella del Brunec).

Im Abstieg geht man zum breiten Sattel zwischen dem Sass de Peredafec und dem Col Bel oberhalb des Ciamp de Pozza zurück und dann ohne Weg über Wiesen talwärts. Vorbei an mehreren Heuhütten gelangt man zur Malga Giumela und von dort auf einem bequemen Saumweg ziemlich steil durch Waldgelände hinab zum Avisio im Fassatal und zur Ortschaft Pera di Fassa (4—4½ Stunden).

Das kleine, reizvolle Crepa-Tal, von der Crepa Neigra aus betrachtet.

Panorama des Sass de Dama von der Sella del Brunec. Im Hintergrund die Rosengartengruppe.

6 La Crepa Neigra - Val di Crepa

Ciampac → Pian de Selle → Crepa Neigra → Crepa-Tal → Fontanazzo

Ausgangspunkt: Ciampac (2180 m, Bergstation der Seilbahn Alba—Ciampac).

Gehzeit: ungefähr 5½ Stunden

Nächste Schutzhütte: Tobià del Jagher (Ciampac, 2180 m). Nach dem Abstieg in das Crepa-Tal liegt das Fassatal näher. Im Crepa-Tal gibt es weder ein Schutzhaus noch eine Raststätte.

Bemerkungen: sehr leichter Übergang mit Ausnahme des letzten Stückes des Aufstieges zur Crepa Neigra, das stellenweise etwas heikel und ausgesetzt ist (I. Grad).

Eine schöne und interessante Route, sowohl wegen des Aufstieges auf die Crepa Neigra wie auch wegen der Durchquerung des Pian de Selle und des anschließenden Abstieges ins Crepa-Tal.

Vor allem ist es keine anstrengende Tour, die aber trotzdem eine ganze Reihe von wundervollen Rundblicken bietet. Man geht ausschließlich auf graswachsenem Terrain und durchwandert auch vegetationsreiche Zonen, einschließlich des kleinen Zauberstückes der alpinen Natur, als welches das Val Crepa mit Recht gelten kann.

Der Ausgangspunkt ist geradezu ideal, da man die Mulde des Ciampac von Alba aus mit der Seilbahn bequem erreichen kann.

Die Besteigung der Crepa Neigra wird in den etwas älteren Führern als sehr leicht bezeichnet. In Wirklichkeit ist sie in ihrem oberen Teil gar nicht so harmlos. Die Flanke ist luftig und der Fels brüchig. Einige, allerdings nur kurze Stellen können für den nicht sehr erfahrenen Bergsteiger problematisch werden. Außerdem fehlt eine genügend erkennbare Steigspur. Die Gipfelbesteigung ist jedenfalls nur guten Bergwanderern anzuraten, während alle übrigen Teile der Tour, einschließlich des Aufstiegs auf die Crepa Neigra bis zum Beginn des oberen schwierigen Teiles, von allen Touristen begangen werden können.

Ebenso wie die übrigen Routen der Untergruppe kann man auch diese schon im Frühsommer begehen, wenn in anderen Zonen des Marmolatagebietes noch reichlich Schnee liegt.

— Von der Bergstation der Seilbahn geht man nicht in die weite Mulde des Ciampac hinein, sondern biegt kurz vor dem Schutzhaus Tobià del Jagher rechts ab (W) und überquert eine Wiese, um den gut sichtbaren Steig zu benützen, der schräg aufwärts zur Crepa Neigra führt. Man kommt an mehreren Heuhütten vorbei, steigt den Hang direkt hinan, biegt dann nach links und kommt zum Pian de Selle (2352 m, 40 Minuten Gehzeit). Dies ist ein breiter Sattel, über dem der seltsam geformte, dunkle Felsklotz der Crepa Neigra aufragt. Gegen Süden hin ist der Sattel durch einen langen, grasigen Kamm mit dem Su l'Aut verbunden. Vom Pian de Selle, dem Übergang zwischen Ciampac und dem Crepa-Tal, geht man nicht talwärts weiter, sondern folgt einem schmalen Steig, der fast eben der Südwestwand der Crepa Neigra entlangführt.

Die Crepa Neigra und links die breite Einsattelung des Pian de Selle, von Ciampac gesehen.

Bereits nach einem kurzen Stück verliert sich der Steig und die Wanderung geht auf dem leichten, grasbewachsenen Hang bis zum Ende der Wand weiter. Hier steigt man durch eine sehr steile, grasige Rinne auf bis zum Einschnitt des Grates zwischen dem Hauptfels der Crepa Neigra und einem Vorbau, der als Spiz de So-Forcella bezeichnet wird (von Alba und vom Fassatal aus ist der Zahn sehr deutlich zu sehen, vom Crepa-Tal aus [S] ist er hingegen nicht zu erkennen, da er von dieser Seite nur als steiler Grashang erscheint, der sich wenig von seiner Umgebung abhebt).

Erfahrene Alpinisten können den Aufstieg auf die Crepa Neigra fortsetzen. Für die übrigen ist auch der Besuch des Spiz de So-Forcella in wenigen Minuten auf steilem Grashang (Vorsicht, Vipern!) ein lohnendes Ziel. Vom Einschnitt des Grates, der auf der anderen Seite mit einer senkrechten Wand bis zu den Wäldern von Alba abstürzt, geht man rechts weiter und bleibt auf der dem Crepa-Tal zugewandten Flanke. Nach einigen heiklen Passagen und einer kleinen Terrasse kommt man zu den letzten Felsstufen, über die man mit Vorsicht (ausgesetzte Stellen, I. Grad) den grünen Gipfelteppich der Crepa Neigra (2534 m) erreicht (großartiger Fernblick — 1¼ Stunden Gehzeit von Pian de Selle).

Auf demselben Weg wie im Aufstieg kehrt man zum Pian de Selle zurück und wendet sich dann auf Wegspuren absteigend, die sich mitunter verlieren, dem Crepa-Tal zu. Nun folgt die Durchwanderung dieses reizvollen Tälchens, das mit Rindern und Pferden bevölkert ist, in seiner ganzen Länge. Nach einer malerischen Gruppe von Heuhütten geht das bis dahin fast ebene Tal am Rande des steil abfallenden Waldhanges, der bis ins Fassatal hinabreicht, zu Ende. Durch einen Wegzaun geht es in Kehren abwärts und über einen Graben zwischen den Waldhängen zu den Hütten von Duin (1772 m). Mit zunehmender Steilheit führt dann der Weg über Wald- und Wiesengelände hinab ins Fassatal, überquert den Fluß und trifft auf die Häuser von Fontanazzo (1395 m, 2½ Gehstunden vom Pian de Selle).

7 Collac (2713 m)
»Eisenweg« über die Nordwestflanke

Ausgangspunkt: Bergstation der Seilbahn Alba-Ciampac (2180 m).

Gehzeit: ungefähr 2½ Gehstunden bis zum Gipfel.
1 Stunde für den Rückweg zur Forcia Neigra über den Normalweg.

Nächstes Schutzhaus: Tobià del Jagher (Ciampac, 2180 m).

Bemerkungen: Der gesicherte Felsenweg über die Nordwestflanke ist anspruchsvoll und ausgesetzt. Er ist gewiß schwieriger als der Klettersteig über den Westgrat der Marmolata. Nicht alle heiklen Stellen sind so wie dort mit fixen Halteseilen und Metallstiften versehen. An vielen Stellen ist ein Minimum an Klettertechnik erforderlich. Alles in allem ist der Eisenweg auf den Collac jedoch nicht gerade schwierig. Er enthält keine so kritischen Stellen wie z. B. der Beginn des Pösneckersteiges und kann daher von allen Bergsteigern mittlerer Erfahrungsklasse begangen werden. Die Drahtseile sind gewissenhaft verteilt und erweisen sich von großem Nutzen. Seilschlingen zur Selbstsicherung und Schutzhelm dürfen in der Ausrüstung nicht fehlen.

Der Collac ist jenes wuchtige Felsmassiv, das zum Fassatal hin mit einer gewaltigen, schrägen Mauer abbricht. Man sieht diese Nordwestflanke von Alba di Canazei aus unmittelbar rechts von dem noch größeren Felskoloß des Gran Vernel. Zwischen beiden Bergriesen eingebettet liegt vor dem Hintergrund der abschließenden Cadinspitzen das Contrin-Tal.

Der Collac ist der interessanteste Gipfel der ganzen Untergruppe, nicht nur weil er mit seiner Mächtigkeit und Höhe keinen Rivalen hat, sondern mehr noch wegen des außergewöhnlichen Panoramas, das man, auf seinem Scheitel stehend, vor sich hat. Hauptsächlich aus diesem Grund wird dieser Berg sehr häufig bestiegen.

Bis 1978 gab es nur eine Aufstiegsroute, die alte Normalroute, die jedem Durchschnittstouristen zugänglich ist. Im Sommer 1979 errichteten die Bergführer des Fassatales den neuen gesicherten Klettersteig über die Nordwestflanke, die von Alba und dem Fassatal aus den Blick anzieht.

Beide Routen zusammen ergeben eine sehr verlockende Tour. Wie gesagt, können sich Touristen ohne Bergerfahrung aber nicht an den teilweise ausgesetzten und anspruchsvollen Felsenweg heranwagen und werden den Gipfel auf seiner Südostseite über den Normalweg besteigen, der den I. Schwierigkeitsgrad nirgends übertrifft.

Verheißungsvoll und ungewöhnlich lohnend ist jedoch die komplette Überschreitung dieses großartigen Berges.

Das Dante-ähnliche Profil der Crepa Neigra im Hintergrund des kleinen Sees an der Straße zum Pordoijoch.

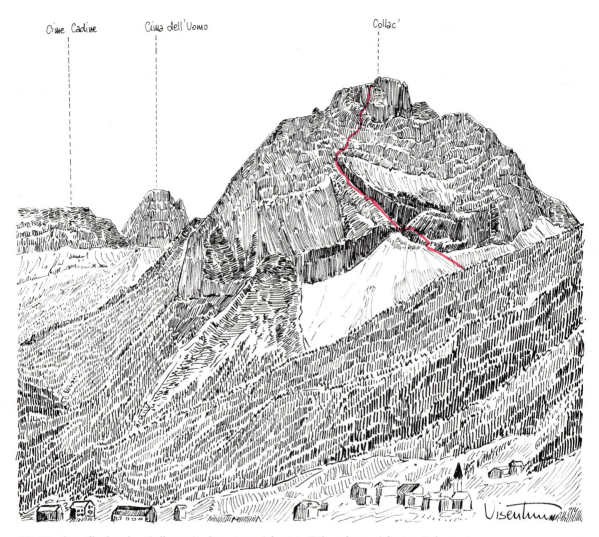

Die Nordwestflanke des Collac mit der eingezeichneten Führe des gesicherten Felsenweges.

Die hier vorgeschlagene Richtung drängt sich dabei wegen der Nähe des Ausgangspunktes von selber auf: die Bergstation der Seilbahn Alba-Ciampac ist nur wenige Minuten vom Einstieg und den ersten Metallseilen des Klettersteiges entfernt.

Man beginnt also auf jeden Fall mit dem Eisenweg, der, wie schon betont, nicht sehr leicht ist. Er ist schwieriger als die gesicherten Felsenwege in der Rosengartengruppe (Santnerpaß, Kesselkogel) und erfordert Vorsicht und Schwindelfreiheit. Die Seilsicherungen sind sehr gut plaziert.

Oft ist es ratsam, sich mit einer Seilschlinge selbst zu sichern. Die Wand ist wohl etwas geneigt, aber trotzdem herausfordernd, und besonders in den Morgenstunden, wenn sie ganz im Schatten liegt, düster und kalt. Man muß aber am frühen Morgen aufsteigen, wenn man die Überschreitung mit dem Abstieg auf der Normalroute ausführen und anschließend vielleicht auch noch einen Besuch der Forcia Neigra oder des Bergkammes hinzufügen will, der diese mit dem S.-Nicolò-Paß verbindet.

Der Abstieg auf dem Normalweg bietet keine Schwierigkeiten. An einigen steilen, doch leichten Stellen geben Drahtseile guten Halt.

Am Fuß der Felsen angelangt, kann man direkt ins Contrin-Tal absteigen, doch ist es empfehlenswert und wesentlich schöner, zur Forcia Neigra hinüberzuwandern. Wenn man von dort nicht zur Seilbahnstation hinabgehen will, hat man die Möglichkeit, die Tour mit einer angenehmen

Das letzte Stück des Felsenweges über die NW-Flanke des Collac, vom Gipfel aus aufgenommen.

Wanderung über die Scharte zwischen dem Sasso Nero und dem Torre Dantone und weiter über den Kamm bis zum S.-Nicolò-Paß fortzusetzen. Die gesamte Runde ist nicht allzu lang und führt die schönsten Teile dieser Zone vor Augen, die aussichtsmäßig wohl die beste der Untergruppe ist.

— Von der Bergstation der Seilbahn Alba-Ciampac geht man nicht weiter in die grüne Mulde des Ciampac hinein, sondern wendet sich fast sofort nach links in Richtung der Nordwestwand des Collac. Über ein kurzes Wegstück, dann auf einem Steig geht es zu einer Art Sandgrube hinab, von der die Spur in schon von weitem sichtbaren Kehren über ein Schuttkar zum Einstieg des Klettersteiges emporführt. Bis dahin sind es von der Seilbahnstation aus nur wenige Minuten. Die ersten Drahtseile im nicht schwierigen Fels helfen, die unterste leicht geneigte Wandpartie zu überwinden. Der Felsenweg wendet sich dann nach links, nimmt mit einer Reihe von Eisenstiften eine Felsstufe und durchquert eine Rinne. Man befindet sich noch im unteren Teil der langen Führe, die sehr geschickt angelegt ist und alle günstigen Stellen der großen Wand ausnützt. Die Orientierung ist leicht, man braucht nur den metallischen Kletterhilfen und den gelben Markierungszeichen zu folgen. Nach der Rinne geht es schräg links am Fuß einer längeren Ausbuchtung der Wand über eine Rampe, die teilweise nur geringe Trittmöglichkeit bietet. Die stets an den richtigen Punkten angebrachten Drahtseile helfen jedoch, das nicht sehr steile Wandstück ohne große Schwierigkeit zu bewältigen. Weiter oben nimmt die Steilheit zu und einige Passagen erfordern kräftigen Einsatz.
Man wechselt auf die rechte Seite einer fast vertikalen, schmalen Rinne mit griffigen Wänden, und nun beginnt der Aufstieg über den zentralen Teil der Wand. Mehrere querlaufende Schuttbänder und Strecken ohne Schwierigkeit wechseln mit heiklen Traversierungen und ausgesetzten Wandstellen ab.
Durch eine Reihe enger, steiler Rinnen mit Drahtseilsicherung erreicht man nach rund zwei Stunden den wundervollen Gipfelgrat, etwas nördlich der höchsten Quote des Collac (den von oben aufgenommenen Grat zeigt das erste Bild auf der nebenstehenden Seite).
Dies ist für fast alle Begeher des Klettersteiges der schönste Augenblick, denn nach der langen Kletterei durch die im Morgenschatten liegende Nordwestwand bringt er die erste Begegnung mit der Sonne. Der Rundblick ist überwältigend, vor allem zum gegenüberliegenden Gran Vernel, zur Marmolata und zu den Ombretta-Spitzen.
Auf dem Grat wendet man sich nach rechts und gelangt in wenigen Minuten über Schutt und Grasflecken zum Beginn der letzten Rinne. Über ein kurzes Wandstück auf deren linken Seite (Bild Seite 97) gewinnt man in eleganter Kletterei die letzten Meter und steht dann auf dem nördlichen Vorgipfel des Collac, auf dem auch der Normalweg über die Südostseite endet. Von hier geht es ohne jede Schwierigkeit zum Hauptgipfel (2713 m, 2½ Stunden von Ciampac).
Für den Abstieg wählt man besser den alten Normalweg. Von der Rückkehr auf dem gesicherten Klettersteig nach Ciampac ist schon wegen der Steinschlaggefahr abzuraten.
Vom Gipfel kehrt man wiederum zum Einschnitt vor dem nördlichen Vorgipfel zurück und steigt von dort durch eine Schuttrinne der Südostflanke entlang ab. Rote Markierungszeichen weisen den Weg. Dann biegt man nach rechts und überquert einen Durchlaß am Fuße der gelben, senkrechten Abstürze des Collacgipfels, traversiert kurz nach links und steigt dann neuerdings durch ein breites, anfänglich schottergefülltes und weiter unten mit Grasflecken bedecktes Kar ab.
Der ohnehin nicht schwierige Rückweg wird durch die Drahtseile eines ehemaligen Kriegssteiges noch erleichtert. Auf eine schräge Rampe aus brüchigem Fels und Geröll folgen am Ende des Kars steile Grashänge. Rechts einen teilweise bewachsenen Hang querend geht man nun auf gut sichtbaren Steigspuren um die Südwestflanke des Collac herum und tritt in die Talfurche ein, die von Contrin zur Forcia Neigra hinaufzieht.
Der Flanke entlang auf gleicher Höhe bleibend gelangt man zur Forcia Neigra, dem breiten grünen Verbindungssattel zur Mulde des Ciampac (ungefähr 1 Stunde vom Gipfel des Collac. In einer weiteren Stunde kann man auf bequemem Steig zur Seilbahnstation des Ciampac hinabgehen, oder auf einem weniger leicht zu findenden Weg ins Contrin-Tal absteigen und von dort nach Alba di Canazei hinauswandern.
Empfehlenswert ist die Fortsetzung der Tour bis zum S.-Nicolò-Paß. Der Weg ist durchaus nicht beschwerlich und führt nördlich der Paßhöhe an interessanten Stellungen der österreichischen Frontlinie im Krieg 1915—18 vorbei.
Von der Forcia Neigra, dem Sattel zwischen dem Collac im Norden und dem Sasso Nero im Süden, folgt man einer Steigspur, die den steilen Grashang östlich des Sasso Nero, also auf der dem Contrin-Tal zugewandten Bergseite, durchquert. Man geht auf die deutlich sichtbare Scharte zwischen dem Sasso Nero und dem auffallenden Turm Dantone zu (weiter unten sieht man die Kehren des Steiges zum Contrin-Tal hinab). Ein Drahtseil hilft, die Scharte ohne Gefahr zu überwinden, dann geht es mühelos weiter über die schönen Weideflächen an der Ostseite des Sasso Nero und des Sasso Bianco (Pian de Mez).
Die bisher fast eben verlaufene Route steigt eine kleine Anhöhe hinan (Überreste österreichischer Befestigungsanlagen) und senkt sich auf der anderen Seite zum S.-Nicolò-Paß (2340 m) hinab, auf dem das Schutzhaus gleichen Namens steht (1¼ Stunden von der Forcia Neigra).
Insgesamt beansprucht die Tour 5—6 Stunden, die Zeit für die Rückkehr ins Contrin-Tal oder ins S.-Nicolò-Tal nicht mitgerechnet.

Vier Details aus der Überschreitung des Collac: Am Gipfelgrat, nach dem langen Aufstieg über die Nordwestflanke; Abstieg auf der alten Normalroute über die Nordostseite zur Forcia Neigra; der dunkle Dantone-Turm mit dem kleinen Sattel und der Steigspur zum S.-Nicolò-Paß. In der Ferne di Cima dell'Uomo.

Costabella - Cima dell'Uomo

Neben dem zentralen Massiv mit seinem Gletscher und der riesigen Südwand besitzt die Marmolatagruppe noch einen Gebirgskomplex von eminenter Bedeutung. Es ist die lange Gebirgskette im Süden, die sich vom Fassatal bis nach Alleghe, genau gesagt vom Sasso delle Dodici (W) bis zum Sasso Bianco (O) hinzieht und auf einer Länge von 20 km das San-Pellegrino-Tal und das Biois-Tal begleitet.

Der ganze Komplex schließt vier von den sieben Untergruppen ein, in die das Gebiet der Marmolata allgemein unterteilt wird. Es ist eine zusammenhängende, mächtige Kette, die in der Mitte durch das Massiv des Sasso Vernale und der Cima d'Ombretta mit dem Block der Marmolata verschmolzen ist.

Betrachtet man die Kette von Westen (Fassatal), so nimmt nach der Untergruppe »Monzoni-Vallaccia« der Teil zwischen dem Passo Le Selle und dem Passo Cirelle den zweitwichtigsten Platz ein. Seine beiden Hauptgipfel, die Costabella und die Cima dell'Uomo, geben ihm als Untergruppe den Namen.

Das Charakterbild der gesamten Gruppe kommt hier ausgeprägter als in den beiden bisher beschriebenen Untergruppen zum Ausdruck. Die Gipfel sind imposant und wirken in ihrem kalkigen Grau (Marmolatakalk) streng und abweisend. Die Felswände haben nichts von der Lebendigkeit und den Kontrasten der Rosengartenkette, der Sellagruppe oder anderer Dolomitberge. Der kalte Grauton dieser Felsenwelt wirkt fast trostlos und bedrückend, je mehr man in sie eindringt. Am Ende fühlt man sich aber trotzdem davon angetan.

Dieses Gefühl verspürt man besonders deutlich, wenn man am Abend in der Stille des von Touristen verlassenen S.-Nicolò-Tales oberhalb der Ciampiè-Hütte auf die gewaltige Felsenrunde zugeht, die sich rechts von S.-Nicolò-Paß und Col Ombert erhebt. Je höher man die wundervollen Almweiden hinansteigt, um so mehr wird man von der Ruhe und dem Zauber der immer näher heranrückenden Felsriesen gefangen. Von der Bühne des Ciamp de Forca aus ist ihr Anblick beinahe majestätisch, aber auch unnahbar, denn man erspäht nirgends die Möglichkeit eines leichten Zuganges.

Der Aufbau der Gruppe hat nichts von der Regelmäßigkeit anderer Dolomitengipfel, die für die Klettersportler und Alpinisten ein Kräfte-Prüfstand sind. Diese Felsberge sind zerrissen, ihre Wände von plattigen Stufen, Terrassen, steilen Schneezungen und Schuttrinnen unterbrochen.

Alles erscheint öde und verlassen, und man frägt sich, welches Interesse der leidenschaftliche Alpinist nur an einer so unzugänglichen, einsamen Felsenwelt haben kann. Die Wirklichkeit ist jedoch ganz anders, und wir, die wir jahrelang während der Sommerferien in den Tälern ringsum die Berge gemieden haben, sind anderer Meinung geworden, nachdem wir für die Abfassung dieses Buches genötigt waren, in diese Kette einzudringen und ihre Gipfel zu besteigen.

Wir haben dabei erkannt, daß wir etwas versäumt hatten, denn gerade diese Berge haben uns eine unerwartete Entdeckung beschert.

Diese Kette ist ein wahres Paradies für den geübten Tourengänger, der die Einsamkeit und die Wildheit der Bergwelt liebt. Das Bergsteigen wird hier zum Erforschen, die Tour zur anregenden Besteigung.

In der Kette Costabella — Cima dell'Uomo findet der wahre Freund der Berge die größte Genugtuung. Gemeint ist dabei jene Gattung von Alpinisten, die eine neue und natürliche Art des Bergsteigens sucht.

Der Sasso di Costabella, gesehen von der Forcella del Ciadin.

Grüne Bergmatten in der Untergruppe der Buffaure und als Kontrast die grauweiße Kette der Cima dell'Uomo mit dem Hauptgipfel Cima dell'Uomo (links), der Punta del Ciadin und der Cima delle Vallate.

Bereits im vorhergehenden Buch über die Rosengartengruppe habe ich mich bemüht, auf diese Art hinzuweisen, d. h. auf ein Bergsteigen, das auch ohne markierte Wege vor sich gehen kann, ähnlich wie das Touren-Skifahren im Winter, das etwas ganz anderes ist als das gewöhnliche Skifahren auf den überfüllten Pisten neben den Liftanlagen. Kurzum, eine Bergsteigerei, die den von allen begangenen Wegen immer mehr ausweicht — jenen klassischen Routen, die wohl schön sind, die man aber schon seit Jahren kennt — und die, abseits der markierten Steige, verborgene Rinnen und einsame Grate aufsucht, ohne deswegen unbedingt auf größere Schwierigkeiten zu stoßen.

Wer auf die Cima dell'Uomo, auf die Punta del Ciadin oder auf die Cima delle Vallate steigt, erfährt dies selbst. Die neue Erfahrung beginnt schon bald nach dem Anfang; der Saumweg muß verlassen werden, und der Aufstieg geht über Grashänge und Schuttkare mühsam vorwärts, ohne Weg und im ständigen Zweifel, ob man rechts oder links gehen soll, ob durch diese Rinne oder über jenes Band, um auf die gewünschte Terrasse zu kommen — und dann das glückliche Gefühl, auf dem richtigen Weg zu sein und bald den herrlichen Gipfelgrat betreten zu können, der zur Spitze führt oder zu einem Kamm zwischen zwei Tälern, die — von hoch oben gesehen — noch schöner sind. Und all das ist ohne besondere Ausrüstung möglich, ohne Seil und ohne daß die Schwierigkeit des Geländes jene entscheidende Grenze überschreitet, bei der die Bergsteigerei in

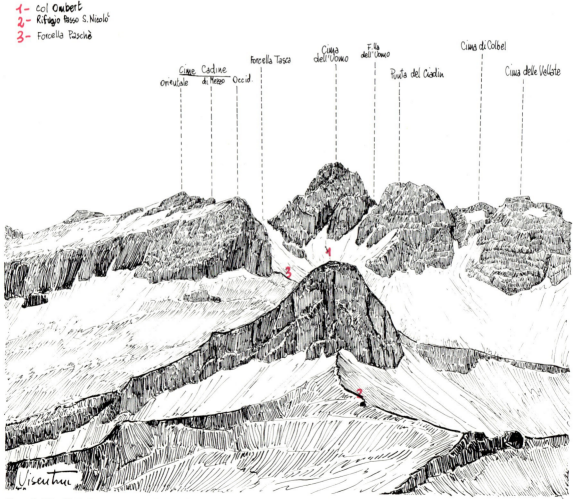

Der S.-Nicolò-Paß (vorne) und die Kette der Cima dell'Uomo, gesehen vom Gipfel des Collac.

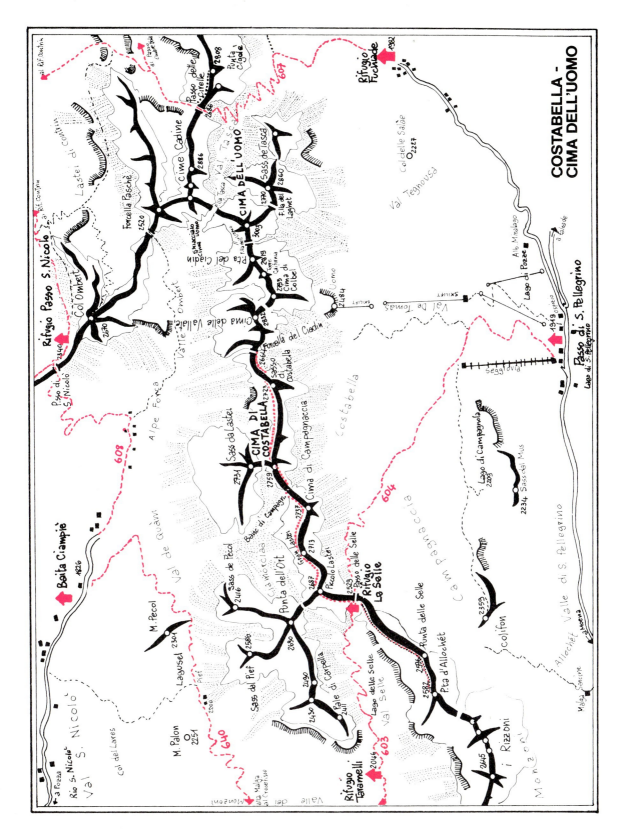

Auf dem Gipfel der Cima delle Vallate. Gegenüber die Punta del Ciadin (der Schneesattel trennt die Nördliche von der Westlichen Spitze) und dahinter die Cima dell'Uomo. Links in der Ferne die Marmolata di Penia.

richtiges Felsklettern übergeht, in die Domäne der versierten Alpinisten. Diese Grenze zwischen dem ersten und dem zweiten Schwierigkeitsgrad wird auf den normalen Aufstiegswegen zu den Gipfeln der Kette Costabella—Cima dell'Uomo nie überschritten. Bergsteigern mittlerer Leistungskraft, die trittsicher und schwindelfrei sind, können diese Besteigungen empfohlen werden, Anfängern hingegen nicht.

Zum Unterschied von den beiden bisher behandelten Untergruppen gibt es in dieser Zone, abgesehen von wenigen Ausnahmen, weder Markierungen noch Steige.

Begrenzt wird die Untergruppe im Westen vom Passo Le Selle und im Osten vom Passo delle Cirelle. Nach Nordwesten hin zweigt von der Kette ein kurzer Seitenarm ab, der im Col Ombert gipfelt. Nördlich davon liegt der breite Sattel des Passo S. Nicolò. Dieser trennt die Untergruppe von jener des Collac-Buffaure, der Passo delle Cirelle hingegen verbindet sie mit der Untergruppe Ombretta—Ombrettòla.

Der Passo delle Cirelle (2686 m) ist ein wichtiger Übergang, der auch von der Hohen Dolomitenroute Nr. 2 überschritten wird. Der zwischen den beiden Schutzhäusern Contrin und Fuchiade gelegene Paß wird sehr stark begangen.

Von der Paßhöhe geht in westnordwestlicher Richtung ein brüchiger, mäßig geneigter Felsrücken aus. Es ist der breite Kamm der Cime Cadine (2886 m), die mit einer kurzen, senkrechten Wandflucht in den geröllbedeckten Kessel, nahe beim kleinen Gletscherfeld der Cima dell'Uomo am Abschluß des S.-Nicolò-Tales, abstürzen. Von diesem Tal aus gesehen stehen die Cime Cadine unmittelbar rechts vom spitzen Horn des Col Ombert, zwischen diesem und der Cima dell'Uomo. Nordwestlich der Cadine-Spitzen liegt am Fuße der Wand die einsame Forcella Paschè (2520 m), ein verlassener Übergang, der aber als Alternative zum viel bekannteren S.-Nicolò-Paß benützt werden kann. Der Einblick in österreichische Kriegsstellungen und eine ungewöhnliche Aussicht auf die ganz nahe Kette dell'Uomo machen ihn lohnend.

Zwischen der Forcella Paschè und dem darauffolgenden S.-Nicolò-Paß erhebt sich die Pyramide des Col Ombert (2670 m). Gegen das S.-Nicolò-Tal zeigt sie eine hoch aufstrebende Wand, von der anderen Seite aus wird der Gipfel auf harmlosem Steig erstiegen.

Bei den Cime Cadine beginnt in Richtung Westsüdwest die Hauptkette. Der Gipfel nach dem tiefen Einschnitt der Forcella Tasca (Endpunkt des schuttreichen Hochtales Valle di Tasca, an dem man auf dem Weg zum Cirelle-Paß vorbeikommt) ist der wichtigste und zugleich schönste.

Es ist die gewaltige Cima dell'Uomo (3003 m, in den Karten auch Punta dell'Uomo) die alle umliegenden Spitzen überragt, und die von allen anderen Fassaner Dolomitengruppen aus zu sehen ist. Für den neue Wege suchenden Hochtouristen ist die Cima dell'Uomo ein großartiges Ziel. Ihre steil abfallenden, schwierigen Flanken haben auf der Südseite einen schwachen Punkt. Dort ermöglicht ein langes, schräges Band einen leichten Aufstieg (nicht über dem I. Grad) und dessen Fortsetzung bis zum Schlußgrat und über diesen zum wunderbaren Gipfel.

Durch die Forcella del Laghet (2770 m) ist die Cima dell'Uomo im Südosten mit dem enormen Felsklotz des Sass de Tasca verbunden, der die Almweiden von Fuchiade beherrscht und südlich der Cime Cadine das obere Tasca-Tal flankiert. Der Berg ist jedoch uninteressant und seine Besteigung nicht lohnend.

Dem Verlauf der Kette folgend begegnet man westlich der schmalen Forcella dell'Uomo drei imponierenden Spitzen, den Punte del Ciadin. Von Osten gesehen ist die erste der Spitzen die Punta del Ciadin (2919), gefolgt von der Cima di Colbel (2795 m) und der Cima delle Vallate (2832 m). Die drei Spitzen werden von dem knapp daneben aufragenden Felskoloß der Cima dell'Uomo in den Schatten gestellt und machen, von der Ferne gesehen, wenig Eindruck.

Es gibt keine Steige und keine Markierungen, und die Orientierung ist nicht ganz einfach, aber gerade deswegen empfindet der Bergsteiger ihre Bezwingung wie eine kleine Eroberung. Sowohl die Einsamkeit der Umgebung als auch die überraschend schönen Rundsichten von den Gipfelgraten aus verschaffen eine tiefgehende Genugtuung.

Vom S.-Pellegrino-Tal aus (S) ist das Profil der Punte del Ciadin ziemlich nichtssagend, gegen das S.-Nicolò-Tal (N) brechen ihre Gipfel hingegen mit zerfurchten Wänden und steilen Felsplatten zwischen unzugänglichen Schnee- und Eisrinnen ab.

Westlich der Cima delle Vallate folgt ein niedrigerer Teil der Kette mit mehreren Scharten und Zacken. Es ist die Einsenkung der Forcella del Ciadin (2664 m), leicht zu erreichen von der S.-Pellegrino-Seite aus, doch schwieriger vom Tal S. Nicolò.

Bei dieser Scharte beginnt der Abschnitt der Kette, der als »Cresta di Costabella« bezeichnet wird. Seine Gipfel fallen besonders von Süden gesehen auf und sind für den Bergsteiger allein schon wegen der vielen Kriegsbauten (Kavernen, Stollen, Laufgräben, Schießscharten, Leitern und Schächte) interessant. Ein markierter Steig mit nur wenigen anstrengenden Stellen (I. Grad) überschreitet den gesamten Kamm vom Passo Le Selle bis zur Forcella del Ciadin.

Der Aufbau der Kette ist gleichmäßig und eher monoton (im nördlichen Teil wuchtig), mit Ausnahme von zwei starken, nach Norden gerichteten Seitenarmen, jenen des Sass da Lastei und der Punta dell'Ort. Gehen wir aber der Reihe nach vor: anschließend an die Forcella del Ciadin erhebt sich der von dieser Seite aus kühne Gipfel des Sasso di Costabella (2723 m). Eine auffallende Schießscharte knapp unter seiner Spitze erinnert an die Dolomitenfront des Ersten Weltkrieges.

Auf ein abgeflachtes, aus Felstrümmern zusammengesetztes Teilstück der Kette folgt die Cima di Costabella (2759 m). Von ihr geht in nördlicher Richtung ein kurzer Kamm aus, der nach einem kleinen Einschnitt im nahen Sass da Lastei (2731 m) gipfelt. Vom S.-Nicolò-Tal aus erkennt man die Mächtigkeit dieses Berges.

Westlich der Cima di Costabella senkt sich die Hauptkette und wird zu einer breiten Terrasse, Banc di Campagnaccia genannt. Von Osten nach Westen gesehen folgen dann die Cima di Campagnaccia (2737 m), der Grande Lastei (2713 m) und der Piccolo Lastei (2687 m). Es sind dies die letzten Erhebungen der langen Costabella-Kette, auf denen die Reste der österreichischen Stellungen der Marmolatafront am deutlichsten in Erscheinung treten. Der kleine Lastei (Piccolo Lastei) ragt direkt aus den Schuttkaren nördlich des Passes Le Selle empor.

Vom Piccolo Lastei zweigt nach NNW ein weiterer felsiger Vorbau ab, eine Gruppe von Spitzen, die in der Punta dell'Ort (2690 m) ihre höchste Quote haben. Von dieser Seite aus gesehen sagt diese Spitze wenig. Ihre wirkliche Größe ist hingegen vom Eingang des S.-Nicolò-Tales zu erkennen, ebenso von Pozza und Meida aus. Von der Punta dell'Ort schieben sich oberhalb des Lagusel zwei weitere, unbedeutende Felszüge nach Norden vor: der Sass da Pecol (2416 m) und der Sass dal Pief (2586 m). Zwischen der Punta dell'Ort im Westen und dem Sass da Lastei im Osten dehnt sich die weite, mit Felsblöcken und Geröll übersäte Mulde der Camorcia, durch die man zur Scharte zwischen dem Sass da Lastei und der Cima di Costabella aufsteigen kann.

Gegen Westen hin geht von der Punta dell'Ort noch ein Felsenkamm aus, der den Namen Pale di Carpella (2490 m) trägt und mit steilen Abbrüchen in der Umgebung des Schutzhauses Taramelli endet.

Zu erwähnen sind noch die hochgelegenen, einsamen Weiden der Campagnaccia und der Costabella auf der Seite des S.-Pellegrino-Tales und die großartige Gipfelrunde rings um die Forca-Alm, die wie ein Amphitheater das S.-Nicolò-Tal abschließt. Von diesem Hochboden aus hat man den schönsten Blick auf die Kette der Cima dell'Uo-

Der niedrige, breite Banc di Campagnaccia und die Cima di Campagnaccia von der Cima di Costabella aus. Rechts vorne die Punta dell'Ort und in der Ferne die begrünte Pyramide der Cima di Malinverno (Monzoni).

mo, die auf dieser Seite auch einen kleinen Gletscher besitzt. Man wandert zu dem Panoramapunkt am Talabschluß auf einem bequemen, landschaftlich außergewöhnlich schönen Steig von der Baita Ciampiè aus in wenig mehr als einer halben Stunde.

Stützpunkte sind:
— das Schutzhaus Passo Le Selle (2529 m) für die Überschreitung der Costabella.
— die Gasthöfe am S.-Pellegrino-Paß für die Besteigung der Cima dell'Uomo und der Ciadin-Spitzen; ebenso für die Überschreitung der Costabella, ab der Forcella del Ciadin.
— das Schutzhaus Passo S. Nicolò für die Besteigung des Col Ombert.

Gipfelbesteigungen

— **Col Ombert (2670 m)**
Gehzeit 1¼ Stunden — sehr leicht

Vom S.-Nicolò-Paß folgt man einem Steig, der die Schutthalden am Fuße der Nordwand des Col Ombert durchquert. Man geht den Felsabsturz entlang bis zu einer grasbewachsenen Rinne, die man erklimmt. Sie führt zu einer spärlich bewachsenen Hochfläche (Lastei di Contrin genannt), die zur Forcella Paschè hin ansteigt. Man hält nicht auf den Einschnitt der Forcella zu, sondern folgt der Spur, die in Kehren über den Nordosthang hinauf zum Gipfel führt.

— **Cime Cadine (2886 - 2862 - 2861 m)**
sehr leicht — ½ Gehstunde (Östliche Spitze)

Weglos steigt man vom Cirelle-Paß unschwer über die breite Schutthalde zur Östlichen Spitze auf (2886 m). Um die anderen beiden Spitzen zu besuchen (der Verbindungsgrat ist ziemlich schwierig), steigt man knapp vor der Östlichen Spitze durch eine steinige Rinne rechts ab (N) bis zu einer tiefen, meist schneebedeckten Mulde und traversiert dann nach links (W) bis zum Ende der ausgedehnten Terrasse. Von hier über mehrere Felsabsätze hinauf zur mittleren, kaum interessanten Spitze (2862 m, Cima di Mezzo).

Über den leicht zu begehenden, verwitterten Verbindungskamm erreicht man die Westliche Spitze (2861 m, Cima Occidentale), die einen sehr schönen Rundblick bietet.

— **Cima dell'Uomo (3003 m)**
3 Gehstunden — I. Grad, eine Stelle oberer I. Grad.

Vom S.-Pellegrino-Paß geht es aufsteigend über die grünen Hänge des Val Tegnousa bis zum Eintritt in die prächtige Mulde rechts (O) von der Kuppe dell'Uomo (Bergstation des höchsten Skilifts der Zone).

Cima dell'Uomo und Punta del Ciadin von der Westlichen Cadina-Spitze aus.

Die Kette der Cima dell'Uomo von der schuttbedeckten Mulde im letzten Teil des Costabella-Kammes aus. Vorne der Sasso di Costabella, dahinter die Kette Cima dell'Uomo und in der Ferne links die Marmolata.

Der S.-Nicolò-Paß und der Col Ombert (Nordostseite mit der Route zum Gipfel), aufgenommen am Weg vom Contrin-Haus zum Cirelle-Paß.

Über Schuttkare geht es sehr mühsam in Richtung der Forcella dell'Uomo weiter. Etwa 200 m unterhalb der Scharte biegt man rechts ab und steigt durch eine Reihe von kurzen Rinnen (im Frühsommer Schnee) bis zu einem großen Schuttband auf. Am Fuße der Felsen (d. h. am höchsten Rand des Bandes) bleibend geht man auf diesem in leichtem Anstieg weiter (eine kurze Felsrampe bringt eine kleine Schwierigkeit mit oberem I. Grad) bis zum Ende der Südwand der Cima dell'Uomo.

Durch eine letzte, nicht schwierige Rinne kommt man auf den Ostgrat und geht dann über diesen in ganz einfachem und leichtem Anstieg zum Gipfel.

— **Sass de Tasca (2860 m)**
½ Gehstunde — I. Grad.
Von der Forcella del Laghet (2770 m) erreicht man über Geröll und den verwitterten, brüchigen Kamm die Spitze.

— **Punta del Ciadin (2919 m)**
2¾ Gehstunden — leicht — I. Grad.
Vom S.-Pellegrino-Paß folgt man dem gleichen Weg wie für die Besteigung der Cima dell'Uomo. Etwa 200 m unterhalb der Forcella dell'Uomo (wo man rechts die Rinnen sieht, die zum breiten Band der Cima dell'Uomo hinaufführen) verläßt man das Kar und biegt links ab. Nach einer weiteren schmalen Rinne geht man quer über Schotter und Geröll schräg aufwärts weiter, mit dem Blick auf die charakteristische Orgelpfeifenwand der Ciadin-Spitze. Man hält auf eine kleine Scharte auf der linken Seite des langen Schutthanges zu, ohne Weg, doch auch ohne Schwierigkeit. Jenseits dieser Scharte folgt ein kurzer Abstieg (man stößt hier auf zwei Eisenringe aus dem Ersten Weltkrieg) und steigt wiederum durch eine Rinne bis zu deren Ausgang empor. Über eine Felsstufe rechts (mit zwei Eisenstiften aus dem Ersten Weltkrieg) erreicht man den Gipfelgrat und anschließend mühelos den Gipfel.

— **Cima delle Vallate (2832 m)**
2¾ Stunden — leicht — I. Grad.
Vom S.-Pellegrino-Paß steigt man zur Forcella del Ciadin auf, wendet sich aber etwa 50 m unterhalb der Scharte nach rechts und nimmt eine steile, gut sichtbare Schuttrinne in Angriff. Durch sie gelangt man unweit einer vorgeschobenen Felsschulter auf den Grat westlich der Cima delle Vallate, wo sich auf der linken Seite zum S.-Nicolò-Tal hin eine mit Geröll und Schnee gefüllte Mulde ausbreitet. Über Felsstufen (I. Grad) rechts vom Ausgang der Rinne weitergehend überwindet man eine weitere Stufe und kommt auf den Schlußgrat leicht zum Gipfel.

— **Cima del Colbel (2795 m)**
½ Stunde — leicht.
Vom Gipfel der Cima delle Vallate folgt man dem Grat ein kurzes Stück weit nach Osten und steigt dann über leichtes Geschröfe und Geröll zum Einschnitt ab, der diesen von der Cima del Colbel trennt. Über neuerliche Schrofen und Geröll steigt man auf der anderen Seite auf und erreicht die Spitze des Colbel.

Den Einschnitt, der die Cima delle Vallate von der Cima del Colbel scheidet, erklimmt man ebenfalls leicht durch die auf der Südseite emporführende Rinne (Seite zum S.-Pellegrino-Tal).

— **Sasso di Costabella (2723 m)**
½ Stunde — I. Grad.
Auf der Nordseite (Gratweg der Costabella) steigt man durch eine schluchtartige Rinne zu einer hohen Kaverne aus dem Ersten Weltkrieg auf (in den Felsen wurde ein großes Fenster gesprengt) und erreicht durch die Rinne weitersteigend die Spitze.

— **Cima di Costabella (2759 m)**
I. Grad — markierter Steig.
Die Gipfelbesteigung ist bei der Überschreitung der Costabella miteinbezogen (siehe Beschreibung auf der folgenden Seite).
Vom Passo Le Selle (2529 m) in 2 Stunden.
Von der Forcella del Ciadin (2664 m) in ¾ Stunden.

— **Sass da Lastei (2731 m)**
½ Stunde — I. Grad.
Von der Cima di Costabella steigt man über Geröll und Steigspuren aus dem Ersten Weltkrieg zur Trennscharte ab und erklimmt auf der anderen Seite über Schrofen und Schuttfelder den Gipfel. Der Einschnitt zwischen dem Sass da Lastei und der Cima di Costabella kann auch vom S.-Nicolò-Tal aus über die Camorcia oder über die Lastei di S. Nicolò erreicht werden (mühsam).

— **Cima di Campagnaccia (2737 m)**
I. Grad — markierter Steig.
Die Gipfelbesteigung ist bei der Überschreitung der Costabella miteinbezogen (siehe Beschreibung auf der folgenden Seite).
Vom Passo Le Selle (2529 m) 1¼ Stunden.
Von der Forcella del Ciadin (2664 m) 1¼ Stunden.

— **Gran Lastei (2713 m)**
¾ Stunde — leicht.
Vom Passo Le Selle (2529 m) überquert man den Piccolo Lastei (2687 m) und wandert in östlicher Richtung über den Verbindungsgrat auf einem Steig zum Gipfel weiter.

— **Piccolo Lastei (2687 m)**
20 Minuten — leicht.
Vom Passo Le Selle (2529 m) steigt man auf einer Gehspur den schotterigen Hang gegenüber dem Schutzhaus empor. Weiter oben folgen leichte Felsstufen, über die man zum Gipfel kommt (rote Markierungszeichen).

— **Punta dell'Ort (2690 m)**
1 Stunde — I. Grad — Orientierung schwierig.
Vom Passo Le Selle durchquert man die Schutthalden am Fuß der Felsen des Piccolo Lastei und steigt dann durch eine Rinne zu einer Scharte zwischen dem östlichen und dem westlichen Gipfel der Punta dell'Ort empor. Man kann diese Scharte auch vom Gipfel des Piccolo Lastei aus über den Verbindungsgrat erreichen. Es folgt eine Reihe von Felsstufen, Rinnen und Scharten, über die man, nicht immer leicht, zur höchsten Quote der Punta dell'Ort hinaufkommt.

8 Überschreitung des Costabella-Grates

Schutzhaus Passo Le Selle → Piccolo Lastei → Grande Lastei → Cima di Campagnaccia → Cima di Costabella → Sasso di Costabella → Forcella del Ciadin

Ausgangspunkt: Schutzhaus Passo Le Selle (2529 m)

Gehzeit: ungefähr 3 Stunden.

Nächstes Schutzhaus: Bei der Notwendigkeit einer Umkehr infolge schlechter Witterung oder aus anderen Gründen ist es ratsam, zum Schutzhaus Le Selle zurückzukehren, wenn man nicht schon die Cima di Costabella überschritten hat. Vom Banc di Campagnaccia führt eine leicht zu begehende Steigspur durch das Schuttkar zu den Almen der Campagnaccia knapp unterhalb des Passes Le Selle hinab. Nach der Überschreitung des Gipfels der Costabella empfiehlt es sich hingegen, zur Forcella del Ciadin weiterzugehen und von dort zu den Gasthöfen des S.-Pellegrino-Passes abzusteigen.

Bemerkungen: Die Überschreitung ist nicht schwierig und übertrifft nirgends den I. Schwierigkeitsgrad. Einige Stellen sind jedoch ausgesetzt, und die noch aus dem Ersten Weltkrieg stammenden Holzbrücken sind unverläßlich oder verfallen. Obwohl die schwierigen Stellen in letzter Zeit durch Drahtseile gesichert worden sind, muß die ganze Route als anspruchsvoll und als nur für Hochtouristen mittlerer Leistungsklasse geeignet bezeichnet werden.

Zu Beginn des Sommers, wenn in den Rinnen noch Schnee und Eis liegt, birgt die Überschreitung noch mehr Gefahren in sich.

Vom Passo Le Selle bis zum Gipfel des Grande Lastei gibt es keine Probleme (Steig). Der ganze Gratweg ist vom Passo Le Selle bis zur Forcella del Ciadin markiert (rote Zeichen).

Die Überschreitung der Gipfel der Costabella-Kette vom Le-Selle-Paß bis zur Scharte del Ciadin ist sehr schön und auch fesselnd, schon wegen der herrlichen Rundsicht und der Einsamkeit dieses Gebirgskammes, fesselnd wegen der Begegnung mit vielen Kriegsbauten der ehemaligen Marmolatafront, die heute noch gut erhalten sind. Einige der damals errichteten Brücken, Wege und Stollen werden noch heute benützt und sind in die Route miteinbezogen.

Die ganze Kette der Costabella ist ein Labyrinth von Laufgräben, Schießscharten, Stollen, Brücken, Leitern, Unterständen und Baracken, das die Bedeutung dieses Abschnittes für die österreichische Kriegsführung dokumentiert. Die Kette war eine der bestausgestatteten vorderen Linien der Front, für deren Unterhalt auf dem Le-Selle-Paß ein regelrechtes Barackendorf errichtet worden war. Von den Felsstellungen aus konnten die Österreicher jede Bewegung der italienischen Alpini-Einheiten auf dem S.-Pellegrino-Paß und auf der Kette dell'Uomo (Punta del Ciadin, Cime Cadine usw.) beobachten und kontrollieren. Mit einem Handstreich ist es den Alpini gelungen, den Sasso di Costabella zu nehmen, doch blieben die Positionen auf beiden Seiten durch mehrere Jahre hindurch unverändert — bis zu dem bekannten Rückzug von Caporetto, der auch die Räumung des Marmolata-Abschnittes durch die italienischen Truppen mit sich brachte.

Heute stehen diese Kampfstellungen und der Gratweg als Zeugen eines unglaublichen Krieges da, der mehr noch als gegen den Feind, gegen die Gefahren der Berge gerichtet war. Denn die Zahl der durch Unfälle, Wetterstürze und die schauerlichen Unbilden des Winters (Erfrierungen, Lawinen, Hunger) ums Leben Gekommenen war größer als die Zahl der Verluste durch regelrechte Kampfhandlungen.

Die Spitzen dieser Kette sind, alpinistisch gesehen, nicht sonderlich interessant. Der Gratweg jedoch, der jeden einzelnen Gipfel berührt, ist einzigartig und wird für seinen Begeher zum eindrucksvollen Erlebnis — umso mehr, als der ganze Weg — wie bereits erwähnt — markiert und nicht schwierig ist. Nur einige Stellen I. Grades sind ausgesetzt und müssen mit der nötigen Vorsicht begangen werden.

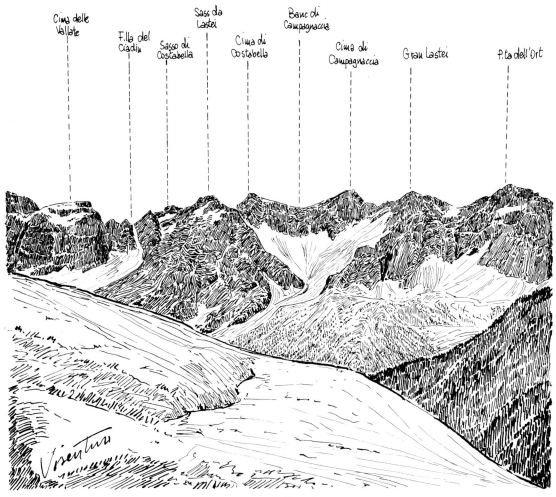

Die Kette der Costabella, vom Sass de Dama aus (Buffaure).

Man kann die Wegstrecke in beiden Richtungen begehen, d. h. vom Passo Le Selle zur Forcella del Ciadin, oder umgekehrt. Empfehlenswerter ist als Ausgangspunkt der Passo Le Selle, da der Zugang zu diesem viel einfacher und weniger mühsam ist als der zur Forcella del Ciadin. Das lange Schuttkar zu dieser Scharte mit dem feinen Geröll ist ein sehr beschwerlicher Anstieg, während es am Ende der Tour einen raschen und mühelosen Abstieg ermöglicht.

Es wird also folgende Route empfohlen:
Passo Le Selle — Cresta di Costabella — Forcella del Ciadin — Passo di S. Pellegrino. (Einschließlich des Zuganges zum Passo Le Selle und der Rückkehr ins Tal ist mit 6 Gehstunden zu rechnen, von denen 3 auf die eigentliche Gratwanderung entfallen).

Das seit kurzem auf dem Passo Le Selle errichtete Schutzhaus ist ein ausgezeichneter Stützpunkt für die Tour.

Bis zum Grande Lastei gibt es keine Probleme; dieser Gipfel kann von jedem Ausflügler bestiegen werden. Für den Weiterweg ist aber Schwindelfreiheit erforderlich. Weniger Erfahrene sind mit einem kurzen Sicherheitsseil oder einem normalen Kletterseil zu sichern.

Die Überschreitung kann ungefähr bei ihrer Hälfte abgebrochen werden. Vom Banc di Campagnaccia führt ein Steiglein durch ein Schuttkar hinab zu den Almen.

Der Sasso di Costabella mit dem kühn angelegten Beobachtungsfenster aus dem Ersten Weltkrieg, fotografiert vom Gratweg aus.

— Der erste Gipfel des Felsenkammes unmittelbar neben dem Paß Le Selle ist der Piccolo Lastei (2687 m). Vom Schutzhaus Le Selle aus überquert man den Paß und steigt über Schuttkare zu den obersten Geschröfen des Piccolo Lastei hinauf. Ein verfallener Steig, der jedoch durch Markierungen erkennbar ist, zieht sich durch die Kare und Schrofen gegenüber dem Schutzhaus hinauf.
Ohne irgendwelche Schwierigkeiten wird also der Gipfel des Piccolo Lastei erstiegen, von dem in nördlicher Richtung ein alter Kriegssteig zur Punta dell'Ort ausgeht. Von da ab beginnt die eigentliche Gratwanderung. Das Auf und Ab von einem Gipfel zum anderen ist weder schwierig noch mühsam, auch wenn sich der Weg etwas lange hinzieht.
Vom Piccolo Lastei geht man zum Einschnitt vor dem Grande Lastei hinab und steigt dann auf dessen Südwestseite bis zum Gipfel auf (ungefähr 1 Stunde vom Paß Le Selle). Knapp unterhalb der 2713 m hohen Spitze kann man einen Kriegsstollen besichtigen, der auf der Ostseite des Grates endet. Weitergehend berührt man als nächste Spitze den Ostgipfel (Cima Est) des Grande Lastei und kommt nun zum schönsten, doch auch schwierigsten Teil der Überschreitung. Die Route verläuft bis zur Cima di Campagnaccia mehr auf der Nordseite des Grates (S.-Nicolò-Tal).
Einige Bänder und Passagen sind ausgesetzt und nicht ungefährlich. Alte Leitern, die mit großer Vorsicht zu benützen sind, erleichtern die Überwindung einiger komplizierter Stellen. Alles in allem ist die Gratwanderung auch auf dieser Teilstrecke angenehm und interessant.
Gleich nach dem Ostgipfel des Grande Lastei kommt die erste schwierige Stelle (I. Grad): ein kurzer Quergang, der wohl durch ein Drahtseil gesichert ist (trotz seines geringen Durchmessers und mangelhaften Anbringung ist es von Nutzen) bietet nur sehr geringe Trittmöglichkeiten. Weiter vorne hilft eine zerbrochene Kriegsleiter — wenn man sie mit Verstand und Vorsicht benützt — eine Felsstufe zu überwinden (diese Stelle wird auf Seite 121 im Bild links unten gezeigt). Auf dem Weiterweg kommt man zu einem Einschnitt und in der Nähe eines Stollens zu einer halbverfallenen Holzbrücke (Bild auf Seite 122).
Mit den Händen am Fels Halt suchend, schiebt man sich mit Vorsicht darüber hinweg. Es folgt ein Band, von dem nach einem kurzen Wegstück eine noch brauchbare Holzleiter zu einem weiter unten verlaufenden Band führt. Man steigt hinab und geht auf diesem Band weiter, durchquert eine meist schneegefüllte Rinne (Vorsicht) mit Resten von Holzbalken und kommt dann zu einem neuen, exponierten Quergang (Bild auf der gegenüberliegenden Seite). Zwei Baumstämme, die allerdings wackelig und absolut nicht verläßlich sind, sowie ein Drahtseil helfen über die Stelle hinweg. Es folgt ein Laufgraben, über den man endlich das letzte Gratstück vor der Cima di Campagnaccia erreicht.
Nun wird die Bergflanke sanfter, der Weg steigt über Geröll an, und durch eine Rinne gewinnt man den höchsten Punkt der Cima di Campagnaccia (2737 m).

Auf der Seite zum Grande Lastei ist der Gipfel von Schießscharten und Stollen geradezu durchlöchert.
Der anschließende Weg bis zur Forcella del Ciadin ist wiederum leichter. Nur beim Abstieg von der Cima di Costabella stößt man auf ein paar heiklere Felspartien. Von der Cima di Campagnaccia geht man, ohne auf einen Steig achten zu müssen, über die nur wenig steile, breite Ostflanke hinab bis zu der ausgedehnten Senke, die als Banc di Campagnaccia bezeichnet wird. (Der Banc di Campagnaccia mit seinen zahlreichen Überbleibseln österreichischer Baracken, besonders auf der Seite zum S.-Nicolò-Tal hin, kann auch von den Hochweiden der Campagnaccia und der Costabella aus über ein langes Schuttkar auf leicht zu begehender Steigspur erreicht werden. Weniger anstrengend ist der Zugang von der Camorcia im S.-Nicolò-Tal aus.) Jenseits des Banc di Campagnaccia zieht sich ein breiter Schotterhang mit mäßiger Neigung hinauf zur Cima di Costabella (2759 m) dem höchsten Punkt der Route, nach dem der ganze Felsengrat benannt wurde. (Vom Gipfel zweigt ein verfallener Kriegssteig zur Verbindungsscharte mit dem Sass da Lastei ab.)
An Schießscharten vorbei geht man auf der Südseite (S.-Pellegrino-Tal) absteigend durch einen Durchlaß zwischen Felsen und dann auf dem Grat weiter. Man quert zu dessen Nordseite hinüber, die dem S.-Nicolò-Tal zugewandt ist. Über leichtes Geschröfe (Markierungen), das wegen der Brüchigkeit des Gesteins Vorsicht verlangt, steigt man ab zu einer Einsenkung mit reichlichen Kriegsüberresten und Stollenbauten im Fels. An diesem vorgeschobensten Punkt der Front hatten die Österreicher ein Barackenlager errichtet.
Man kommt zu einer noch größeren Mulde mit Blick auf den Sasso di Costabella (2723 m), einen eigentümlichen Felsklotz mit einer großen Schießscharte knapp unter dem oberen Rand.
Am Fuß des Turmes, an dessen Nordseite, geht es im Abstieg durch eine Rinne (Steig) und den Markierungen entlang auf gleicher Quote traversierend zur Südseite weiter bis zur Forcella del Ciadin (2664 m).
Von dieser Scharte (oder auch früher, unmittelbar nach dem Sasso di Costabella) steigt man über Schuttkare zur Mulde westlich der Cima dell'Uomo ab (Bergstation des höchsten Skilifts). Auf der Trasse des Skilifts wandert man schließlich hinab zu den Almen und auf einem Saumweg hinüber zu den Gasthöfen des S.-Pellegrino-Passes (Passo Le Selle → Forcella del Ciadin ungefähr 3 Gehstunden. Forcella del Ciadin → S.-Pellegrino-Paß ungefähr 1 Stunde).

Punta dell'Ort (2690 m)

Die Besteigung dieser Gipfelgruppe unweit des Felsenkammes der Costabella kann für die über den Le-Selle-Paß wandernden Touristen verlockend sein. Es ist allerdings kaum möglich, die Tour mit der eben beschriebenen Gratwanderung am selben Tag zu verbinden, da letztere an sich schon sehr lang und anstrengend ist.

Heikle Passage über wackelige Baumstämme im Gratabschnitt zwischen dem Grande Lastei und der Cima di Campagnaccia.

Die Punta dell'Ort vom Banc di Campagnaccia aus.

Auf Seite 121:

Vier Stellen des Costabella-Gratweges zwischen dem Grande Lastei und der Cima di Campagnaccia.

Die Punta dell'Ort besteht aus drei nebeneinanderliegenden Felskuppen mit einer Höhe von rund 2690 m. Den besten Überblick über den Aufstiegsweg hat man vom Piccolo Lastei aus.

Von diesem geht man auf einem Kriegssteig zum Verbindungsgrat hinab und über diesen (Vorsicht) in Richtung Punta dell'Ort. Man umgeht Felszacken und Scharten und kommt nach schwieriger Orientierung zu einem grasigen Hang und zu den Felsen der östlichen Spitze (¾ Stunden).

Den Verbindungsgrat zwischen dem Piccolo Lastei und der Punta dell'Ort kann man auch direkt vom Le-Selle-Paß aus über die Schuttkare links der Paßhöhe erreichen.

Sass da Lastei (2731 m)

Eine weitere Variante während der Überschreitung der Costabella ist die Besteigung des Sass da Lastei. Vom S.-Nicolò-Tal aus erfaßt man die ganze Schönheit dieses Berges. Seine Zugänge von dieser Seite aus sind aber langwierig, mühsam und nicht zu empfehlen.

Leichter, auch wenn man wegen der Brüchigkeit des Gesteins aufpassen muß (I. Grad), ist der Aufstieg von der danebenliegenden Cima di Costabella aus.

Beide Gipfel werden durch einen Grat verbunden, der jedoch keinen sehr tiefen Einschnitt bildet.

Von der Cima di Costabella steigt man auf einem Kriegspfad zu dieser Kammscharte ab, zu der man auch vom S.-Nicolò-Tal aus gelangen kann (und zwar von Westen über die große Mulde der Camorcia, und von Osten, von den Lastei di S. Nicolò aus, durch eine steile Rinne). Von der Scharte kommt man über brüchiges Gestein unschwer hinauf zum Gipfel (½ Stunde — I. Grad).

Vorsichtige Traversierung einer halbverfallenen Brükke während der Gratwanderung zwischen dem Grande Lastei und der Cima di Campagnaccia.

9 Cima delle Vallate (2832 m)

Ausgangspunkt: S.-Pellegrino-Paß (1919 m).

Gehzeit: Ungefähr 2¾ Stunden (¾ Stunden von der Forcella del Ciadin).

Nächstes Schutzhaus: Die rascheste und bequemste Rückkehr ist die zum S.-Pellegrino-Paß.

Bemerkungen: leicht — I. Grad.
Die Route ist nicht markiert; sie ist demnach nur den Touristen mit mittlerer Leistungsfähigkeit zu empfehlen.

Die Cima delle Vallate ist die westlichste der drei Ciadinspitzen, die außer dieser noch die Cima di Colbel und die eigentliche Punta del Ciadin umfassen.

Die Gipfelgruppe ist ein interessantes Ziel für Bergsteiger, die abseits der vielbegangenen Wege ein echtes Abenteuer suchen. Die Gegend ist sehr einsam, und die Aufstiege halten sich innerhalb des ersten Schwierigkeitsgrades. Die Besteigungen sind wegen der Abgeschiedenheit und Wildheit dieser Bergwelt, aber auch wegen der wundervollen Rundsicht faszinierend.

Die Cima delle Vallate ist unter allen drei am leichtesten zu besteigen; nur im allerletzten Teil bieten ein paar kleine Felsabsätze relativ leicht zu meisternde Probleme (I. Grad). Vom Gipfel aus genießt man eine großartige Aussicht auf die ganze Kette, von der Costabella bis hin zur Vallaccia. Besonders eindrucksvoll ist die Fernsicht auf das S.-Nicolò-Tal, den Collac und die Südwestseite der Marmolata. Überraschend ist weiters der Blick auf die nahen Gipfel der Punta Ciadin und der Cima dell'Uomo, die einsamsten Berggestalten dieser Gruppe.

Wenn auch nicht so beeindruckend wie die beiden letztgenannten Berge, so zeigt die Cima delle Vallate sowohl vom S.-Nicolò- als vom S.-Pellegrino-Tal aus gesehen doch eine gewisse Mächtigkeit. Von Süden gesehen erscheint sie als ein Felsaufbau mit mehreren Spitzen, durchzogen von schrägen Bändern. Von dieser Seite aus ist der Gipfel am leichtesten zu bezwingen, zumal auf seiner Nordseite die lange Rinne zwischen der Punta del Ciadin und der Cima delle Vallate bei Schnee und Eis nicht ganz ungefährlich ist. Von Süden her kann man auf mehreren Seiten aufsteigen, so auch von der Kuppe (altura) dell'Uomo über den Grat der Cima del Colbel und die Forcella del Colbel (die beide Gipfel trennt). Der leichteste und einfachste Aufstieg ist der nachstehend beschriebene. Die Cima delle Vallate ist im

Die Cima delle Vallate (rechts) am Abschluß des S.-Nicolò-Tales, von oberhalb der Baita Ciampiè gesehen. Links davon die Punta del Ciadin und die Cima dell'Uomo.

Südosten, wie schon erwähnt, über einen Grateinschnitt (Forcella del Colbel) mit der Cima di Colbel verbunden.

Dieser Einschnitt dient gleichzeitig zur leichtesten und empfehlenswertesten Besteigung der Cima di Colbel. Verlängert man die Besteigung der Cima delle Vallate mit der eine halbe Stunde beanspruchenden Traversierung zur Cima di Colbel, so stellt dies eine kurze, außerordentlich lohnende Tour dar.

— Den Wegverlauf kann man in zwei Phasen teilen — in den langen, beschwerlichen Aufstieg zur Forcella del Ciadin und in die eigentliche Gipfelbesteigung. Vom S.-Pellegrino-Paß schlägt man den Weg ein, der in der Nähe des „Costabella-Lifts" beginnt. Man kann auch von der Paßhöhe selbst (bei den Hotels) ausgehen und von dort den genannten Weg erreichen, der anfangs derselbe ist, der zum Le-Selle-Paß hinaufführt.

Wo sich der Weg nach links zum Restaurant Paradiso wendet, geht man geradeaus weiter (rechts, etwas entfernter, steht ein weiterer Gasthof) und steigt über Almwiesen zu dem großen Kessel westlich der charakteristischen Höhe (altura) dell'Uomo auf. Diese schotterige Kuppe am Fuße der Forcella del Ciadin wird von den Vorfelsen des Sasso di Costabella (W) und der Cima delle Vallate umstanden. Rechts haltend quert man mehrere Schutthalden und trifft auf die Bergstation des obersten Skilifts und die breite Abfahrtspiste. Links abbiegend geht man auf die riesige, mit losem Gestein und Felstrümmern bedeckte Mulde zu.

Mühsam und ohne Steig arbeitet man sich direkt durch das lange Schuttkar hinauf in Richtung Forcella del Ciadin (2664 m). Knapp unterhalb der Scharte (man erkennt die roten Markierungszeichen des Gratweges der Costabella) wendet man sich nach rechts (O) vorbei am Sockel des ersten Felssporns der Westflanke der Cima delle Vallate. Eine Rampe wird durch eine steile Schuttrinne überwunden, die wegen des lockeren Gerölls Anstrengung kostet, sonst aber nicht schwierig ist.

Am Ausgang der Rinne betritt man den Gratrücken der Cima delle Vallate und wird von dem herrlichen Rundblick überrascht.

Nach rechts (O) wendend steigt man einige Meter nördlich der Gratlinie ohne Weg über die am leichtesten erscheinenden Schrofen weiter den Hang hinan, der im großen und ganzen nicht schwierig ist (I. Grad). Bald steht man auf dem Gipfelgrat, den man an einer etwas schmalen Stelle (Vorsicht) überschreiten muß, und erreicht über eine letzte, wenig geneigte Felsrampe den Gipfel.

Cima di Colbel (2795 m)

Die Cima di Colbel ist von den drei Ciadin-Spitzen die zentralste, südlichste und auch niedrigste. Ihre Besteigung ist als alleiniges Ziel wenig lohnend, wird aber interessant, wenn sie mit dem Besuch der Cima delle Vallate verbunden wird. Es ergibt sich dadurch eine sehr schöne, landschaftlich reizvolle Traversierung.

Von Süden her bietet die Besteigung der Cima di Colbel keine Schwierigkeiten (I. Grad). Sie erfolgt über den langen, zerklüfteten Grat, der zur Kuppe (altura) dell'Uomo absinkt (Skilift-Bergstation), oder auch durch die breite Schlucht der zerfurchten Wand, die zum Einschnitt zwischen dem Gipfel und der Cima delle Vallate hinaufführt (Forcella di Colbel).

Ratsamer ist jedoch der Zugang von der Cima delle Vallate her. Die Route ist kurz (30 Minuten) und ohne jede Schwierigkeit, wie man aus dem Bild auf den Seiten 128—29 ersehen kann.

Von der Cima delle Vallate hält man sich rechts und steigt über einen felsigen, schuttbedeckten Hang leicht ab. Ohne Unterbrechung erreicht man den Verbindungssattel zur Cima di Colbel.

Am leichtesten Punkt überwindet man den Einschnitt und steigt auf der anderen Seite, wiederum über Geröll und leichte Schrofen, zum Gipfel der Cima di Colbel auf. Der Rückweg kann auf derselben Route oder auch über den südseitigen Grat bis zur Kuppe dell'Uomo hinab erfolgen.

Die Cima delle Vallate vom Sasso di Costabella aus. Hinter der Felsrippe links die lange Schuttrinne, die zum Gratkamm emporführt.

Aussicht von der Cima delle Vallate auf die Cima di Colbel. Zu Füßen die Scharte zwischen den beiden Spitzen, zu der man absteigen muß, wenn man die lohnende Überschreitung vornehmen will.

10 Punta del Ciadin (2919 m)

Ausgangspunkt: Passo S. Pellegrino (1919 m).

Gehzeit: ungefähr 2¾ Stunden.

Nächstes Schutzhaus: Die Schutzhäuser und Gasthöfe am S.-Pellegrino-Paß.

Bemerkungen: I. Grad — brüchiges Gestein, nicht schwierig, doch ohne Markierungen.
Problematisch ist wegen des Fehlens jeglicher Wegspuren die Orientierung; der Aufstieg ist aber trotzdem leichter als der zur Cima dell'Uomo.

Die Punta del Ciadin erhebt sich unmittelbar westlich der Cima dell'Uomo und wird von dieser durch den tiefen Einschnitt der Forcella dell'Uomo getrennt.
Sie ist weniger imposant als letztere, doch ebenfalls lohnend. Die größte Genugtuung bei ihrer Begehung liegt wiederum in der außergewöhnlichen Einsamkeit und Stille dieser Bergwelt. Die Natur zeigt sich in diesem Teil der Kette (von der Cima dell'Uomo zur Cima delle Vallate) völlig unversehrt, urtümlich und ernst. Die keineswegs schwierigen Besteigungen sind für den Wanderer, der die Ursprünglichkeit der Berge, ihre Felsenwildnis und Einsamkeit liebt, ein unvergeßliches Erlebnis.
Die Punta del Ciadin besteht aus drei nebeneinanderliegenden Gipfeln. Die höchste (2919 m), gleich oberhalb der Forcella dell'Uomo, ist die östlichste. Man besteigt sie auf der Normalroute vom benachbarten Westgipfel (2885 m) her. Der Nordgipfel (2905 m) ist von den anderen beiden durch einen tiefen, schneebedeckten Einschnitt getrennt. Seine Besteigung ist etwas schwieriger. Vom höchsten und nördlichsten Punkt bricht die mächtige, dreieckige Wand ab, die das ganze obere. S.-Nicolò-Tal beherrscht. Ein Bild davon zeigt die nebenstehende Seite.
Die Punta del Ciadin war im Ersten Weltkrieg einer der vorgeschobensten Posten der italienischen Front dieses Abschnittes. Die Besteigung des Gipfels ist wegen der militärischen Anlagen interessant, die man besonders auf dem westlichen Grat antrifft. Überreste der damaligen Front sind in Mengen zu sehen. Derartige Vorposten auf Felsgraten lassen erkennen, unter welch unglaublichen Bedingungen, besonders in den Wintermonaten, dieser Krieg ausgetragen wurde.
Die Punta del Ciadin ist weniger hoch als die Cima dell'Uomo, bietet aber dennoch einen sehr schönen Rundblick. Ihre Besteigung ist zu empfehlen, wobei aber zu bedenken ist, daß diese an sich leichten Routen (I. Grad) wegen des brüchigen Gesteins und des Fehlens jeglicher Steigspuren mit Vorsicht zu begehen sind. Wenn die Wetterverhältnisse günstig sind, kann der Aufstieg zur Punta del Ciadin mit dem Besuch der Punta dell'Uomo verbunden werden. Die Hauptanstrengung bei der Tour sind der lange Anmarsch und der mühsame Aufstieg über das steile Schuttkar hinauf zur Forcella dell'Uomo. Vom Ende des Schuttkars ist man in 1 St. sowohl auf dem einen als auf dem anderen der beiden Gipfel.

Die hohe, dreieckige Gipfelwand der Punta del Ciadin über dem Abschluß des S.-Nicolò-Tales.

— Wie bei der Route auf die Cima dell'Uomo folgt man vom S.-Pellegrino-Paß zunächst den Saumwegen über die welligen Almen des Val de Tomas und des Val Tegnousa, in Richtung der weiten Geröllmulde rechts (O) von der charakteristischen Kuppe dell'Uomo (Bergstation des Skilifts).

Man durchsteigt ziemlich mühsam und ohne jede Wegspur den stark geneigten Schutthang, der bei der Forcella dell'Uomo endet. Etwa 150 m unterhalb der Scharte, wo der Schutthang schmal wird und in eine schluchtartige Rinne übergeht, verläßt man das Kar und quert links hinüber. Man kann auch ohne Markierung nicht fehlen, da gerade von dieser Stelle aus rechter Hand der Anstieg zum auffallenden Schotterband beginnt, das zur Cima dell'Uomo hinaufleitet.

Man wendet sich also nach links, überquert eine Furche und steigt dann über einen Geröll- und Schrofenhang auf. Wo man leichter durchkommt, geht man über Schutthänge ohne Weg weiter, immer nach links querend.

Am oberen Rande des langen, geneigten Hanges kommt man unterhalb der orgelpfeifenähnlichen Wand der Punta del Ciadin und links von dieser zu einer kleinen Scharte. Hier findet man die Bestätigung für die Richtigkeit des eingeschlagenen Weges in Form von zwei aufeinanderfolgenden Eisenringen, die noch im Ersten Weltkrieg angebracht worden sind.

Nach der Überschreitung der Scharte tritt man in eine Rinne ein (die kleine Wand am Beginn kann links umgangen werden), durchsteigt diese und steht bald auf einer Einsenkung des Grates.

Rechts weitergehend wird ein Felsabsatz mit Hilfe von zwei Eisenstiften überwunden, die ebenfalls aus dem Ersten Weltkrieg 1915—18 stammen. Dann wird der Schlußgrat erreicht, auf dem man über Geröll in wenigen Minuten leicht zum Westgipfel (2885 m) gelangt.

Durch einen Einschnitt getrennt, erhebt sich ganz nahe die höchste Spitze (die Östliche), zu der man mit Leichtigkeit, doch nicht ohne Vorsicht, hinübergehen kann. Die Gratschneide ist teilweise sehr schmal.

Die etwas weiter entfernt liegende Nordspitze ist weniger leicht zu besteigen. Man erreicht den Gipfel über eine nicht ungefährliche, schnee- und eisbedeckte Scharte. Schön ist der seitliche Anblick der Cima dell'Uomo (1 Stunde vom Schuttkar der Forcella dell'Uomo).

Während des Aufstieges oder auch auf dem Rückweg ist der Besuch einer Kriegsstellung auf dem Westgrat interessant. Man findet sie ohne Mühe beim oben erwähnten Einschnitt am Ende der langen Rinne (die zu jener Gratstelle hinaufführt, bei der die beiden Eisenringe angebracht sind). Wenige Meter weiter links erblickt man auf einer kleinen Felsterrasse die Reste einer kühn angelegten Kampfstellung (Schutzmauern, Schießscharten, Unterstände, Drahtverhau). Hier war einer der vorgeschobensten Posten der italienischen Frontlinie in diesem Abschnitt.

Von den anderen Seiten (von Norden durch die vereiste Schlucht) ist die Besteigung der Punta del Ciadin schwierig und auch gefährlich. Von Süden her gibt es noch andere Routen, die zwar nicht schwierig (z. B. von der Cima di Colbel aus), doch vor allem hinsichtlich der Orientierung komplizierter sind.

Die Östliche Ciadinspitze (links) vom Gipfel der Westlichen gesehen. Rechts die Cima dell'Uomo.

Zwei Ausschnitte aus dem Aufstieg zur Ciadinspitze: Der große Schutthang am Fuß der Südwand, der schräg traversiert werden muß.

Der Schlußgrat, gleich nach dem Felsabsatz mit den beiden Eisenstiften aus dem Ersten Weltkrieg, vom Östlichen Gipfel aus gesehen.

11 Cima dell'Uomo (3003 m)

Ausgangspunkt: Passo S. Pellegrino (1919 m).

Gehzeit: ungefähr 3 Stunden (1½ Stunden vom Schuttkar am Fuß der Forcella dell'Uomo).

Nächstes Schutzhaus: Da sich auch der Rückweg auf derselben Route abspielt, sind die Gasthöfe am S.-Pellegrino-Paß im Falle der Notwendigkeit einer Umkehr wegen Schlechtwetter oder aus anderen Gründen auf jeden Fall am nächsten.

Bemerkungen: I. Grad und eine Stelle mit oberem I. Grad. Die Besteigung ist an sich leicht, und die heiklen Stellen sind selten. Man muß aber durchwegs ohne Steigspur gehen, und der Aufbau ist unwegsam und hoch (3000 m). Nicht leicht ist die Orientierung besonders dort, wo man zum großen Schotterband aufsteigen muß, das die ganze Südseite des Berges durchquert.

Die Tour ist, wenn auch alles in allem nicht schwierig, so doch nur erfahrenen und trainierten Hochtouristen anzuraten.

Die Cima dell'Uomo ist die höchste Erhebung der Kette (die einzige über 3000 m) und gleichzeitig des ganzen, langen Gebirgskammes zwischen dem Cirelle-Paß im Osten und der Vallaccia und dem Fassatal im Westen.

Dieses Primat verleiht dem Berg innerhalb dieser ausgedehnten Zone der Marmolatagruppe als alpinistisches Ziel und als Aussichtspunkt einen wichtigen Rang.

Es ist ein schön geformter Gipfel mit einem massiven Aufbau und tiefeingeschnittenen Flanken. Man kann ihn von allen Punkten der Marmolatagruppe aus sehen, und sein Profil ist auch vom Rosengarten und von noch weiter entfernten Höhen aus gut zu erkennen.

Seine Besteigung erfolgt auf einer der schönsten unter den leichten Aufstiegsführen der Gruppe.

Der Normalanstieg, ohne Markierung und wenig bekannt, wird zu Unrecht als schwierig betrachtet. Für den trainierten Bergsteiger mit einem gewissen Maß an Erfahrung ist es eine zwar anstrengende, doch wegen der schönen Rundblicke und der völligen Abgeschiedenheit der Landschaft eine auch interessante Tour. Sie enthält nur wenige heikle Stellen bei Felsstufen und brüchigen Schrofen. Das Terrain wechselt stark ab, und der größte Teil des langen, zum Grat führenden Bandes ist leicht zu begehen. Eine einzige Passage, ungefähr bei der Hälfte des Bandes, verlangt größere Vorsicht (oberer I. Grad). Sie ist aber nur kurz, und anschließend geht es über Geröll und Schutt wiederum leicht weiter.

Der Hauptteil des Aufstieges führt über das soeben genannte, lange und breite Schuttband, das schräg aufwärts die Südseite der Cima dell'Uomo durchzieht. Dieses Band ist der Schlüsselpunkt der Route und bietet die einzige Möglichkeit, die steilen Wandabstürze zu überwinden. Nach dem Ende des Bandes und über den Südostgrat wird der Weg ganz leicht.

Auf der Südseite schmilzt der Schnee zwar verhältnismäßig früh, schneebedeckte und vereiste Rinnen erschweren aber vom Kar der Forcella

Die Cima dell'Uomo von der Westlichen Cadinspitze aus.

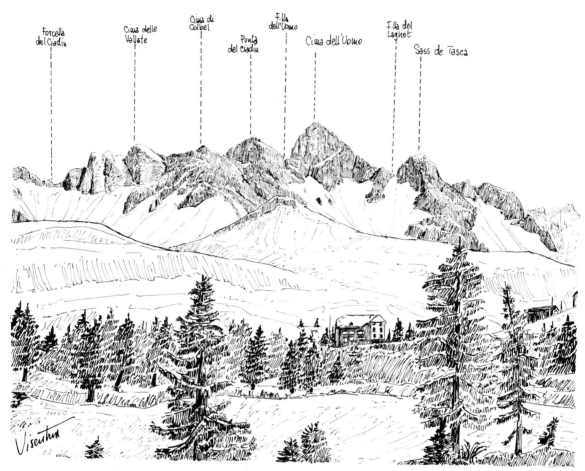

Die Kette der Cima dell'Uomo und der S.-Pellegrino-Paß.

dell'Uomo aus den Zugang zum Band. Zuweilen auch im Sommer.

Noch einmal soll hier auf die Besonderheit und die nachhaltigen Eindrücke dieser Besteigung hingewiesen werden. Sie wird mit Unrecht nur von wenigen unternommen, wie man aus der bescheidenen Zahl der Unterschriften im Gipfelbuch ersehen kann.

Das große Metallkreuz am Gipfel mußte von den Bergführern schon viermal wieder aufgerichtet werden, nachdem es die winterlichen Stürme (so auch 1979) niedergedrückt hatten.

— Vom S.-Pellegrino-Paß aus sieht man deutlich die breite Schutthalde, die von der Forcella dell'Uomo zwischen der Cima dell'Uomo und der Punta del Ciadin herabführt. Man erreicht sie nach einem langen, doch wenig anstrengenden Anstieg über die Wiesenhänge des Val de Tomas und des Val Tegnousa zunächst auf einem teilweise aufgeweichten Saumweg.

Man geht, rechts haltend (O), auf die charakteristische Kuppe dell'Uomo (2484 m) zu, auf dem die Bergstation des höchsten Skilifts des S.-Pellegrino-Gebietes steht (bis hier etwa 1 Stunde).

Bei der Schutthalde hört die Wegspur auf, und man muß, selbst den geeigneten Weg aussuchend, den Aufstieg entweder in Kehren oder in direkter Linie beginnen. Es ist eine äußerst mühsame Arbeit (und man könnte fast den Mut verlieren, doch wird die Mühe durch den oberen Teil des Aufstieges belohnt).

Als Richtung dient der Einschnitt zwischen den beiden Gipfeln, die Forcella dell'Uomo (vom Beginn der Schutthalde aus sieht man rechts die Forcella del Laghet, die den Sass de Tasca von der Cima dell'Uomo scheidet).

Das letzte Stück zum Gipfel der Cima dell'Uomo über den unschwierigen Südostgrat.

Etwa 150 m unterhalb der Scharte, wo die Halde schmäler wird und in eine richtige Schlucht übergeht, erspäht man rechts die Möglichkeit eines leichten Zuganges zur Südwand der Cima dell'Uomo. Man muß zum oberen Rand einiger Rinnen aufsteigen, bleibt aber knapp unter dem Sockel der Wand (die oben von einem spitzen Felsturm überragt wird).

Die Durchsteigung der Rinnen ist unschwierig (bei Schnee und Eis im Frühsommer ist ihre Begehung jedoch weniger einfach); sie führt zum Beginn des langen und breiten Schotterbandes, das schräg aufwärts die ganze Südseite des Berges durchzieht (1 Stunde vom Beginn der Schutthalde).

Nun geht man auf dem Schotterband fast immer nahe der Felswand weiter. Auf längere Strecken leicht zu begehenden Schuttbodens folgen Felsabsätze, von denen einer — wie bereits erwähnt — etwas schwieriger ist (oberer I. Grad). An einem Steinmännchen vorbei (man sollte sie wiederaufschichten, auch dieses ist halb verfallen) gelangt man durch eine kurze Rinne (I. Grad) auf den Südostgrat.

Der Grat ist wenig geneigt und verläuft oberhalb des Sass de Tasca und der Forcella del Laghet. Er wird in wenigen Minuten über Geröll und leichte Schrofen zurückgelegt (I. Grad), immer mit herrlichem Blick auf die Südwand der Marmolata, bis zur aussichtsreichen Spitze.

Beim Rückweg ist auf die Stelle zu achten, bei der man das Band verlassen muß, um zur Schutthalde hinabzugelangen. Die einzigen brauchbaren Zeichen für den Abstieg sind die Spuren, die man während des Aufstieges im Schutt hinterlassen hat.

(1 Stunde vom Beginn des Bandes bis zur Spitze — 3—3½ Stunden vom S.-Pellegrino-Paß.)

Sass de Tasca (2860 m)

Im selben Abschnitt kann auch die Besteigung des Sass de Tasca eingeschaltet werden.
Sie wird über die Ostflanke, von der Forcella del Laghet aus (2770 m) unternommen und führt über leichte Schrofen (Vorsicht, brüchiges Gestein) zur Spitze.
Die Besteigung ist in touristischer Hinsicht wenig interessant, zumal der Besuch der viel lohnenderen und bedeutenderen Cima dell'Uomo allgemein vorgezogen wird.

Der Sass de Tasca, die Forcella del Laghet und die Südostflanke der Cima dell'Uomo, von der Cigolè-Spitze aus aufgenommen.

Auf der leichten Südostflanke der Cima dell'Uomo, knapp unterhalb des Gipfels. Tiefer unten der Sass de Tasca.

Der Gipfel der Cima dell'Uomo, vom Kreuz aus gesehen. In der Ferne die beiden Vernel und die Marmolata.

12 Cime Cadine (2886 - 2862 - 2861 m)

Ausgangspunkt: Passo delle Cirelle (2686 m).

Gehzeit: Ungefähr ½ Stunde (Ostspitze); weitere 30 Minuten für die Besteigung der westlichsten Spitze — Von Fuchiade zum Cirelle-Paß ungefähr 2 Stunden.

Nächstes Schutzhaus: Das Schutzhaus Fuchiade (1982 m) im S.-Pellegrino-Tal, oder das Schutzhaus Contrin (2016 m) auf der anderen Seite des Berges. Beide sind gleich weit entfernt.

Bemerkungen: Sehr leicht (Ostgipfel). Die Fortsetzung der Tour von der höchsten Spitze über die beiden anderen bedeutet eine schwierige und ausgesetzte Gratkletterei. Es ist daher besser, vom ersten Gipfel über die Schutthänge der Nordseite abzusteigen und auf den geröllbedeckten Flanken der beiden anderen Spitzen wieder aufzusteigen. Von diesen enthält nur die mittlere ein paar Stellen mit Felsabsätzen (leicht — I. Grad), während die Westliche Spitze auf dieser Seite wiederum ganz leicht zu begehen ist.

Die Cime Cadine bilden mit ihren drei Spitzen eine Felsengruppe, die im Süden mit steilen Wänden in das Val di Tasca, im Westen zur Forcella Paschè und im Norden zu den Lastei di Contrin abbricht.

Die höchste und am leichtesten zu bezwingende Spitze ist die Östliche (2886 m). Von ihr geht ein schmaler Felsenkamm aus, der zur Mittleren Spitze (Cima di Mezzo, 2862 m) ansteigt und mit der Westlichen Spitze (Cima Occidentale) endet.

Mit den Cime Cadine beginnt der Abschnitt Cima dell'Uomo-Costabella, der vom Cirelle-Paß bis zum Passo Le Selle reicht. Diese Kette ist für den Touristen hauptsächlich deswegen interessant, weil die Besteigung ihrer Spitzen den I. Schwierigkeitsgrad nirgends überschreitet. Von diesem Gesichtspunkt aus ist diese Untergruppe wohl die reizvollste und anziehendste des gesamten Marmolatagebietes.

Die Felsgipfel sind hoch, wild und wenig begangen. Durch das Fehlen von Steigspuren und Markierungen wird ihre Begehung nur noch interessanter — wenn sie mit der gebotenen Vorsicht unternommen wird.

Am leichtesten zu besteigen sind die Cime Cadine, die jedem Touristen zugänglich sind. Mühsam ist aber der lange Weg zum Cirelle-Paß (sowohl von Fuchiade als vom Contrin-Haus geht man auf gutem Steig zwei Stunden). Dafür ist aber die großartige, umfassende Rundsicht von ihren Spitzen auf die gesamte Marmolatagruppe eine reiche Belohnung.

Der anspruchsvolle Bergfreund wird die Tour mit der Besteigung der Östlichen Spitze beginnen und mit dem Besuch der beiden anderen fortsetzen. Der mittlere Gipfel ist kaum lohnend, dafür ist der Westgipfel (Cima Occidentale) um so besuchenswerter, da man auf seinen Felsen eine der kühnsten italienischen Kampfanlagen des Ersten Weltkrieges besichtigen kann. Man kommt an die weit vorgeschobene Felskanzel leicht heran, da die Bergflanke zum Cirelle-Paß hin, auf der die Anlage errichtet wurde, nicht steil abfällt.

Die Westliche Cadinspitze als Hintergrund des S.-Nicolò-Tales. Rechts die Cima dell'Uomo.

Die Tour kann jedem Touristen angeraten werden, nicht nur wegen des Panoramablicks, sondern mehr noch wegen des Besuches entscheidender Punkte der Marmolata-Front, an denen die italienischen Alpini kämpften.

Vom Cirelle-Paß erreicht man in 30 Minuten den höchsten Punkt der Cadine. Die Aussicht ist nach allen Richtungen hin grandios. Für die Besteigung der Westspitze werden weitere 30 Minuten benötigt. Die Rückkehr geht rasch vor sich. Man steigt entweder ohne Schwierigkeit zum Cirelle-Paß oder zum markierten Steig ab, der zum Schutzhaus Contrin führt.

— Der Aufstieg erfolgt über die charakteristische, mäßig geneigte Flanke. Vom Cirelle-Paß zuerst in Richtung Westen ohne Wegspur und ganz leicht über schotteriges Terrain hinauf zum Ostgipfel (2886 m, Cima Orientale). Gehzeit ungefähr 30 Minuten.

Von einer Fortsetzung der Tour über den Grat muß abgeraten werden, denn dieser ist schwierig und ausgesetzt. Interessant ist hingegen die Besteigung der Westlichen Spitze.

Dazu kehrt man vom Ostgipfel einige Meter in Richtung Cirelle-Paß zurück, um dann rechts (N) durch eine geröll- oder auch schneegefüllte Rinne abzusteigen. Man gelangt so zur schrägen Bergflanke, die häufig Schneeflecken trägt. In einem weiten, linksausholenden Bogen (W) geht man bis zum Rand der Flanke, wo diese zur Mulde neben der Forcella Paschè abfällt. Über loses Gestein und leichte Schrofen kann man von hier auf die Mittlere Spitze (2862 m, Cima di Mezzo) aufsteigen, die jedoch wenig Interessantes bietet.

Wesentlich lohnender ist, wie gesagt, die Besteigung der Westspitze. Dazu wendet man sich am Rande der schrägen Flanke nach links (SW) und steigt in wenigen Minuten zur Spitze auf. Mit etwas Vorsicht kann man den kurzen, etwas ausgesetzten Gipfelgrat begehen. Nach etwa 20 Meter in westlicher Richtung erblickt man die Reste eines Felsennestes der Alpini aus dem Ersten Weltkrieg. Fesselnd ist die Aussicht auf die untenliegende Forcella di Tasca und auf die Cima dell'Uomo.

Von den Aufstiegsrouten zu den Cime Cadine von der Forcella Paschè (W) und den Lastei di Contrin (N) aus ist abzuraten. Die damit verbundenen Rinnen sind äußerst brüchig, steinschlaggefährdet und häufig vereist. Zudem ist die Orientierung nicht leicht und das Auffinden des richtigen Einstiegs in die Rinnen (I. Grad) nicht einfach. Dasselbe gilt auch für den Rückweg.

Wieder am Cirelle-Paß angelangt, gibt es vier Möglichkeiten, die Tour abzuschließen:

a) Abstieg zum Schutzhaus Fuchiade und zum S.-Pellegrino-Paß.

b) Abstieg zum Schutzhaus Contrin.

c) Überschreitung des Ombrettòla-Passes und Abstieg zum Schutzhaus Falier.

d) Abstieg ein Stück weit in Richtung Contrin-Tal und links (W) abbiegend zum Nordsockel der Cadine-Spitzen. Auf einem alten Kriegssteig in einem weiten Bogen, immer auf der Höhe bleibend, bis an den Fuß des Col Ombert und von dort auf gutem Steig zum Schutzhaus Passo S. Nicolò (2 Stunden vom Cirelle-Paß zum Paß S. Nicolò). Schöne Wanderung.

13 Col Ombert (2670 m)

Ausgangspunkt: Schutzhaus Passo S. Nicolò (2340 m). Außer diesem günstigsten Ausgangspunkt können noch das Schutzhaus Contrin und die Forcella Paschè als Startpunkte benützt werden.

Gehzeit: ungefähr 1¼ Stunden.

Nächstes Schutzhaus: Schutzhaus Passo S. Nicolò (2340 m).

Bemerkungen: Ganz leichter Aufstieg — Steig.

Ein schöner Abstecher für alle Touristen, die den S.-Nicolò-Paß überschreiten. Die Besteigung ist gleichsam die Krönung der Wanderung durch dieses wundersame, wohl schönste Tal der Marmolatagruppe. Der Col Ombert schließt als elegant geschwungenes Felsenhorn auf der rechten Seite der Paßhöhe das Tal ab und erhebt sich also zwischen dem S.-Nicolò-Paß und der Forcella Paschè. Er steht ziemlich frei, mit Abstand sowohl von der Kette der Cima dell'Uomo als vom Collac. Die Aussicht von seinem Gipfel ist trotz der relativ bescheidenen Höhe erstrangig und überraschend.

Der Col Ombert über der Baita Ciampiè im S.-Nicolò-Tal.

Die Besteigung des Col Ombert auf dem Normalweg kann nur empfohlen werden. Sie ist sehr leicht, und die Aussicht auf die Marmolata und das S.-Nicolò-Tal ist außergewöhnlich schön! Bestechend ist auch der Blick auf die Wände der Kette Cima dell'Uomo-Costabella.

Der Berg fällt auf allen Seiten mit schroffen Wänden ab, mit Ausnahme der Nordostflanke, die abgeflacht und teilweise grasbewachsen ist. Über diese, dem S.-Nicolò-Tal abgewandte Seite führt die Normalroute zum Gipfel. Im Ersten Weltkrieg spielte der Col Ombert im österreichischen Verteidigungssystem der Dolomitenfront eine wichtige Rolle. An seiner Basis, besonders auf der Seite des S.-Nicolò-Tales, sind Felsstollen, Unterstände und Barackenreste noch in Mengen zu sehen.

Dankbar ist ein Besuch der Forcella Paschè, zu der man beim Abstieg vom Col Ombert leicht hinkommt. Auch hier begegnet man Überresten der ehemaligen Kriegsfront.

— Vom Schutzhaus Passo S. Nicolò auf Steig in östlicher Richtung zum Fuß der Nordwand des Col Ombert.

Die Gehspur durchquert die Schutthalden, sinkt dann leicht ab und erreicht den felsigen Unterbau der Lastei di Contrin. An einem Überhang vorbei (Reste österreichischer Baracken) steigt die Spur, sobald die Felsen eine Lücke zeigen, rechts durch eine teilweise begrünte Rinne empor zur Höhe des breiten, gras- und schuttbedeckten Plateaus (Lastei di Contrin), das sich knapp unterhalb der Forcella Paschè ausbreitet.

Rechts haltend folgt man der in Serpentinen über den Nordwesthang hinaufziehenden Spur und gelangt über Geröll und Grasflecken bald zum Gipfel.

(Die Lastei di Contrin erreicht man auch vom Schutzhaus Contrin oder von der Forcella Paschè auf Steiglein, die sich allerdings von Zeit zu Zeit verlieren. Eine dieser Spuren durchquert die Schutthalden am Fuß der langen Nordwand der Cadine-Spitzen und trifft dann auf den Weg Nr. 607 (Schutzhaus Contrin - Passo delle Cirelle) und verbindet diesen mit dem Passo S. Nicolò.)

Ombretta - Ombrettòla

Die Gebirgszone der Marmolatagruppe zwischen dem Ombrettapaß im Norden, dem Cirelle-Paß im Südwesten und der Forca Rossa im Osten trägt allgemein die Bezeichnung »Ombretta—Ombrettòla«. Sie schließt einen Teil der langen, südlichen Hauptkette ein, die durch die Gebirgsstöcke der Cima d'Ombretta und des Vernale mit dem Zentralmassiv der Marmolata verbunden ist. Im Vergleich zu den anderen liegt diese Untergruppe etwas versteckt und im Innern der Gruppe, wodurch die Zugänge beschwerlicher und länger werden.

Die Gipfel sind kräftig im Aufbau, schön in der Form und von respektierlicher Höhe. Man hält sie leicht auseinander, denn sie sind durch tiefe, klare Einschnitte voneinander getrennt. Ihre Wände sind auch für Kletterer sehr interessant, doch werden sie nur selten bestiegen, da die ganze Aufmerksamkeit der Felsgeher von der nahen, berühmten Marmolata-Südwand angezogen wird.

Als Wandergebiet besitzt die Untergruppe ausgezeichnete Routen, und fast alle ihre Gipfel sind leicht zu besteigen. Die Wanderrouten sind aber nicht immer einfach, vor allem wegen ihrer Länge und Beschwerlichkeit. Die Bezwingung der Ombretta-Gipfel beansprucht z. B. infolge ihrer Entlegenheit in der Regel mehr als einen Tag. Man muß entweder im Contrin-Haus oder im Schutzhaus Falier übernachten.

Alles in allem lohnt sich aber die Mühe des langen Anmarsches, da die Berge mit ihrer großartigen Struktur und ihrer wilden Felsenwelt dem Hochtouristen viele fesselnde und neue Eindrücke schenken.

Schwer fällt die Wahl zwischen zwei untereinander verschiedenen Arten von Touren. Da gibt es die Übergänge von einem Tal ins andere über einige der schönsten und am meisten begangenen Pässe der Gruppe: den Ombretta-Paß, den Passo delle Cirelle, den Passo d'Ombrettòla und die Forca Rossa. Ihre Routen sind seit langem berühmt und beliebt, auch weil sie bekannte Schutzhütten miteinander verbinden (Contrin, Falier, Fuchiade, Malga Ciapela). Dem gegenüber stehen die Besteigungen der hohen, abseits gelegenen Gipfel auf Normalrouten, die unschwierig sind und die Grenzen des I. Grades nie überschreiten. Mit Ausnahme der Spitzen des Formenton, des Pizzo le Crene und des Monte Fop sind alle für Touristen mittleren Leistungsgrades zugänglich.

Ein gewisses Maß an Training und Trittsicherheit gehört jedoch dazu, denn diese Berge ähneln, wie schon erwähnt, am meisten dem Zentralmassiv der Marmolata mit allen Begleiterscheinungen, die sich hier deutlicher als in den anderen Untergruppen aus der härteren Umwelt ergeben: rauheres Klima, häufigere Begegnung mit eis- und schneebedeckten Rinnen, nahezu winterliche Verhältnisse bei schweren Störungen der Wetterlage, Stürme usw.

Einige der Aufstiegsrouten (Cima d'Ombretta, Punta Cigolè, Cima d'Ombrettòla) sind aber so leicht und auf gut sichtbaren Steigen gefahrlos zu begehen, daß sie jedem Touristen empfohlen werden können. Man soll sie aber nicht als feste Routen betrachten, sondern gegebenenfalls mit den klassischen Paßwanderungen verbinden.

Neben diesen beiden unterschiedlichen Arten von Touren gibt es noch die Überschreitungen von einem Tal ins andere über Scharten und Übergänge ohne Markierungen, Steige oder Gehspuren. (Forcella del Bachet und Forcella della Banca di Valfredda). Es sind dies ebenfalls interessante Touren, die wohl etwas schwieriger und anstrengender sind, dafür aber neue Einblicke in eine urgewaltige, wilde und einsame Natur gewähren.

Bei der Beschreibung der Untergruppe folgen wir der Trennung des nördlich gelegenen Stocks Ombretta-Vernale vom Gebirgsteil, der in der südlichen Hauptkette liegt.

Die Vedretta del Vernale mit dem stark zurückgegangenen Gletscher, umgeben von den Cime d'Ombretta und dem Sasso Vernale. Weiter rückwärts der obere Teil des enormen Mauerwalls der Marmolata-Südseite.

Das gewaltige Bergmassiv, in dessen Innerem der kleine Vernale-Gletscher blinkt, ist zwischen dem Ombretta-Paß im Norden und dem Ombrettòla-Paß im Süden gelagert.

Der Ombretta-Paß (2704 m) ist ein breiter Übergang, der von der zyklopischen Marmolata-Südwand und der Cima d'Ombretta flankiert wird und das Ombretta-Tal vom Contrin-Tal scheidet. Der Übergang gehört zu den bedeutendsten und bekanntesten der Dolomiten, weil sein Weg Nr. 610 auf einer langen Strecke den atemberaubenden Anblick der Marmolata-Südwand bietet, an deren Fuß er entlangzieht. Die eindrucksvolle Tiefe dieses Einschnittes erfaßt man am besten von jenen Stellen des Klettersteiges über den Marmolata-Westgrat aus, die den Rand des Abgrundes berühren. Auf beiden Seiten der Paßhöhe erkennt man auch die von den Alpini im Ersten Weltkrieg gebauten Unterstände, Laufgräben und Kavernen.

Südlich der Paßhöhe, am Beginn des Felsenkammes zur Cima d'Ombretta hinauf, wurde vor einigen Jahren die Biwakschachtel Marco Dal Bianco (2730 m) errichtet.

Die Cime d'Ombretta (Ombretta-Spitzen) entragen einem breiten Sockel von Felsen und Schutthalden. Gegen Westen steigen sie zur mächtigen Pyramide der Cima Ovest (2988 m, Westspitze) auf, die mit steilen Wandabstürzen zum Contrin-Haus abfällt. Dem Ombretta-Paß gegenüber erhebt sich die etwas niedrigere Cima di Mezzo (2983 m, Mittlere Spitze), von der gegen Osten ein verwitterter Felsenkamm ausgeht, an dessen Ende als höchster Punkt die Cima Orientale (3011 m, Ostspitze) steht.

Von der Cima d'Ombretta senkt sich gegen Süden der Verbindungskamm zum Sasso Vernale. Er bildet eine der drei Felsmauern (die beiden anderen sind die Cima d'Ombretta und der Sasso Vernale selbst), die den weiten Kessel der Vedretta del Vernale, des kleinen und immer mehr schwindenden Vernale-Gletschers, umschließen.

Der Kessel neigt sich nach Westen mit Moränen und Schuttströmen talwärts und bricht schließlich mit einer hohen Felsstufe zum Cirelle-Tal ab. Der Sasso Vernale ist mit 3054 m der höchste und auch schönste Gipfel der Untergruppe. Auf seinem Grat begegnet man Stellungsbauten, Kriegssteigen und Unterständen der Alpini. Der Gebirgskamm von hier bis zum Ombretta-Paß wurde schon zu Beginn der Feindseligkeiten am 27. Juni 1915 von den italienischen Truppen besetzt und bis zur Räumung der Front nach der Niederlage bei Caporetto gehalten. Die Linie verlief über den d'Ombrettòla-Paß hinüber zum Cirelle-Paß mit Pfaden und Wegen, die heute teils verfallen, teils aber noch benützbar sind.

Südlich des Sasso Vernale liegt der hohe Übergang des Passo d'Ombrettòla (2868 m), der die Zone der bisher beschriebenen Spitzen mit der südlichen Hauptkette verbindet. Der Anteil der Untergruppe an diesem großen Gebirgszug beginnt bereits weiter im Westen beim Cirelle-Paß. Er schließt auch den Felsenbau der Punta Cigolè (2808 m) ein, der zusammen mit der Cima d'Ombrettòla gegen Fuchiade hin hohe Wände zeigt. Zum Cirelle-Tal sind seine Flanken hingegen nur mäßig geneigt und zum Großteil mit Schutthalden bedeckt.

Die Cima d'Ombrettòla (2922 m), eine ziemlich unscheinbare Kuppe, kann man vom gleichnamigen Paß aus in wenigen Minuten mühelos besteigen. Von ihr geht nach Südosten eine Felsenkette aus, die bis zur Forca Rossa reicht. Sie sinkt zuerst zur Forcella del Bachet (2828 m) ab, über die kein Steig führt und deren Rinnen im oberen Teil (besonders auf der Nordseite) schneeig und vereist sein können. Westlich dieses Einschnittes steht imponierend die massige Felsgestalt des Sasso di Valfredda (2998 m) über den tief unten liegenden Almwiesen von Fuchiade. Gegen Süden zweigt vom Sasso di Valfredda ein niedriger, im ersten Teil rötlich gefärbter Kamm ab (Le Saline), der weiter unten als grüner Rücken das Cigolè-Tal (Fuchiade) von der Valfredda trennt.

Der Sasso di Valfredda und die Schutthänge der Cima d'Ombrettòla (links) und der Cigolè-Spitze (rechts), aufgenommen von der Östlichen Cadinspitze aus.

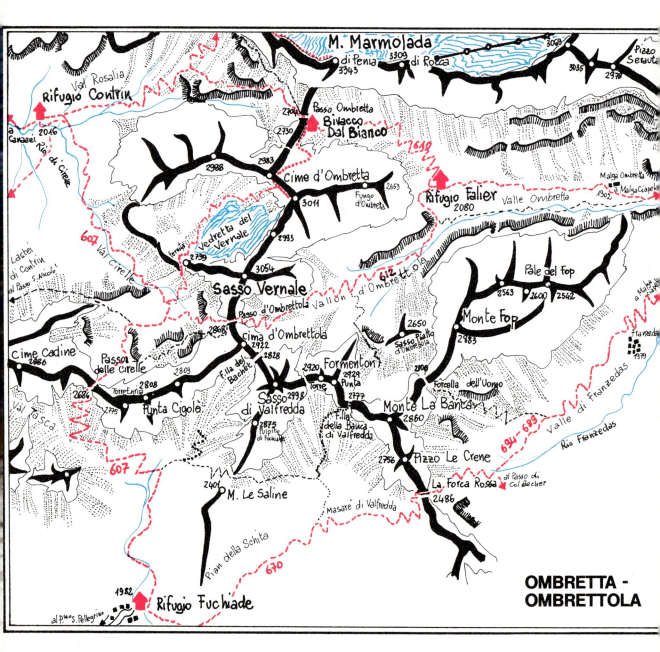

Die Besteigung des Sasso die Valfredda ist nur felserfahrenen und trittsicheren Bergsteigern anzuraten. Die Tour ist schwieriger und anstrengender als alle bisher in diesem Buch beschriebenen Routen. Die Eintönigkeit der Umgebung und die Mühen des Aufstieges werden allerdings durch die Einmaligkeit des Gipfelpanoramas reichlich aufgewogen.

Östlich des Sasso di Valfredda setzt sich die Kette im kühnen Torre del Formenton (2920 m) fort, einem Turm, dessen kompakte, senkrechte Südwand als einziges Kletterziel der Untergruppe von manchen Felsgehern aufgesucht wird. Es folgt die schön geformte, ebenfalls kühn aufragende Punta del Formenton (2929 m), die für den Durchschnittstouristen wohl interessant wäre, wenn nicht ein schmales und ausgesetztes Band (II. Grad) auf der Normalroute ein gefährliches Hindernis darstellen würde.

Auf dem Pian della Schita (Valfredda), Wanderung zur Forca Rossa. Links oben Torre und Punta del Formenton.

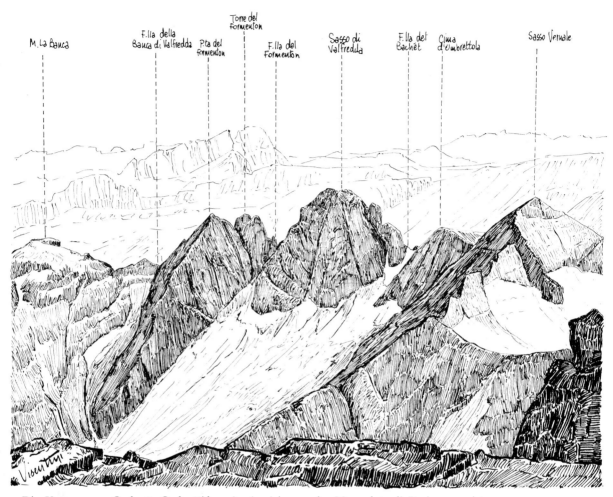

Die Untergruppe Ombretta-Ombrettòla, wie sie sich von der Marmolata di Penia aus zeigt.

Es schließt sich die breite Scharte der Forcella della Banca di Valfredda (2777 m) an, die man von unten nur schwer ausfindig machen kann, wenn man ihre Lage nicht kennt. Es ist ein ebenfalls leichter Übergang vom S.-Pellegrino- und dem Biois-Tal (Fuchiade) zum Vallon d'Ombrettòla und zum Schutzhaus Falier. Da es aber keinerlei Wegspuren gibt, wird die Scharte nur ganz selten begangen. Man berührt sie auf dem leichten, angenehmen Weg zum Monte La Banca (2860 m), der als Aussichtspunkt eine ungewöhnliche und grandiose Perspektive zur Marmolata-Südwand hin offenbart. Die mühelose Begehung dieses Gipfels ist übrigens eine willkommene Abwechslung zu den Wanderungen auf überfüllten Routen, gerade deswegen, weil sie durch eine einsame und wenig bekannte Gegend führt.

Die lange Kette endet südöstlich mit dem spitzen Felsgebilde des Pizzo le Crene (2756 Meter), der hoch über dem vielbegangenen Paß Forca Rossa den Schutthalden entragt.

Zu erwähnen ist noch der Kamm, der vom Monte La Banca in Richtung Nordost ausgeht und im Monte Fop (2883 m) gipfelt. Sein hoher und massiger Rücken trennt den Vallon d'Ombrettòla vom Franzedas-Tal und zieht sich bis zur Malga Ombretta hin.

Der Pizzo Le Crene hoch über den schönen Almböden auf dem Weg zur Forca Rossa, bald nach den Masarè di Valfredda.

Die Zugänge und Routen zu den Gipfeln werden von den Tälern und Einschnitten im Innern der Untergruppe bestimmt. Durch die Talfurchen Val Rosalia, Valle Ombretta, Valle delle Cirelle, Vallon Ombrettòla, Val Cigolè und Valfredda führen gute Steige oder zumindest Steigspuren, die jeder Tourist gefahrlos begehen kann.

Stützpunkte für die Durchwanderung der Untergruppe Ombretta-Ombrettòla sind:
— das Schutzhaus Contrin (2016 m)
— das Schutzhaus Fuchiade (1982 m)
— das Schutzhaus Falier (2080 m)
— die Biwakschachtel Marco Dal Bianco am Ombretta-Paß (2730 m), die allerdings mit Vorrang nur den Alpinisten zur Verfügung steht, die Klettertouren in der Süd- und Südwestwand der Marmolata unternehmen wollen.

Gipfelbesteigungen

— **Cime d'Ombretta (Ombretta-Spitzen, 3011 - 2988 - 2983 m)**
1 Stunde — leicht — auf Steigen.
Vom Ombretta-Paß hinauf zur nahen Biwakschachtel Marco Dal Bianco und von dort dem Kamm der Cima d'Ombretta entlang über Schutt und Schrofen weiter. Nach links traversierend in eine schotterige Rinne und, dem Steig aufwärts folgend, über den langen Kamm bis zu einer kleinen Gratscharte nahe der Cima di Mezzo (2983 m, Mittlere Spitze). Auf der Steigspur linker Hand (O) über den Grat weiter (Bild auf der nebenstehenden Seite), dann etwas unterhalb der Gratlinie auf dem Hang zum Vernale-Gletscher hin bleibend im Aufstieg zur höchsten und auch schönsten Cima Orientale (3011 m, Ostspitze).
Die Westliche Spitze ist mit der Mittleren durch einen brüchigen, nicht leicht begehbaren Felsgrat verbunden.

— **Sasso Vernale (3054 m)**
30 Minuten — leicht.
Vom d'Ombrettòla-Paß (2868 m) auf alten Kriegssteigen in Gratnähe zur felsigen Südseite und ohne besondere Schwierigkeiten weiter zum Gipfel.

— **Punta del Cigolè (2808 m)**
20 Minuten — leicht.
Vom Cirelle-Paß (2686 m) über den nicht sehr steilen Schutthang hinauf und nahe der Gratlinie bleibend auf alten Kriegssteigen an einem Gedenkkreuz vorbei zum schmalen Gipfel (Vorsicht geboten).

— **Cima d'Ombrettòla (2922 m)**
15 Minuten — leicht.
Vom Passo d'Ombrettòla (2868 m) über den Schutthang leicht zum Gipfel. Die Besteigung kann auch von der Forcella del Bachet aus über Schrofen und verwittertes Gestein unternommen werden (20 Minuten — I. Grad).

— **Sasso di Valfredda (2998 m)**
3—3½ Stunden — mittlere Schwierigkeit.
Von Fuchiade auf dem Weg in Richtung Cirelle-Paß bis zur Stelle, wo in der Nähe eines steilen Grashanges rechts eine Steigspur abzweigt. Dieser folgend durchquert man den unteren, noch bewachsenen Teil der breiten Furche zwischen der Cima d'Ombrettòla und dem Sasso di Valfredda, die zur Forcella del Bachet hinaufzieht. Bevor die Steigspur den Rücken der „Saline" erreicht, verläßt man sie und steigt direkt durch die Schuttrinne empor. An einigen Felstrümmern (rote Markierungszeichen) vorbei in mühsamem Aufstieg ohne Wegspur durch den steilen Schutt bis zu einer mit Geröll und Felsblöcken gefüllten Mulde etwa 150 m unterhalb der Forcella del Bachet. Von dort rechts durch eine kleine Rinne hinauf zu einer Kerbe des Südgrates des Sasso di Valfredda, knapp neben einer auffallenden Felskanzel (Pulpito di Fuchiade, 2875 m).
Nach diesem verhältnismäßig problemlosen Aufstieg zur Scharte stößt man auf die ersten Schwierigkeiten. Es handelt sich dabei nicht um senkrechte oder ausgesetzte Wandstellen, sondern um einen steilen und äußerst brüchigen, gefährlichen Hang.
Von der Scharte aus steigt man rechts der Kammlinie schräg auf und wendet sich einer schmalen, langen Rinne zu, die oben zwischen Felsen endet. Man überquert sie und steigt in ihrem oberen Teil zu einer weiteren Scharte auf, die in den von der Forcella del Bachet heraufziehenden Hauptkamm einschneidet. Rechts haltend erreicht man über das letzte Gratstück mit schwierigen Schrofen die Spitze.
Beim Abstieg ist auf dem schotterigen, gefährlichen Hang große Vorsicht geboten.

— **Monte La Banca (2860 m)**
2½ Stunden — leicht.
Von Fuchiade auf dem Steig in Richtung Forca Rossa zum Pian della Schita und zum Masarè di Valfredda, einer großen, mit Felstrümmern bedeckten Mulde am Fuß der Schuttkare zwischen dem Sasso di Valfredda, den Cime del Formenton und dem Monte La Banca.
In der Mitte des von der Torre del Formenton herabziehenden Schutthanges hinauf und weiter oben nach rechts querend zum Sockel der Südwand der Punta del Formenton, wo man eine Steigspur vorfindet. Diese durchmißt das breite Schuttband (la „Banca") nach rechts, das zur Forcella La Banca di Valfredda hinführt.
Auf der Kammlinie weitergehend kommt man zur letzten Einkerbung (O) des breiten Sattels und erreicht über den steilen, doch leichten Schutthang der Nordostseite das große Gipfelplateau des Monte La Banca.

Der Verbindungsgrat zwischen der Mittleren und der Östlichen Cima d'Ombretta.

Die Cigolè-Spitze und der schräg aufsteigende Schutthang, über den man zum Gipfel geht, aufgenommen von der Höhe der Cadine-Spitzen.

14 Cime d'Ombretta (3011 - 2998 - 2983 m)

Ausgangspunkt: Ombretta-Paß (2704 m).
Gehzeit: 1 Stunde (1¾ Stunden ungefähr, vom Schutzhaus Falier oder vom Contrin-Haus zum Ombretta-Paß).
Nächstes Schutzhaus: Contrin-Haus (2016 m) und Schutzhaus Falier (2080 m).
Bemerkungen: Leichter Aufstieg auf Steiglein (Markierung).

Der Aufstieg von dieser Seite her bietet keine Schwierigkeiten, während der Rückweg über die Vedretta del Vernale mit dem kurzen Stück des gesicherten Felsenweges nicht leicht und zudem ausgesetzt ist. Weniger erfahrenen Touristen ist daher anzuraten, auf dem Weg des Aufstieges zurückzukehren.

Die Besteigung der Ombretta-Spitzen gehört zu den schönsten unter den leichten Touren der Gruppe.

Die Spitzen liegen im Zentrum des großartigen Gebirgsstockes und bieten einen unvergleichlichen Rundblick auf die mächtige Marmolata-Südwand und die benachbarten Ketten der Gruppe.

Es ist eine klassische Tour, auf der man ohne heikle Passagen eine Höhe von über 3000 m gewinnt. Der ehemalige Kriegssteig wurde mit Markierungen versehen (rote Farbe), und sein Verlauf kann vom Ombretta-Paß aus nicht verfehlt werden.

Es handelt sich aber, wie schon gesagt, um einen über 3000 m hohen Gipfel, der das gletscherbedeckte Marmolata-Massiv nahezu berührt; außerdem liegt in seiner Umgebung der Vernale-Gletscher. Daher sollte die Tour nicht unterschätzt werden, wenn sie auch keine technischen Hindernisse birgt. Sie erfolgt jedoch in einer Hochgebirgszone, in der plötzliche Wetterveränderungen, Gewitter, Temperaturstürze und Schneefälle mit härteren Folgen als in den anderen bisher beschriebenen Bergen nicht ausgeschlossen sind.

Bei schönem Wetter ist die zwar etwas anstrengende Tour ein Vergnügen und kann von jedem Touristen gemeistert werden.

Die Cime d'Ombretta bilden gemeinsam den massigen Gebirgsstock nördlich der Vedretta del Vernale und sind durch einen schmalen Grat mit dem Sasso Vernale verbunden. Ihre deutlichsten Erhebungen sind: die Westliche Spitze (2998 m, Cima Occidentale), die mit einer gewaltigen, pyramidenförmigen Wand das Schutzhaus Contrin überragt. (Diese Spitze wird hier nicht weiter beschrieben, da ihre Besteigung viel schwieriger ist als die der beiden anderen und ein gewisses Maß an Klettertechnik verlangt.) Die beiden anderen Spitzen werden hingegen auf dem Normalweg leicht und ohne Probleme erreicht.

Die mittlere Cima di Mezzo (2983 m) erhebt sich dem Ombretta-Paß am nächsten, hat aber ein wenig auffallendes Profil. Die höchste und bedeutendste ist die Cima Orientale (3011 m, Ostspitze), auf der ein Metallkreuz blinkt. Als Aussichtspunkt ist sie weitaus die bedeutendste der drei Spitzen. Mit der Cima di Mezzo ist sie durch einen langen Grat verbunden, der ganz leicht zu begehen ist.

Ein weiterer Kamm zieht von der Spitze nach Süden, flankiert die weite Mulde der Vedretta del

Der Sasso Vernale und der gleichnamige Gletscher, von der Östlichen Ombretta-Spitze aus gesehen.

Der Ombretta-Paß mit der Biwakschachtel Dal Bianco auf dem Felsenkamm der Cime d'Ombretta.

Vernale und stellt den Anschluß zum Sasso Vernale her.

Die Besteigung der Mittleren Spitze ist eine Tour für sich, mit Rückkehr auf der Route des Anstieges. Geübte Bergsteiger können diese aber verlängern und haben dazu zwei Möglichkeiten zur Wahl: a) Besteigung des Sasso Vernale; b) Abstieg zum Contrin-Haus über die Vedretta del Vernale mit Einschluß des kurzen gesicherten Felsenweges hinab ins Cirelle-Tal.

Beide Routen enthalten ausgesetzte Stellen mit II. Schwierigkeitsgrad und setzen Bergerfahrung voraus.

Die Ombretta-Spitzen waren im Ersten Weltkrieg ein wichtiger Pfeiler der italienischen Marmolata-Front. Der Ombretta-Grat und der Sasso Vernale wurden gleich zu Beginn des Krieges von italienischer Seite besetzt. Diese Höhen boten den Vorteil, die österreichischen Stellungen im oberen Contrin-Tal beobachten und unter Kontrolle halten zu können.

Auf dem Gratabschnitt im Süden der Ombretta-Ostspitze sind Überreste italienischer Befestigungsanlagen und verfallene Kriegssteige reichlich vorhanden. Die Stellungen zogen sich bis zur Westspitze hin, auf der man knapp unter dem Gipfel ein kühn angelegtes Beobachtungsfenster sehen kann.

— Ausgangspunkt für die Besteigung der Ombretta-Spitzen ist der Ombretta-Paß, der breite, tiefeingeschnittene Sattel am Fuß der dominierenden Südwand der Marmolata. Der Anblick dieser gigantischen Mauer begleitet den Wanderer auf dem ganzen Weg des Aufstieges zu den Spitzen der Ombretta.

Den Ombretta-Paß erreicht man sowohl von Osten als von Westen her: Vom Schutzhaus Falier (O) auf gutem Steig mit vielen Windungen auf steilen Schutthalden in etwas weniger als 2 Gehstunden. Vom Contrin-Haus (W) gelangt man auf ebenfalls gutem, markiertem Steig zuerst in den unteren Teil des Val Rosalia und dann rechts weiter durch eine breite Mulde, in der manchmal Schnee liegt, zur Paßhöhe hinauf. Gehzeit auch hier etwas weniger als 2 Stunden.

Vom Ombretta-Paß über den südlich aufsteigenden Kamm in wenigen Minuten zur Biwakschachtel Dal Bianco. (Touristen sollten — wie bereits erwähnt — keine Übernachtung in dieser Hütte einplanen, da sie für die Alpinisten errichtet wurde, die in der Süd- und Südwestwand der Marmolata schwierige Klettertouren unternehmen wollen.)

Vom Biwak führt ein rot markierter Steig in Kehren über den schuttbedeckten Hang und über Schrofen in Richtung der Mittleren Ombretta-Spitze. Weiter oben quert man nach links (manchmal über gefirnten Schnee) und kommt zu einer steinigen Rinne, die zum Grat der Ombretta-Spitzen hinaufzieht. Die Steigspur folgt dem rechten Rand der steilen und beschwerlichen, doch leicht begehbaren Rinne und trifft ganz in der Nähe eines Felsvorsprungs (rechts) auf den Gipfelgrat der Cima di Mezzo (2983 m). Von dort über Geröll in 5 Minuten zum Gipfel.

Der Verbindungsgrat zur Westspitze ist, wie man sogleich erkennen kann, zerrissen und schwierig zu begehen.

Interessanter ist hingegen die Fortsetzung der Tour zur Östlichen Spitze, bei deren Besteigung der Umweg über die Mittlere Spitze auch ausgelassen werden kann. Sobald man den Gipfelgrat mit seinem schönen Blick auf den Vernale-Gletscher erreicht hat, wendet man sich nach links und geht etwas unterhalb der Kammlinie (S) auf leichtem, geröllbedecktem Hang zur höchsten Spitze (3011 m, Gehzeit ungefähr 20 Minuten — Metallkreuz — 1 Stunde vom Ombretta-Paß).

Der Abstieg erfolgt auf der gleichen Route wie der Aufstieg.

Varianten für den Rückweg:

a) Über den Verbindungsgrat zum Sasso Vernale. Die Kriegssteige auf dem nach Süden gerichteten Grat entlang verfolgend, erreicht man den Gipfel des Sasso Vernale und hat damit eine wunderbare Höhen-Traversierung ausgeführt. Die Route ist aber nicht leicht, denn an Stellen, wo der Steig unterbrochen ist, sind Passagen des I. und II. Schwierigkeitsgrades zu bewältigen. Das felsige Terrain ist verwittert und brüchig; große Vorsicht ist deshalb am Platze. Der Grat ist ein wundervoller Aussichtsbalkon inmitten der phantastischen Gipfelwelt der Marmolatagruppe; seine Begehung ist landschaftlich großartig und zudem interessant.

Den Sasso Vernale kann man auch von der Mulde der Vedretta aus besteigen, die man — nach dem Abstieg — in südlicher Richtung überquert. Durch eine sehr steile, vereiste Rinne (Pickel und Steigeisen) erreicht man aufsteigend neuerdings den Grat und auf diesem über leichtes Geschröf den Gipfel.

b) Abstieg zum Contrin-Haus über die Vedretta del Vernale und den kurzen Eisenweg hinab ins Cirelle-Tal. Mit diesem Rückweg wird die Tour zu einer unvergeßlichen Runde; man kann sie auch in umgekehrter Richtung begehen und auf dem Ombretta-Paß beenden.

Der nur 150 m lange, gesicherte Felsenweg ist aber nicht gerade leicht. Das Wandstück ist nahezu senkrecht, und die Drahtseile und Eisenstifte stammen noch aus dem Ersten Weltkrieg. Sie sind ungünstig verteilt und nicht mehr verläßlich.

Von der Ombretta-Ostspitze kehrt man in Richtung zur Mittleren Spitze zurück, biegt aber an der ersten günstigen Stelle nach links und steigt über den Geröllhang zur Mulde der Vedretta del Vernale hinab (Steigspuren). Man bleibt auf der rechten Seite (N) der Vedretta, überquert weiter unten eine Schuttmoräne (rote Markierungszeichen) und kommt nahe bei den Felsen der Vernale-Westwand zum Ende der Mulde.

Teilstück des kurzen, nicht leichten und ausgesetzten Felsenweges vom Cirelle-Tal zur Vedretta del Vernale, von bergerfahrenen Hochtouristen häufig benützter Rückweg nach der Besteigung der Cime d'Ombretta.

15 Sasso Vernale (3054 m)

Ausgangspunkt: Passo d'Ombrettòla (2868 m).

Gehzeit: ungefähr 30 Minuten;
vom Schutzhaus Contrin zum Passo d'Ombrettòla 2 Stunden
vom Schutzhaus Falier zum Passo d'Ombrettòla 2½ Stunden
vom Schutzhaus Fuchiade zum Ombretta-Paß 3 Stunden.

Nächste Schutzhütten: Schutzhaus Contrin (2016 m) und Schutzhaus Falier (2080 m).

Schwierigkeit: leicht.

Nach der Marmolata und dem Vernel ist der Sasso Vernale der höchste Gipfel der ganzen Gruppe.
Er steht in ihrem Zentrum und bildet zusammen mit der Cima d'Ombretta die Verbindung zum eigentlichen Marmolata-Massiv und zur langen Südkette zwischen dem Fassatal (Vallaccia) und Alleghe (Cima dell'Auta und Sasso Bianco).
An der Nahtstelle dieser beiden Hauptstrukturen erhebt sich der Sasso Vernale, gleichzeitig südliche Felsenmauer des kleinen Vernale-Gletschers, dessen nördliche Umrahmung die Cime d'Ombretta sind.
Mit diesen — genau gesagt mit ihrer Ostspitze — ist der Sasso Vernale durch einen felsigen Grat verbunden, dessen Begehung zwar lohnend, doch wesentlich schwieriger ist (I. und II. Grad) als die Normalroute vom Passo d'Ombrettòla her.
Der Sasso Vernale steht als schöne gleichmäßig gebaute Felspyramide von den umliegenden Spitzen getrennt; sein Gipfel ist daher ein hervorragender Panoramapunkt.
Seine Besteigung ist zusammen mit den ebenfalls leichten Besuchen der Ombretta-Spitzen zu empfehlen. Die Tour ist eine der schönsten im Marmolatagebiet.
Auf dem Südgrat findet man ebenso wie in der Zone des Ombrettòla-Passes zahlreiche Überreste der italienischen Marmolatafront vor. Wo sie noch benützbar sind, wurden die dem Grat entlangführenden Kriegssteige in die Gipfelroute miteinbezogen.
Zum Ombrettòla-Paß kommt man ebenso vom Schutzhaus Falier wie vom Schutzhaus Contrin. In der Regel wird die Besteigung des Sasso Vernale bei der Wanderung von einem Tal ins andere eingeschlossen. Das ergibt eine lange, genußreiche Tour, die als Variante auch die Überschreitung des Cirelle-Passes mit Abstieg nach Fuchiade einbeziehen kann.

Wo diese ins Cirelle-Tal abbricht, bietet sich links eine Möglichkeit abzusteigen (Markierungszeichen).

Ein Fixseil hilft über ein kurzes, sehr ausgesetztes Wandstück hinweg. Die Unverläßlichkeit des Seiles (das an einer Stelle unterbrochen ist und erst ein Stück darunter weitergeht) macht den Abstieg problematisch. Am Ende des gesicherten Felsenweges betritt man in der Nähe einer Felsnische den Schutthang am Fuß des Sasso Vernale.
Über Geröll auf Steigspuren talwärts gehend stößt man auf den Steig Nr. 607, der vom Cirelle-Paß herüberkommt. Auf diesem nach rechts in Richtung zum Schutzhaus Contrin (2016 m, 2½ Stunden von der Cima d'Ombretta — nur für geübte Bergwanderer geeignet).

Der Sasso Vernale vom Cirelle-Paß aus.

1 - via ferrata

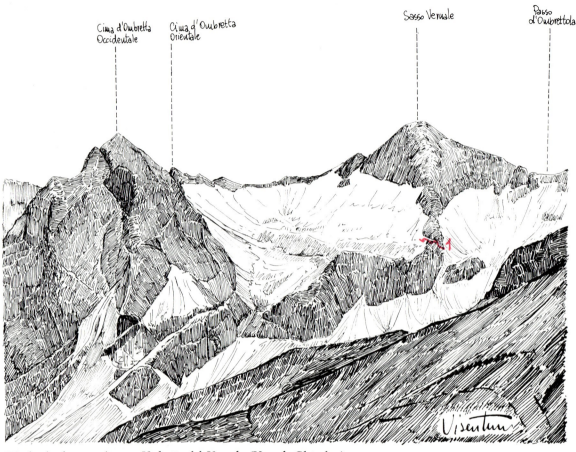

Die hochgelegene, einsame Vedretta del Vernale (Vernale-Gletscher).

— Den Ombrettòla-Paß erreicht man auf drei Wegen:
a) Vom Schutzhaus Contrin, auf Steig Nr. 607 durch das Cirelle-Tal (2 Stunden).
b) Vom Schutzhaus Falier durch die steile und beschwerliche Schlucht des Vallon d'Ombrettòla (Steig Nr. 612 — im oberen Teil Schnee).
c) Von Fuchiade über den Cirelle-Paß und den Verbindungssteig (3 Stunden).
Vom d'Ombrettòla-Paß folgt man dem nicht sehr steilen Südgrat, wenige Meter rechts (O) unter der Kammlinie bleibend. Auf alten Kriegssteigen erreicht man über leichte Felsstufen und Schrofen in kurzem Aufstieg den Gipfel.

VARIANTE

Man kann den Sasso Vernale auch von der Vedretta del Vernale aus erreichen. Die Route ist aber nicht leicht und nur für Geübte geeignet.

Wegverlauf: Vom Schutzhaus Contrin auf Steig Nr. 607 durch das Cirelle-Tal bis zum Punkt, wo etwas unterhalb der Wand des Sasso Vernale der Steig nach rechts (S) biegt. Hier linker Hand auf einer Steigspur weiter, die über einen Schutthang zur Felsstufe hinaufführt, oberhalb welcher sich die Mulde der Vedretta del Vernale ausbreitet. Man überwindet die Felsstufe — wie bereits beschrieben — mit Hilfe von fixen Drahtseilen und Eisenstiften (exponierte Wandstelle) und geht oben zuerst über Moränen und anschließend über den Vernale-Gletscher auf die Felsen zu. Am Ende des Gletschers durch eine sehr steile, vereiste Rinne (Pickel und Steigeisen nötig) empor zum Nordostgrat und dann über leichte Schrofen zum Gipfel.
Der Zugang über den Grat, der von der östlichen Ombretta-Spitze herüberzieht, ist auch nicht leicht und enthält im brüchigen Fels einige heikle Stellen. Die Überschreitung ist aber äußerst interessant und kann geübten Hochtouristen nur angeraten werden.

16 Punta Cigolè (2808 m) und Cima Ombrettòla (2922 m)

Ausgangspunkt: Cirelle-Paß (2686 m).

Gehzeit: Ungefähr 3¾ Stunden
Fuchiade — Cirelle-Paß 2¼ Stunden.
Contrin-Haus — Cirelle-Paß 2¼ Stunden.
Cirelle-Paß — Punta Cigolè 20 Minuten.
Punta Cigolè — Cima Ombrettòla 1¼ Stunden.
Für die Rückkehr ins Tal sind noch rund 2 Stunden hinzuzufügen.

Nächste Schutzhütten: Schutzhaus Contrin (2016 m) und Schutzhaus Fuchiade (1982 m).

Bemerkungen: Ganz leichte Besteigung.

Die Punta Cigolè und die Cima Ombrettòla sind ein Teil der Südkette und erheben sich zwischen dem Cirelle- und dem Ombrettòla-Paß. Beide Gipfel sind mit ihren mächtigen Südpfeilern von den Almen um Fuchiade schön zu sehen. Der imponierenden Felsbastion gehören noch weitere Spitzen an. Man sieht von links (Cirelle-Paß) nach rechts: den eleganten Turmaufbau der Torre Enrica, die Cigolè-Spitze, zwei abgerundete Gipfel, von denen der erste, unbedeutendere den Namen Cima del Bachet trägt, und die Cima Ombrettòla.

Rechts von dieser liegt der meist schneebedeckte Übergang Forcella del Bachet, der diese Gipfelgruppe vom Sasso di Valfredda scheidet.

Dieser Abschnitt der langen Südkette der Marmolatagruppe kann von allen Bergwanderern mit absoluter Leichtigkeit begangen werden. Die Kämme sind einerseits wegen der vielen schönen Aussichtspunkte anregend, andererseits sind sie dies auch wegen der Kriegssteige und Überreste der Dolomitenfront, denen man immer wieder begegnet. Zum S.-Pellegrino- und zum Biois-Tal hin stürzen die Gipfel mit hohen Wänden ab, während die Flanken zum Contrin-Tal sanft abfallende Hänge zeigen.

Auf der Kammlinie, ungefähr in Richtung Contrin, verläuft die Route, zu der es jedoch bei der großen Zahl von Kriegssteigen in der Nähe des Kammes mehrere Varianten gibt.

Die Überschreitung ist weder lang noch beschwerlich. Die Besteigung beider Gipfel erfordert ungefähr 1½ Stunden. Wesentlich mühsamer ist der Weg zum Cirelle-Paß, dem Ausgangspunkt für die Besteigung der Punta Cigolè. Man geht nicht weniger als 2 Stunden auf meist steilem, doch gutem Steig, gleich ob man von Contrin (N) oder von Fuchiade (S) aus aufbricht. Die Überschreitung kann dadurch ergänzt werden, daß man von der Cima Ombrettòla nicht auf der Route des Aufstiegs absteigt, sondern in Richtung Forcella Bachet weitergeht (Geröll und Schrofen — I. Grad). Von dort über den langen, steilen Schutthang hinab zu den Almen von Fuchiade.

— Entweder vom Schutzhaus Fuchiade durch das Tasca-Tal, oder vom Contrin-Haus durch das Cirelle-Tal hinauf zum Cirelle-Paß. Der mit Nr. 607 markierte Steig ist ein Teil des grandiosen Wanderweges „Hohe Dolomitenroute Nr. 2".

Von der Paßhöhe ostwärts und auf alten Kriegssteigen über den Südwestgrat hinauf zur Punta Cigolè.

An einem Kreuz vorbei ohne Schwierigkeit über Schotter und Geröll zur Spitze (20 Minuten vom Cirelle-Paß). Herrliche Rundsicht auf die Cima dell'Uomo, die Cadine-Spitzen, den Gran Vernel, die Südwand der Marmolata, die Vedretta del Vernale und den Sasso di Valfredda.

Will man vom Gipfel der Punta Cigolè aus die Cima Ombrettòla besuchen, so sollte man nicht den steilen, stellenweise gefährlichen Grat benützen. Es ist besser, ein kurzes Stück zum Cirelle-Paß zurückzukehren und dann über leichtes Geröll in Richtung Cirelle-Tal abzusteigen. Auf einem der zahlreichen Kriegssteige dann bergauf dem Ombrettòla-Paß zu. Der Wegverlauf läßt sich vom Cirelle-Paß und der Punta Cigolè aus gut überschauen, so daß man von Beginn an den günstigsten Weg für den Aufstieg wählen kann. Der mit 607 und 612 markierte Steig könnte auch benützt werden, doch müßte man hierzu erheblich tiefer absteigen.

Ist man auf dem Ombrettòla-Paß (2868 m), dem Übergang zwischen dem Sasso Vernale und der Cima Ombrettòla angelangt (rund 1 Gehstunde), so steigt man über den sanft geneigten, schotterigen Schlußhang ohne jede Schwierigkeit in wenigen Minuten zum Gipfel der Cima Ombrettòla empor. Auch diese bietet eine wunderbare Rundsicht auf die Gruppe und auf die Südwand der Marmolata.

Für den Abstieg kann man die Route des Aufstiegs oder die etwas schwierigere über die Südostflanke wählen (I. Grad). Über Schrofen und Geröll kommt man zur Forcella del Bachet (2828 m, häufig Schnee). Von dort durch die breite Rinne zwischen der Cima Ombrettòla und dem Sasso di Valfredda hinab bis zum Ende der steilen Schutthalde und zu den Hochweiden des Cigolè-Tales. Dort trifft man auf den Steig Nr. 607, der vom Cirelle-Paß nach Fuchiade führt.

Zwei weitere Varianten für den Rückweg sind: der Abstieg zum Contrin-Haus durch das Cirelle-Tal (Steig Nr. 612 und 607) und der langwierige Weg zum Schutzhaus Falier durch den Vallon d'Ombrettòla (Steig Nr. 612).

17 Sasso di Valfredda (2998 m)

Ausgangspunkt: Schutzhaus Fuchiade (1982 m).

Gehzeit: ungefähr 3—3½ Stunden.

Nächstes Schutzhaus: Schutzhaus Fuchiade (1982 m).

Bemerkungen: Von allen in diesem Abschnitt beschriebenen Besteigungen ist diese die schwierigste.

Die Hindernisse wären an sich nicht groß, da sie kaum an den II. Grad heranreichen. Der Fels ist jedoch außergewöhnlich brüchig, und der verwitterte Boden beeinträchtigt die Trittsicherheit. Einige Passagen im Fels, die technisch leicht zu bewältigen wären, müssen wegen der Brüchigkeit des Gesteins mit großer Vorsicht begangen werden.

Die Mitnahme eines Seiles kann nur von Nutzen sein. Noch komplizierter ist der Abstieg in dem unsicheren, gefährlichen Felsgelände. Die Tour ist deshalb nur für erfahrene Bergsteiger geeignet.

Unter den Spitzen rings um die Almweitung von Fuchiade sticht der Sasso di Valfredda zweifellos am meisten hervor. Es ist der mächtigste und zudem höchste Gipfel im Abschnitt der langen Südkette zwischen dem Sass de Tasca und der Forca Rossa und bildet einen Gebirgsstock für sich.

Sein ausgeprägter, massiger Bau wird von der Forcella del Bachet im Westen und der Forcella del Formenton im Osten begrenzt. Die beiden Scharten trennen ihn von der Cima Ombrettòla bzw. der Torre del Formenton.

Gegen Fuchiade fällt der Gipfel mit einem markanten Felsrücken ab, der auf halber Höhe ein mit Schutt und Grasbüscheln bedecktes Plateau zeigt, genannt »Le Saline«. Zusammen mit seinem weit vorgeschobenen, niedrigeren Kamm bildet er die Wasserscheide zwischen dem Fuchiade-Tal (Rio Cigolè) und dem Valfredda-Tal.

Die hier beschriebene Besteigung des Sasso di Valfredda auf dem Normalweg verlangt keinen besonders hohen alpinistischen Leistungsgrad. Es handelt sich nicht um eine regelrechte Klettertour, wenngleich der Aufstieg, wie schon gesagt, unter allen hier angeführten der schwierigste ist. Die Panoramasicht vom Gipfel ist besonders pak-

Die Cigolè-Spitze über der grünen Mulde von Fuchiade.

kend, steht doch der Berg inmitten einer Reihe von Ketten, die nur zum Teil von den Tälern aus sichtbar sind. Der aufmerksame Betrachter gewinnt neue Einblicke in den Aufbau und die Formen der Felsenwelt dieses zentralen Teiles der Marmolatagruppe (Cima Uomo, Cadine, Sasso Vernale, Marmolata-Südwand, Formenton, Monte La Banca, Monte Fop, Cima dell'Auta usw.).

Der Schuttkessel am Fuß der Forcella del Bachet mit dem spitzen Pulpito di Fuchiade (Kanzel von Fuchiade). Links daneben der Sattel, den man zur Besteigung des Sasso di Valfredda überschreiten muß.

Der Sasso di Valfredda von der Cigolè-Spitze aus. Man sieht die steile Schuttrinne zur Forcella del Bachet (links verdeckt), den z. T. schneebedeckten Kessel und rechts (von der Sonne beschienen) das Kar, das zum Grat hinaufführt, über den man den Gipfel erreicht.

Dies allein ist schon Grund genug, sich die Besteigung dieses schönen Gipfels vorzunehmen. Noch einmal soll aber daran erinnert werden, daß diese Tour anders und schwieriger ist als die übrigen. Wenigstens 3 Stunden Aufstieg werden von Fuchiade aus benötigt; eine davon entfällt auf den mühsamen Aufstieg ohne Steigspur durch das lange Schuttkar hinauf zur Forcella del Bachet. Nach dieser Anstrengung beginnt aber erst der wichtigste Teil der Route, der mit einem äußerst brüchigen, sehr unsicheren Schlußhang endet. Tech-

Der Sasso di Valfredda, der grüne Rücken der Saline und die satten Almböden von Fuchiade.

Aufstieg zum Sasso di Valfredda, oberhalb des Sattels neben der Kanzel (Pulpito di Fuchiade). Der steile, verwitterte Hang führt zur Rinne und diese hinauf zum Schlußgrat.

nisch gesehen wären — wie schon gesagt — die Schwierigkeiten nicht schwer zu meistern, doch kann auf dem gefährlichen Terrain nur langsam und mit großer Vorsicht und Mühe vorgegangen werden. Manche Beschreibungen sind in der Bewertung dieser Führe etwas zu summarisch, wenn sie den Aufstieg als leicht und nicht über den I. Schwierigkeitsgrad hinausgehend bezeichnen.

Die Tour kann zwar von Hochtouristen unternommen werden, die ein genügendes Maß an Bergerfahrung besitzen. Eine Warnung muß aber ausgesprochen werden, ebenso aber auch ein positiver Hinweis auf die Eigenschaften dieses Berges, die viel ausgeprägter sind als bei allen anderen Spitzen der Gruppe, nämlich der großartige Rundblick, die einsame, unberührte Natur und — als Negativum — der mühsame Aufstieg über steile, brüchige Hänge.

Für nicht sehr geübte und trittsichere Bergwanderer als Partner sollte man auf jeden Fall ein Seil mitführen.

Der Gipfel wird nur selten bestiegen.

— Von Fuchiade auf Steig Nr. 607 in Richtung Cirelle-Paß. Nach einem grasbewachsenen Buckel und einem Bachübergang kommt man zu den ersten Serpentinen des Steiges hinauf zur ausgedehnten Mulde zwischen dem Sass di Tasca und der Punta Cigolè. Bei der ersten Kehre verläßt man den Pfad und biegt rechts in einen alten Kriegssteig ein, der quer über die Grashänge zur geröllbedeckten Mulde zwischen der Punta Cigolè und dem Sasso di Valfredda hinzieht. Man verläßt auch diese Wegspur, die den ganzen unteren Hang entlangführt und den grünen Rücken „Le Saline" überschreitet, und steigt den Hang direkt hinan bis zum Beginn der Schutthalden.

Hier verlieren sich die Steigspuren (auf Felsblöcken rote Markierungszeichen), und der Aufstieg über das lose Geröll wird sehr mühsam. Man hält sich auf der linken Seite des breiten Einschnitts nahe an den Felswänden der Punta Cigolè und kommt zu einem mit Felstrümmern bedeckten Kessel etwa 150 m unterhalb der Forcella del Bachet (häufig Schnee — 1½ Gehstunden). Man verläßt die breite Mulde und steigt durch eine schmale, kurze Schuttrinne (Bild auf Seite 166) rechts hinauf zu einem Sattel des langen Südwestkammes des Sasso di Valfredda (man sieht den Sattel von weitem, da rechts daneben ein auffallender Felsturm steht, „Pulpito di Fuchiade", 2875 m, Kanzel von Fuchiade genannt).

Zu diesem Gratsattel kommt man auch aus dem oberen Valfredda-Tal über gras- und schuttbedeckte Hänge (I. Grad).

Über die Gratlinie zum Gipfel aufzusteigen ist nicht gut möglich, obwohl in manchen Tourenführern davon die Rede ist. Die Felsstufen und Wandstücke des Grates sind nicht leicht zu durchklettern.

Man wendet sich vom Sattel aus nach links, quert aber sofort auf die rechte Gratseite hinüber, die sich schon gleich zu Beginn als brüchig und gefährlich erweist. Nach Überwindung eines Felsvorsprungs quert man weiter auf eine schmale Schotterrinne zu, die links emporführt. Gleich zu Beginn oder ein Stück weiter oben steigt man in die Rinne ein, die an einer Stelle durch eine Felsstufe und eine schwer passierbare Verengung abgeriegelt wird. Man kommt aber darüber hinweg (häufig liegt Schnee), steigt rechts bleibend weiter und erreicht schließlich in der Nähe einer kleinen Einkerbung den letzten Teil des Gipfelgrates.

Bei diesem Punkt vereinigen sich zwei Felsenkämme: der Südwestkamm (dessen Profil man von Fuchiade aus sieht) und der Nordwestkamm, der direkt zur Forcella del Bachet abfällt.

Von der Einkerbung rechts auf der Kammlinie weitergehend überwindet man ein paar kurze schwierige Stellen (unterer II. Grad) und gewinnt über die letzten Schrofen den Gipfel (ungefähr 1¼ Stunden vom Sattel am Fuß des Pulpito di Fuchiade).

Für die Rückkehr, die noch größere Vorsicht erfordert, wählt man den gleichen Weg. Der Abstieg auf dem unsicheren, brüchigen Hang ist nicht ungefährlich; im gegebenen Fall ist es besser, angeseilt zu gehen.

Eine andere Abstiegsroute führt über den Nordwestgrat, genauer gesagt über die schrägen Felsplatten etwas rechts (beim Abstieg) vom Grat auf der dem Vallon d'Ombrettòla zugewandten Seite. Man kommt zur schneegefüllten Rinne wenige Meter unterhalb der Forcella del Bachet, immer auf der Seite des Vallon d'Ombrettòla.

Diese Abstiegsroute wird immer wieder von vereisten, gefährlichen Schneerinnen unterbrochen. Von ihrer Begehung ist deshalb abzuraten.

Die letzten Meter zum Gipfel des Sasso di Valfredda.

18 Monte La Banca (2860 m)

Ausgangspunkt: Schutzhaus Fuchiade (1982 m).

Gehzeit: ungefähr 2½ Stunden.

Nächstes Schutzhaus: das Schutzhaus Fuchiade. Der Abstieg auf dieser Seite ist im Gegensatz zum Aufstieg rasch und bequem.

Bemerkungen: Die schwierigen Stellen erreichen nicht den I. Grad. Der Aufstieg führt fast durchwegs über schotteriges Terrain. Die Gegend ist einsam und bedrückend, die Wegspuren sind häufig kaum auffindbar. Die Tour ist nur für gute Bergwanderer geeignet.

Der Monte La Banca verdankt seinen Namen dem langen, schotterigen Hang, der wie eine schräge Bank auf der Nordostflanke des Berges lagert. Ihr höchster Punkt ist eine großartige Aussichtsterrasse, vor allem zur kolossalen Marmolata-Südwand hin.

Die Forcella della Banca di Valfredda (W) verbindet den Monte La Banca mit der Punta del Formenton. Im Südosten lehnt sich an ihn der steile Pizzo Le Crene an, der hoch über der breiten Einsattelung der Forca Rossa steht. Gegen Nordosten trennt sich ein schmaler, immerhin bedeutender Kamm ab, dessen höchste Quote der Monte Fop ist.

Die zentrale Lage inmitten einer Gruppe nicht leicht zu besteigender Gipfel verschafft dem Berg eine erhebliche Beachtung. Außer der schon erwähnten Aussicht auf die Marmolata gewährt er noch viele andere aufschlußreiche Einblicke in diese abgelegene und unversehrte Felsenwelt der Gruppe.

Zu Unrecht wird seine Besteigung vernachlässigt und sein Gipfel nur selten besucht. Der Steig, der vor Jahren hinaufführte, ist fast völlig verschwunden, was jedoch den Aufstieg irgendwie unterhaltsamer und empfehlenswerter macht. Der Gipfel ist für jeden geübten Touristen leicht zu erreichen. Die Route enthält keine technischen Schwierigkeiten, und es gibt keine Stellen oder Passagen, an denen man richtig klettern muß. Dafür hat man damit zu rechnen, daß der Anmarsch sehr langwierig ist und die Stützpunkte weit entfernt liegen.

Die Steigspuren, die anfangs das breite Schuttband (die »Banca di Valfredda«) durchqueren und zum Schlußhang hinaufführen, sind kaum zu erkennen. Das Terrain ist brüchig und erfordert deshalb ein gewisses Maß an Vorsicht. Im Ganzen gesehen kann die Besteigung des Monte La Banca jedoch als leicht beurteilt werden.

Man kann auch die Überschreitung des Gipfels vornehmen, indem man von der Forcella della Banca di Valfredda (meist Schnee) in den Vallon d'Ombrettòla und zum Schutzhaus Falier absteigt. Trainierte und erfahrene Hochtouristen können von der Forcella della Banca di Valfredda aus die kurze, doch etwas schwierige Besteigung der Punta del Formenton (2929 m) einbeziehen (II. Grad — Klettererfahrung und entsprechende Ausrüstung erforderlich — Seil).

Der Formenton, der Monte La Banca und der Pizzo Le Crene über den prächtigen Bergwiesen von Fuchiade.

— Der Aufstieg zum Monte La Banca erfolgt von der Forcella della Banca di Valfredda aus, die man über den Talboden Pian della Schita erreicht. Die „Banca" ist jenes breite Schuttband, das die Südostwand der Punta Formenton in ihrer ganzen Länge durchschneidet und mit dem Monte La Banca endet.

Von Fuchiade gelangt man auf zwei Wegen zur Mulde unterhalb der Torre und der Punta del Formenton, und zwar einmal auf dem Steig in Richtung Forca Rossa rechts durch schöne Wiesen und über den vom Monte Le Saline herabziehenden, grünen Rücken. Man kommt zum Talboden Pian della Schita, durchwandert diesen und geht auf den ansteigenden Grashängen auf die breite Schutthalde zu, die vom Sasso di Valfredda, vom Formenton und vom Monte La Banca herabzieht. Bald wird der Graswuchs spärlicher und der Hang steiler. Am Beginn der Schuttkare liegen Felsblöcke verstreut. Der Platz heißt Masarè di Valfredda.

Hierher kommt man auch auf einem anderen Weg, und zwar vom Schutzhaus Fuchiade auf dem Steig in Richtung Passo delle Cirelle (etwa 20 Minuten lang), bis dieser in eine Talfurche eintritt und, links biegend, auf einen grasigen Hang bzw. ein Schuttkar zustrebt. Hier verläßt man den markierten Steig und durchquert die weite Mulde am Fuß des zur Forcella del Bachet hinaufreichenden Kars (zwischen der Cima Ombrettòla und dem Sasso di Valfredda). Auf einem Militärsteig wandert man über die grünen Böden am Rande des Schuttstroms, überschreitet den Rücken „Le Saline" und gelangt so zu den Masarè di Valfredda.

Nun beginnt der sehr mühsame Aufstieg durch das Kar (die Steigspuren sind nahezu verschwunden) hinauf zur felsigen Forcella del Formenton, der Scharte zwischen dem Sasso di Valfredda und dem Torre del Formenton.

Der Aufstieg durch die Rinne zielt direkt auf die wuchtige Wand der Punta del Formenton. Unterhalb der Felsen quert man rechts und stößt auf eine Steigspur, die zum breiten Schuttband „La Banca" hinführt. Das Steiglein folgt dem schräg aufwärts ziehenden Band, und man erreicht ohne Schwierigkeit und in kurzer Zeit die Forcella della Banca di Valfredda (2777 m, 2 Gehstunden).

Von der Forcella, die bereits eine schöne Aussicht bietet, folgt man der Gratlinie nach Osten. Der Grat ist zwar leicht, doch wegen einiger sehr schmalen Stellen mit Vorsicht zu begehen. Er endet bei einem weiteren Einschnitt am Fuß der schotterigen Nordwestflanke des Monte La Banca. Über diesen schuttbedeckten, brüchigen Hang geht es bergauf (man sieht diesen Hang von der Forcella della Banca di Valfredda aus deutlich; ihren letzten Teil zeigt das untenstehende Bild). Gegen den Gipfel hin verliert der Hang an Steilheit und endet mit einem aussichtsreichen Plateau (½ Stunde von der Forcella della Banca di Valfredda — 2½ Stunden ungefähr von Fuchiade).

Der Abstieg auf derselben Route nach Fuchiade geht rascher und weit weniger anstrengend vor sich. Er wird vor allem durch die lange Schutthalde, die nach Masarè di Valfredda hinunterzieht und größtenteils feinen Schotter enthält, erleichtert (ungefähr 1½ Stunden).

Der Monte La Banca von der Forcella della Banca di Valfredda aus gesehen. Über seinem leicht ansteigenden Schuttrücken gelangt man ohne Schwierigkeit zum Gipfel.

Die mächtige Südwand der Marmolata di Rocca aufgenommen am Gipfelplateau des Monte La Banca.

Abstieg vom Monte La Banca über den schotterigen Hang zur Forcella della Banca di Valfredda.

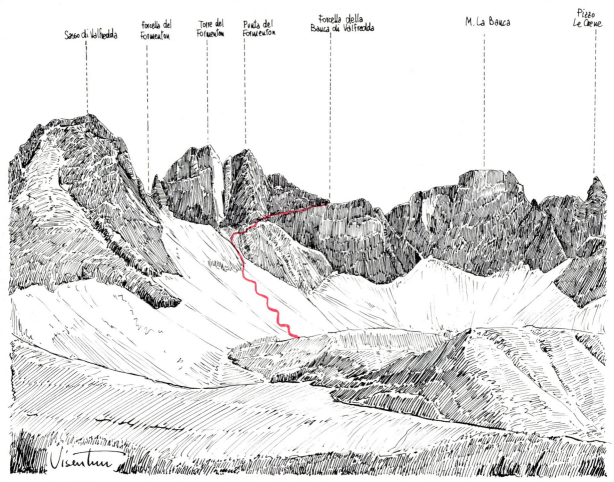

Der Kessel der Valfredda mit dem Sasso di Valfredda, dem Formenton und dem Monte La Banca.

Punta del Formenton (2929 m)

II. Grad — 1 Stunde von der Forcella della Banca di Valfredda. Die Besteigung ist nicht leicht und nur für Touristen mit mittlerer Bergerfahrung geeignet; dies nicht so sehr wegen einiger schwieriger Passagen, sondern wegen der Brüchigkeit und Gefährlichkeit des Gesteins. Ein Sicherungsseil sollte auf jeden Fall mitgenommen werden.

Bei der Forcella della Banca di Valfredda (2777 m) beginnt das Schotterband, das schräg aufwärts rund 150 m weit die Nordostflanke der Punta del Formenton durchzieht. Wer den Monte La Banca schon vorher einmal bestiegen hat, wird das Band und die gesamte Aufstiegsroute deutlich gesehen haben.

Über Geröll und äußerst brüchiges Geschröfe (Vorsicht!) kommt man zu einem ersten Felssporn. Bis hierher ist der Weg leicht (I. Grad), doch nun wird das Band schmäler, und bei der Überwindung von zwei weiteren Felsvorsprüngen findet man in ausgesetzter Lage nur mehr wenige Trittstellen und geringen Halt am brüchigen Fels.

Nach diesen heiklen Passagen wird der Weg wieder leichter, bis zum Ende des Bandes, von wo man über unschwierige Felsabsätze zum Gipfel gelangt.

Die ausgesetzten Passagen bei den Felsvorsprüngen befinden sich ziemlich nahe bei der Scharte. Der Bergsteiger kann sich also schon gleich zu Beginn ein Bild von den bevorstehenden Schwierigkeiten machen.

Technisch gesehen sind die heiklen Stellen nicht gerade schwierig (II. Grad). Wegen des sehr schlechten Gesteins und der Ausgesetztheit über dem Abgrund sind sie aber gefährlich.

Die Punta del Formenton vom Monte La Banca aus. Über das von links (von der Forcella della Banca di Valfredda) nach rechts ansteigende Schuttband führt die Aufstiegsroute.

Das Marmolata-Massiv

Es gehört nicht zu meinen Gewohnheiten, auf ein Gebirge Loblieder zu singen und es mit Phrasen zu preisen, wie sie in der mit Rhetorik überladenen alpinen Literatur immer wieder zu finden sind. Bei allem Vorsatz, immer bei der technischen Sprache ohne abschweifende Ausschmückungen zu bleiben, muß aber auch ich die Gültigkeit des Ausdruckes »Vollkommener Berg« anerkennen, mit dem die Marmolata seit langem ausgezeichnet wird.

Das Zentralmassiv der Gruppe, das die eigentliche Marmolata mit ihren beiden Gipfeln Punta Penia und Punta Rocca einschließt, ist wohl das Erhabenste und Schönste, was sich ein Alpinist und Bergwanderer wünschen kann.

Es scheint mir verlorene Zeit, hier nochmals auf die längst anerkannten Primate der Marmolata einzugehen; es sind dies ihre Lage im Mittelpunkt der Dolomiten; ihre alle Dolomitengipfel übertreffende Höhe und ihr Gletscher, der wegen seiner Ausdehnung und Schönheit Bewunderung erweckt. Diese Stichworte sollten allein schon genügen, um die Vorherrschaft der Marmolata unter den übrigen Dolomitengruppen zu legitimieren.

Mit ihrer leichten, unvergeßlich schönen Normalroute über den Gletscher ist die Marmolata der ideale Berg für jeden Touristen. Mit ihren klassischen Führen durch die Südwand und den anderen, extrem schwierigen Führen durch die monumentale Mauer, die zu den kühnsten der Alpen zählt, ist die Marmolata der großartige Berg für den Felsgeher und Alpinisten.

Seitdem eine moderne Seilbahn in wenigen Minuten Hunderte von Menschen auf das Gipfelplateau der Punta Rocca befördert, ist die Marmolata auch, viel mehr als früher, zum Berg der Skifahrer geworden. Die Errichtung dieser Bahn, die dem ganzjährigen Skibetrieb auf dem Gletscher zugute kommt, ist zumindest diskutabel. Sicherlich wird jeder zugeben müssen, daß durch diese Anlage das natürliche Aussehen und die Unversehrtheit dieses Berges einen tödlichen Stoß erhalten haben. Es geht hier absolut nicht darum, jede Einrichtung dieser Art zu verurteilen. Viele Aufstiegsanlagen sind nützlich und fördern den Tourismus; und sie helfen bei den oft langen Anmarschwegen zu den Gipfeln Zeit sparen. Leider hat man aber in letzter Zeit die Zügel aus der Hand gelassen, und nun spannen sich die Seile bis auf die Gipfel. Sie stören die natürliche Harmonie und jenen eigenen Zauber, der seit Jahrhunderten die höchsten und verborgensten Plätze der Dolomiten umgibt.

So habe ich auch für die Seilbahn der Malga Ciapela nur eine geringe Sympathie, wenngleich man anerkennen muß, daß durch sie auch jenen Menschen die einmalig schöne Rundsicht von der Marmolata zugänglich geworden ist, die früher davon ausgeschlossen waren.

Als Traumziel für Alpinisten und Hochtouristen hat das Zentralmassiv der Marmolata die Gipfel der übrigen interessanten Untergruppen seit eh und je in den Schatten gestellt. Die Marmolata selbst wirkt auf alle Besucher des Dolomitenraumes wie ein Magnet.

Die Geschichte der Marmolata ist auch ein Teil der Geschichte des Krieges und des Alpinismus. Im Ersten Weltkrieg war die Marmolata-Front einer der wichtigsten Abschnitte des südlichen Kriegsschauplatzes. Die Österreicher hatten auf dem Gletscher Stellung bezogen, die Italiener auf den Felskämmen der Serauta und der Ombretta. Es war ein unglaublicher Kampf, mehr gegen die Gefahren und Unbilden der Natur

Der Kleine Vernel, der Große Vernel und die Roda del Mulon, von Fedaja aus gesehen.

Das Zentralmassiv der Marmolata mit dem Gletscher und den beiden Vernelgipfeln gegenüber den begrünten Hängen des Padòn-Passes.

als gegen den Feind. Zu den vielen Episoden, die unvergessen bleiben, gehört das schreckliche Unglück in der Nacht zum 12. Dezember 1916, als vom Gipfel der Marmolata eine riesige Schneelawine herunterdonnerte und ein Barackenlager österreichischer Soldaten begrub. Über 300 Mann fanden dabei den Tod.

Die Österreicher bauten im Inneren des Gletschers eine unterirdische »Stadt« mit Unterständen, Verbindungsgängen und Wohnbaracken. Sie hielten die Frontlinie bis zum Rückzug der Italiener nach der Niederlage bei Caporetto. Die Alpini unternahmen wiederholt Eroberungsangriffe auf dem Kamm der Serauta und auf der Ombretta. Sie durchstiegen dabei mit Gewandtheit und Mut schwierige Grate und Wände.

Die österreichische Frontlinie verlief von der Mèsola-Spitze über den ganzen Gletscher zur Marmolatascharte, dann hinab nach Contrin und über den S.-Nicolò-Paß zu den Felsenkämmen der Costabella und der Monzoni. Die italienische Linie der Marmolatafront querte den Padòn- und den Fedaja-Paß, verlief über den Felsenkamm der Serauta (nach einer erfolgreichen militärischen Aktion) und über die Gratlinie der Ombretta-Spitzen, des Sasso Vernale, der Cime Cadine und des Ciadin bis zum Sasso di Costabel-

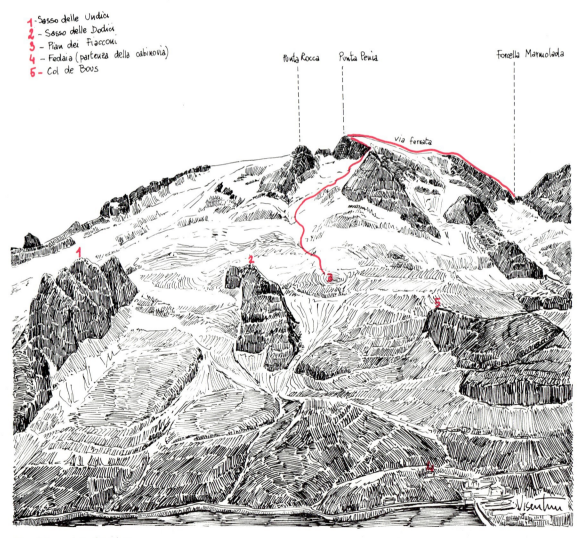

Der Marmolatagletscher.

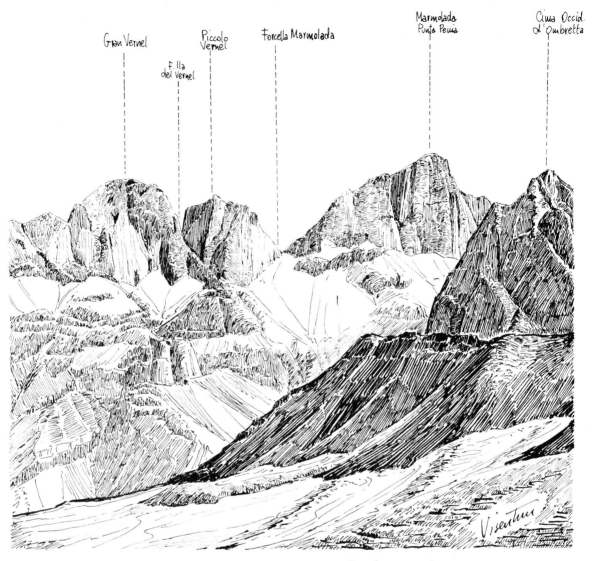

Das Zentralmassiv der Marmolata vom Kamm der Varos (S.-Nicolò-Paß) aus gesehen.

1a. In allen Abschnitten dieses langen Frontverlaufes sind heute noch Überreste jeder Art zu sehen, als Zeugen der unglaublichen Bedingungen, unter denen dieser Hochgebirgskrieg im Fels und Eis der Marmolatagruppe ausgetragen wurde.

Die Geschichte der Marmolata ist aber auch ein Teil der Geschichte des Alpinismus. Ohne auf dieses weitläufige Thema näher eingehen zu wollen, da sich berufenere Autoren (Piero Rossi, Bepi Pellegrinon) nach langer und sorgfältiger Forschung damit befaßt haben, sei hier nur kurz daran erinnert, daß die Marmolata mehr als jeder andere Dolomitengipfel an der Entwicklung des Alpinismus Anteil hatte. Der Berg übte schon in der Pionierzeit eine faszinierende Anziehungskraft aus. Einer der großen Pioniere, der Wiener Bergsteiger Paul Grohmann, betrat als Erster beide Gipfel — die Punta Penia am 28. September 1864 mit den Cortineser Bergführern Angelo und Fulgenzio Dimai und die Punta Rocca im Sommer 1862 mit dem Führer Pellegrino Pellegrini aus Rocca Piètore.

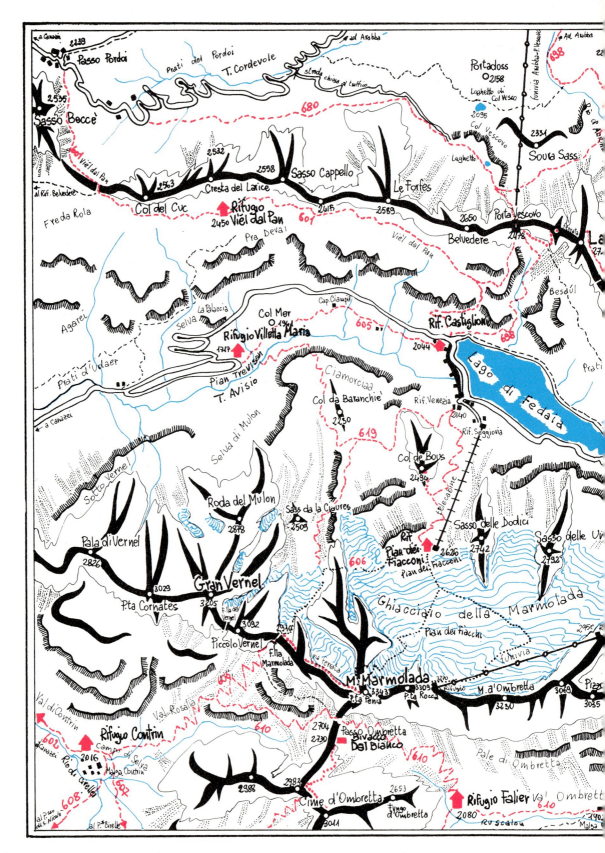

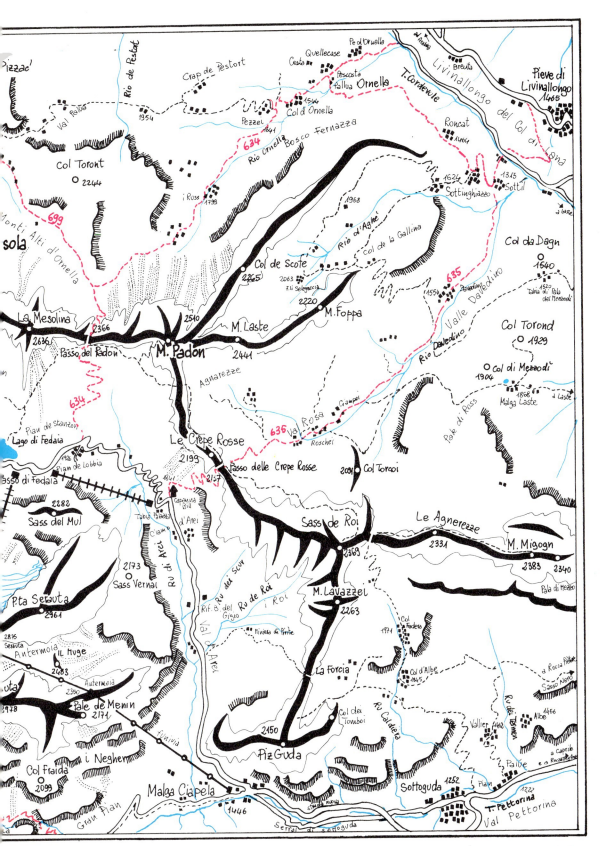

MASSICCIO DELLA MARMOLADA - CATENA DEL PADON

Seit damals haben viele der größten Alpinisten auf der eisbedeckten Nordseite und in der gigantischen Südwand ihr Können erprobt. Einige der extrem schwierigen Führen wurden erst in den sechziger und siebziger Jahren dieses Jahrhunderts erstmals durchstiegen. Ist im Rosengarten vom »Gartl« aus der Anblick der auf den Vajolettürmen kletternden Seilschaften für die Touristen bereits ein aufregendes Erlebnis, um wieviel mehr muß den Zuschauer die verwegene Kunst der extremen Kletterer in der riesigen Süd- und Südwestwand der Marmolata begeistern! Vom Ombretta-Paß, aber noch besser von der Cima Ombretta aus ist das aufregende Schauspiel der in dieser ungeheueren Wand kämpfenden und Meter um Meter voranrückenden Felsspezialisten oft zu beobachten.

Nun aber zur Beschreibung der Untergruppe:

Diese besteht in erster Linie aus zwei großen Hauptmassiven: dem Vernel und der Marmolata. Der Vernel ist ein kolossaler Felsbau, der trotz seiner Mächtigkeit kühne und elegante Linien zeigt. Sein Ansehen und seine Anziehungskraft werden aber durch die Nachbarschaft der »Königin Marmolata« überschattet. Als Felsgebilde hat der Vernel im ganzen Bereich der Dolomiten kaum seinesgleichen. Von den verschiedenen Seiten sticht am meisten die riesige Plattenwand auf seiner Südseite hervor, die über 1000 m tief abstürzt.

Das Massiv des Vernel hat alle typischen Eigenschaften des Hochgebirges. Abgesehen von seiner Schönheit dürfte jedoch den Bergwanderer an ihm nicht mehr vieles begeistern. Der Normalanstieg auf den Großen Vernel (Gran Vernel) ist zwar nicht schwierig (II. Grad), setzt aber die Durchsteigung der Eisrinne zur Forcella del Vernel voraus, einen Aufstieg, der wegen seiner Gefahren weit über die Grenzen des Bergwanderns hinausreicht. Dem Felsgeher und Kletterer bietet der Vernel hingegen sehr interessante und schwierige Führen, die aber nur selten begangen werden.

Die beiden wichtigsten Gipfel sind der Große Vernel (3205 m) und der Kleine Vernel (3009 m, Piccolo Vernel), der als einziger auch für durchschnittliche Hochtouristen geeignet ist. Auf der Nordseite steht die abgerundete, steilwandige Kuppe, die Roda del Mulon (2878 m) genannt wird.

Der Felsenkamm westlich des Großen Vernel mit den Spitzen Pala di Vernel (2826 m) und Punta Cornates (3029 m) bietet eine der schönsten alpinen Gratüberschreitungen in den Dolomiten.

Das Aussehen der Marmolata ist charakteristisch und allen bekannt — im Norden der ausgedehnte, abgeflachte Gletscher, im Süden die senkrechte, beeindruckend mächtige Wand (größte Höhe 830 Meter, Länge mehr als 4 Kilometer).

Die Gletscherseite ist breit und geneigt, mit steilen Eisflächen und sanften Mulden. Sie wird an manchen Stellen von tiefen Spalten und Brüchen durchzogen.

Drei Felskämme erheben sich wie steinerne Stränge aus dem Eis und teilen den Gletscher (von W) in drei Teile: in den Vernel-Gletscher, den zentralen Gletscher und den östlichen oder Serauta-Gletscher. Die genannten Felskämme gipfeln im Sasso delle Undici (2792 m) und Sasso delle Dodici (2742 m); der dritte ist der von der Punta Penia ausgehende Nordgrat.

Den Gipfelgrat krönen die beiden berühmten Spitzen, die Punta Penia (3343 m) und die Punta Rocca (3309 m). Ihre Namen beziehen sich auf die nächstgelegenen Talorte (Penia di Fassa und Rocca Pietore).

Auf seiner Ostseite teilt sich das Massiv in die markanten Felsenzüge des Piz Serauta (3035 m) und der Punta Serauta (2961 m). Sie schließen an zwei Seiten den schluchtartigen, öden Vallon d'Antermoia ein. Am Berührungspunkt der Felsenzüge öffnet sich die Forcella Serauta (2875 m), auf der eine der beiden Bergstationen der neuen Seilbahn steht.

Aussicht von der Schutzhütte Capanna Punta Penia (3343 m) in Richtung Monte La Banca, Formenton und Sasso di Valfredda.

Der anhaltende Rückgang des Gletschers hat eine breite Zone abgeschliffenen Felsgesteins freigegeben. Die Platten zeigen den charakteristischen, grauweißen »Marmolatakalk«, der mit seiner Neigung zur monumentalen Felsbildung für das ganze Felsmassiv und auch für die gigantische Südwand bestimmend ist.

Am Fuß der abgedachten Gletscherseite breiteten sich einst die wunderschönen Almweiden von Fedaja aus, die durch den Bau des Staudammes überflutet wurden.

Auch die Zufahrtsstraße von der Malga Ciapela zum Fedaja-Paß, die lange Zeit in Ruhe gelassen wurde, ist seit einigen Jahren asphaltiert, was für den Verkehr zwischen dem Pettorina- und dem Fassatal allerdings eine Erleichterung bedeutet.

Die Stützpunkte für den Besuch der Marmolata sind:
— die komfortablen Schutzhäuser auf Fedaja (Schutzhaus Castiglioni, 2045 m) usw.
— das Schutzhaus Pian dei Fiacconi (2626 m).
— die Malga Ciapela (1446 m, Ausgangspunkt der Seilbahn zur Punta Rocca).
— das Schutzhaus Contrin (2016 m) und das Schutzhaus Falier (2080 m) mit der Biwakschachtel Marco Dal Bianco auf dem Ombretta-Paß, für die Zugänge von Süden.

— **Marmolata di Penia (3343 m)**
a) Normalroute über den Gletscher.
Ungefähr 1½ Stunden — I. Grad — geeignete Ausrüstung (Pickel, Steigeisen, Seil, Schneegamaschen).
Vom Schutzhaus Pian dei Fiacconi (2626 m) auf gut erkennbarem und meist ausgetretenem Steig zum Beginn des Gletschers. Über den ersten, nicht steilen Hang hinauf zum „Pian dei Fiacchi", dem höher gelegenen Gletscherboden. Dann traversiert man mit Vorsicht eine von Spalten durchzogene Zone und geht auf die Gletschermulde zu, die zwischen dem felsigen Nordgrat der Punta Penia und der Punta Rocca herabzieht. Vor dem steilen Schlußhang zur Gratscharte verläßt man das Eis und tritt rechts auf die unschwierigen Schrofen über (I. Grad — rote Markierungszeichen). Über diese hinauf zum eisigen Grat der Punta Penia, „Schena del Mul" (Mulirücken) genannt. Nun geht es wiederum mit Steigeisen auf dem Grat gipfelwärts (die Steigspur ist gut, aber Vorsicht vor dem glatten Eishang rechts). Bald ist der breite Firnrücken mit der Schutzhütte und dem Gipfel der Marmolata di Penia erreicht.

b) Gesicherter Klettersteig über den Westgrat.
Ungefähr 4 Stunden — geeignete Ausrüstung erforderlich (Schutzhelm, Seilschlingen und Karabiner für den Westgrat; Pickel, Seil und Steigeisen für den Gletscher).
Bei normalen Verhältnissen ist die Tour nicht schwierig; gefährlich wird sie, wenn die Felsplatten am Grat vereist sind.
Vom Schutzhaus Contrin auf gutem Steig zur Marmolata-Scharte (2910 m, 2 Stunden). Dort beginnt der gesicherte Felsenweg, der mit einer endlosen Reihe von

Auf dem gesicherten Klettersteig über den Westgrat der Marmolata di Penia.

19 Marmolata di Penia (3343 m)
Auf dem »Eisenweg« (»via ferrata«) über den Westgrat

Ausgangspunkt: Marmolatascharte (2910 m).
Gehzeit: ungefähr 2 Stunden (vom Schutzhaus Contrin insgesamt ungefähr 4 Stunden).
Nächste Schutzhütte: Nahe beim Gipfel steht eine kleine, einfach bewirtschaftete Hütte, die auch für die Nacht Unterkunft gewährt (Matratzenlager). Die Hütte ist jedoch nicht immer geöffnet.
Bemerkungen: Technisch gesehen ist der „Eisenweg" über den Marmolata-Westgrat nicht schwierig. Anstrengender und im Vergleich dazu schwieriger sind z. B. die Klettersteige der Mèsola im Padòn-Kamm und des Collac, bei denen man an einigen Stellen schon die Grundelemente der Klettertechnik beherrschen muß. Auf dem Westgrat sind die ausgesetzten und schwierigen Stellen ohne Unterbrechung mit Drahtseilen und Eisenstufen versichert, so daß man wie auf einer endlosen Reihe von Stufen und Leitern emporsteigen kann.

Die Tour ist aber trotz der geringen technischen Hindernisse keineswegs zu unterschätzen. Die große Höhe (von 2900 auf 3343 m), die Nähe des Gletschers, die Exponiertheit der Südwestseite und einige plattige Felspartien auf dem Grat spielen während der Besteigung gefährlich mit.

Auf der Marmolata muß man außerdem mit einem Wetterumschlag rechnen. Bei Gewitter ist der Eisenweg ausgesprochen gefährlich. Schneefall und Eisbildung sind ebenfalls möglich. Der Aufstieg über die vereisten Felsplatten und Stufen wird dann zu einem riskanten Unternehmen.

Die Tour ist jedenfalls nur für erfahrene Bergwanderer geeignet. Unter den verschiedenen Aufstiegsrouten zum Gipfel der Marmolata wird der „Eisenweg" über den Westgrat der Punta Penia von den Hochtouristen weitaus bevorzugt, aber doch nicht gerade von allen, denn die eben erwähnten Gefahren schrecken doch manche ab. Der Klettersteig stellt größere Anforderungen als andere Routen. Touristen mit geringer Bergerfahrung bleiben hierdurch ausgeschlossen.

Der Westgrat bildet zusammen mit dem Normalweg über den Gletscher die beste Überschreitungsmöglichkeit dieses Gipfels, der sich sonst nur über äußerst schwierige Führen durch Fels und Eis von Bergspezialisten erreichen läßt.

Der Aufstieg von der Marmolatascharte über den »Eisenweg« und der anschließende Abstieg über den Gletscher ergeben demnach eine der schönsten und berühmtesten Gipfelüberschreitungen in den Dolomiten. Der Westgrat ist außerdem verschwenderisch reich an atemberaubenden Tief- und Fernblicken und vollzieht sich in einer Umwelt voller Erhabenheit und Größe. Die erregende Vision der unheimlich steilen Südwestwand und das Bild des leuchtend weißen Gletschers ergeben einen einmaligen Kontrast, wie man ihn in diesem Ausmaß auf keinem anderen Berg der Dolomiten erleben kann.

Die Sicherung des Marmolata-Westgrates begann bereits am Beginn dieses Jahrhunderts (1903). Einige künstlich angelegte Kavernen in der Nähe der Scharte lassen erkennen, daß der damalige gesicherte Weg von den Soldaten der österreichischen Stellungen auf dem Gletscher im Ersten Weltkrieg benützt worden ist.

Seit jener Zeit wird der Felsenweg von den Fassaner Bergführern immer wieder verbessert und an beschädigten Stellen erneuert. Gegenwärtig ist er in einem ausgezeichneten Zustand. Man stößt nur selten auf einen nicht festsitzenden Eisenstift oder Tritt (Sommer 1979). Trifft man auf eine solche Stelle, dann ist es ratsam, die Verlässlichkeit des Behelfs genau zu überprüfen, bevor man ihm das volle Gewicht anvertraut.

Empfehlenswert ist es auch, die Wetterlage zu beachten und sich beim Hüttenwirt des Schutzhauses Contrin nach dem Zustand der Route zu erkundigen. Der Grat selbst kann teilweise vereist, und die Felsplatten können von einer dünnen Eisschicht überzogen sein. In einer solchen Lage werden die Schwierigkeiten während des Aufstiegs natürlich erheblich größer.

Bei normalen Wetter- und Temperaturverhältnissen mit Sonnenschein ist die Führe »leicht«, auch wenn sie exponiert ist und große Höhen berührt.

Eisenstufen und Leitern über den steilen, plattigen Fels des Westgrates emporführt. Zum Schluß ein kurzes Stück über harten Firn (kräftige Trittspur) zum Gipfel. Genauere Beschreibung auf S. 188.

— Marmolata di Rocca (3309 m)
½ Stunde — leicht.

Von der oberen Bergstation der Seilbahn überquert man das breite Firnfeld und erreicht über ein kurzes, schmales Gratstück (Vorsicht) die unschwierigen Gipfelfelsen der Punta di Rocca.

— Kleiner Vernel (3092 m)
40 Minuten — eine anspruchsvolle Stelle (unterer II. Grad), dann leicht.

Von der Marmolata-Scharte aus umgeht man die Felsabstürze der Südseite (Contrin zu) und erreicht mit einigen Schwierigkeiten den Nordostgrat des Kleinen Vernel. Über die breiten, abgedachten Felsplatten ohne Gefahr aufwärts und über Geröll und Schrofen, einige Meter rechts von der Gratlinie (doch immer sehr nahe bei dieser) bleibend, gelangt man bald zur Spitze.

Vier Ausschnitte des Felsenweges über den Marmolata-Westgrat.

Weitaus die Mehrheit der Bergsteiger bricht schon im Morgengrauen oder zumindest sehr früh (zwischen 4 und 6 Uhr) auf und beginnt die Tour nach einer Übernachtung im komfortablen Schutzhaus Contrin. Die meisten treffen dort schon am Nachmittag des Vortages ein.

Der Aufstieg dauert rund 4 Stunden; für den Abstieg zur Bergstation des Lifts Fedaja-Pian dei Fiacconi benötigt man rund 2 Stunden.

Bis Anfang Juli liegt im oberen Teil der Rinne zur Marmolatascharte meist viel Schnee, wodurch der Zugang zur Scharte stark erschwert wird. Die beste Zeit für die Tour ist Anfang Juli bis Mitte September.

Entsprechende Ausrüstung ist unerläßlich: Klettergürtel, 2 Karabiner, Seil, Pickel, Steigeisen und Schutzhelm.

— Vom Schutzhaus Contrin auf Steig Nr. 606 in Richtung Rosalia-Tal. Über Grasflächen, an Felsblöcken und an der Abzweigung des Steiges Nr. 607 zum Cirelle-Paß (Wegweiser) vorbei geht man auf den steilen Talschluß zu. Der Hang gleicht einer riesigen Böschung vor den noch entfernten Wänden des Vernel und der Marmolata.

Nach Überquerung eines Baches führt der Steig in Windungen über den Hang hinauf bis zu einer Weggabelung am Sockel eines großen Felsens. Rechts geht es zum Ombretta-Paß (Wegweiser) und links in mühsamen Kehren hinauf über die letzten Grasrampen zum Rand der herabziehenden Geröllströme.

Man erreicht den von den mächtigen Wänden des Vernel und der Marmolata umstandenen Kessel unterhalb der Marmolatascharte, aus dem der Steig direkt durch das Schuttkar emporzieht. Weiter oben wendet er sich nach links und kehrt dann am Fuß der hohen, gelben Wand des Kleinen Vernel wieder in die steile Rinne zurück. Ein Stück unterhalb der Scharte wird in der nun sehr engen Rinne meist eine Pause eingeschaltet, um sich zu stärken und die für den Felsensteig notwendigen Ausrüstungsstücke anzulegen (Klettergürtel, Seilschlingen, Karabiner und Schutzhelm).

Die letzten 20—30 m der Rinne sind häufig mit Schnee und Eis bedeckt, der oberste Teil der Rinne ist dies oft noch bis in den August hinein. Mit Hilfe der ersten Eisenstifte wird rechts eine kurze Felsstufe überwunden, dann traversiert man nach links (erstes der vier Bilder auf Seite 189) und erreicht endlich die Marmolatascharte (2910 m) auf der man für gewöhnlich den ersten Sonnenstrahlen begegnet (2 Stunden vom Schutzhaus Contrin).

Auf dem Firnfeld am Ende des langen Felsenweges über den Westgrat.

Von der Scharte beginnt rechts der Aufstieg über den Felsgrat, der an allen steilen Stellen mit Eisenstufen und einem sichernden Drahtseil versehen ist. Weiter oben folgt ein Schotterhang mit schönem Blick auf den Vernel-Gletscher, über den die Steigspur von Fedaja heraufzieht. Dann biegt die Route nach rechts und kommt näher an den Rand der Gratschneide heran, von der aus sich mehrmals faszinierende Ausblicke auf die gewaltige Südwestwand eröffnen. Immer der Gratlinie folgend wendet sich der Felsensteig mit einer langen Reihe von Eisenstufen wieder nach links und überwindet steile und ausgesetzte Felsplatten. Am Ende dieser gewaltigen Platten kommt man wieder nahe an die Gratschneide heran und erblickt plötzlich wiederum staunend weitere Teile der ungeheuren Wandflucht und tief unten den Ombretta-Paß.

Der Aufstiegsweg wird immer wieder von fixen Halteseilen und Eisenstufen gekennzeichnet. Ganz oben passiert man einen Grateinschnitt und betritt endlich das Firnfeld des Gipfels (Bild auf Seite 190). Auf leichter, meist gut ausgetretener Spur gelangt man über den mäßig geneigten Firnhang zur Spitze und zur Capanna Punta Penia (2 Stunden von der Marmolatascharte — ungefähr 4 Stunden vom Schutzhaus Contrin).

1- Passo Ombretta
2- Forcella Marmolada

Der Marmolata-Westgrat mit der eingezeichneten Route des gesicherten Felsenweges.

Eindrucksvolle Ansicht des Westgrates mit dem Felsenweg zum Gipfel der Marmolata.

20 Marmolata di Penia (3343 m)
Normalanstieg über den Gletscher

Ausgangspunkt: Schutzhaus Pian dei Fiacconi (2626 m).

Gehzeit: ungefähr 1¾ Stunden.

Nächste Schutzhütte: Schutzhütte Pian dei Fiacconi (Bergstation des Lifts Fedaja-Pian dei Fiacconi, 2626 m).
Nahe beim Gipfel steht eine kleine Schutzhütte, die jedoch nicht immer geöffnet ist. Außer Verpflegung bietet sie im gegebenen Fall auch Nachtquartier (Matratzenlager, nur für wenige Personen).

Bemerkungen: Besteigung mit durchschnittlich I. Schwierigkeitsgrad.
Es gibt zwar keine technisch schwierigen Stellen, doch muß man bei der Durchquerung einer spaltenreichen Gletscherzone sowie beim Aufstieg über den Felsgrat und die daran anschließende Schneide „Schena del Mul" wegen ihres steil abfallenden Eishanges (N) große Vorsicht walten lassen.
Seil, Pickel, Steigeisen und Schneegamaschen sind erforderlich.
Nur für erfahrene Bergsteiger.

Während die natürliche Unversehrtheit der Marmolata durch den Bau der Seilbahn Malga Ciapela einen schweren Schlag erlitten hat, ist die Seite des Gletschers mit der Route des Normalanstieges weiterhin echt alpin geblieben.

Jeden Sommer ist diese klassische Route das Ziel zahlreicher Hochtouristen aus aller Welt, die von dem wunderbaren Erlebnis des Aufstieges über den schönen und einzigen großen Gletscher der Dolomiten angezogen werden. An sonnigen Tagen folgt eine Gruppe der anderen, und an den beiden Stellen, bei denen die Steigeisen abgenommen und wiederum angeschnallt werden müssen, nämlich am Beginn und am Ende des felsigen Teiles, kommt es dann zu regelrechten Stauungen.

Zu denen, die den Gipfel über die Normalroute besuchen, kommen beim Abstieg noch die Beger des Westgrates hinzu, denn fast immer wollen diese die Überschreitung von einer Seite des Berges zur anderen ausführen.

Die schmale Kammschneide „Schena del Mul" (Maultierrücken) knapp unterhalb der Punta Penia.

Der Normalanstieg folgt der Route, die Paul Grohmann 1864 bei der Ersteigung des Gipfels zurückgelegt hat.

Ein gutes Training und ein gewisses Maß an Bergerfahrung auf Schnee und Eis sind erforderlich, und ebenso eine geeignete Ausrüstung mit Seil (das zwar nicht immer gebraucht wird, doch im gegebenen Fall wertvoll sein kann), Pickel, Steigeisen, Sonnenbrille und Schneegamaschen.

Die Steigspur über den Gletscher und den Nordgrat ist gut erkennbar und meist stark ausgetreten. Beim Rückweg von der Hütte oder vom Kreuz ist darauf zu achten, daß man wieder zur Gipfelkuppe aufsteigen muß, um den Abstieg über den »Schena del Mul« richtig zu beginnen.

— Von Fedaja zum Pian dei Fiacconi (2626 m) am unteren Rand des Marmolatagletschers. Meist wird hiefür die Liftanlage benützt, da der Aufstieg sehr eintönig ist und der Steig mehr oder weniger der Trasse des Lifts folgt (2 Stunden Gehzeit).
Vom Schutzhaus Pian dei Fiacconi zum Gletscherrand und auf gut sichtbarer und von den vielen Begehern stark ausgetretenen Spur über den Gletscher. Mäßig aufsteigend nimmt man Richtung auf das Gletschertal zwischen dem felsigen Nordgrat der Marmolata di Penia und dem Felsrücken, der von der Punta Rocca herabzieht. Über Spalten und einen steilen Hang mit schönem Gletscherbruch (Vorsicht) kommt man zur Mulde, die „Pian dei Fiacchi" genannt wird.

Rechts haltend und wiederum Spalten querend nähert man sich dem felsigen Nordgrat. Vor dem steilen Schlußhang zur Scharte zwischen den beiden Marmolata-Gipfeln verläßt man das Eis und tritt nach rechts auf die unschwierigen Schrofen über.

Die Steigeisen werden hier abgenommen. Über leichten Fels (I. Grad) und über Schrofen (einige rote Markierungszeichen) erreicht man den höchsten Punkt des Nordgrates der Marmolata di Penia (Pian dei Céceni). Hier werden die Steigeisen wiederum angeschnallt. Der Aufstieg folgt nun der Kammschneide („Schena del Mul"), die wegen des gefährlichen Abgrundes auf der vereisten Nordseite mit Vorsicht zu begehen ist.

Weiter oben geht der Kamm in den breiten Firnrücken und in das Gipfelplateau über, hinter der, wenige Meter südlich, die Capanna Punta Penia liegt.

21 Marmolata di Rocca (3309 m)
Mit der modernen Seilbahn von Malga Ciapela aus

Ausgangspunkt: Die obere Bergstation der Seilbahn Malga Ciapela-Marmolata (3270 m).

Gehzeit: Knapp 30 Minuten.

Nächste Schutzhütte: Bergstation der Seilbahn.

Bemerkungen: Leicht. Obwohl der Felsgrat kurz ist, soll man aber richtig ausgerüstet sein (mit Seil, Pickel und Steigeisen).

Bis vor wenigen Jahren bestieg man die Punta Rocca auf der Normalroute über die Nordseite, die zur Zeit der Ersteigung Paul Grohmann und die übrigen Pioniere des Alpinismus gefunden hatten.
Der Aufstieg war leicht und sehr schön. Er führte ebenso wie die Route zur Punta Penia ausschließlich über den Gletscher und stellte in den Dolomiten eine Einmaligkeit dar.
Vom Pian dei Fiacconi (2626 m) stieg man in rund 2 Stunden in einer weiten Schleife zum oberen Plateau des Gletschers hinauf und anschließend über leichtes Geschröfe zum Gipfel der Punta Rocca.
Heute ist dieser lange Weg überflüssig geworden, die moderne Seilbahn von Malga Ciapela aus hat ihn abgelöst. Was kann diese leichte Route bei den Alpinisten schon für ein Interesse erwecken, wenn sie im oberen Teil das ganze Jahr über von Skipisten durchquert wird? Das einstige Reich der Bergwanderer ist zum Reich der Skifahrer geworden, die an den Seilbahnstationen häufig zu Hunderten Schlange stehen. Weitere Hunderte von Touristen werden auf die einmalig schöne Aussichtswarte der Punta Rocca be-

fördert, wo sie nach einem kurzen Aufenthalt wieder von der Seilbahn aufgesogen und ins Tal hinab geschleust werden.

Die Meinungen gehen auseinander; es gibt solche, die diese moderne Anlage gutheißen und solche, die daran kritisieren. Ich stehe ohne den leisesten Zweifel auf der Seite derer, die sie ablehnen.

Damit soll aber keineswegs gesagt sein, daß die Punta Rocca zu meiden wäre. Ihr Besuch ist immer gleich befriedigend und zählt zu den »Pflichtetappen« für jeden Hochtouristen in den Dolomiten.

Wer die Berge wirklich liebt, wird aber nicht ohne Bitterkeit ins Tal zurückkehren. In Erinnerung an das behutsame, genußreiche Aufsteigen mit Pickel und Steigeisen von Pian dei Fiacconi über den Gletscher wird er das neue »Marmolata-Erlebnis« mit der Suche nach einem Parkplatz, dem Schlangestehen bei der Seilbahn, den Aufzügen, dem Self Service und dem nochmaligen Schlangestehen für lange Zeit nicht vergessen.

— Von Malga Ciapela (1446 m) schwingt sich die Seilbahn in drei Teilstrecken zum Firnfeld der Punta Rocca empor. Die erste Strecke führt zur Umsteigestation Antermoia (2350 m), die zweite zur Umsteigestation Serauta (2950 m, mit Skilifts und Pisten für Winter und Sommer) und die dritte von Serauta zur Marmolata di Rocca (3270 m). An schönen Sommertagen muß man damit rechnen, daß wegen des starken Andranges die ganze Reise von Malga Ciapela bis zur Punta Rocca mehr als eine Stunde dauert.

Von der oberen Bergstation in 3270 m Höhe geht man über das breite Firnplateau zum Westgrat der Punta Rocca und begeht diesen auf ausgetretener Spur. Vorsicht ist geboten, da auf der einen Seite der Gletscher steil abfällt und auf der anderen die Südwand 800 m in die Tiefe stürzt. Eine Tafel warnt davor, den Schneewächten nicht zu nahe zu kommen. Die Schlußfelsen sind ebenfalls unschwierig. Der ganze Aufstieg von der Seilbahnstation zum Gipfel der Punta Rocca (3309 m) beansprucht rund 30 Minuten.

22 Kleiner Vernel (3092 m)

Ausgangspunkt: Marmolatascharte (2910 m).

Gehzeit: Ungefähr 40 Minuten.
 Zugang zur Marmolatascharte:
  — vom Schutzhaus Contrin, 2¼ Stunden
  — vom Ombretta-Paß, 40 Minuten
  — vom Pian dei Fiacconi, 2 Stunden.

Nächste Schutzhütte: Contrin-Haus (2016 m).

Bemerkungen: I. Grad, mit einem kurzen Stück zu Beginn, das den I. Grad überschreitet.
 Nur für Touristen mit Bergerfahrung.

Der Kleine Vernel erhebt sich zwischen der Marmolatascharte (O) und dem Vernel (W). Er ist weniger auffallend als seine gigantischen Nachbarn (die Marmolata di Penia und der Große Vernel), zeigt jedoch gegen Süden (Contrin) einen respektablen Bau. Eine senkrecht abstürzende, gelbe Wand, deren kühner Schwung und deren Mächtigkeit während des Aufstieges zur Marmolatascharte viel bewundert werden, beherrscht diese Seite.

Die Besteigung des Vernel kann als eine Alternative zum stark begangenen Klettersteig über den Westgrat betrachtet werden. Gut trainierte und leistungsfähige Hochtouristen können beide Besteigungen an einem Tag ausführen; Voraussetzung hierfür ist, daß das Wetter schön bleibt und daß man in der Lage ist, mehrere Stunden lang in nicht gerade schwierigem, doch immerhin nicht zu unterschätzendem Fels steigen bzw. klettern zu können.

Normalerweise werden die beiden Touren separat unternommen, obwohl der Ausgangspunkt (die Marmolatascharte) für beide derselbe ist. Der

Das erste Teilstück zur Umsteigestation Antermoia der Seilbahn Malga Ciapela—Punta di Rocca.

Hauptgrund hiefür liegt in der großen Höhe von über 3000 m, in der der gesicherte Marmolata-Steig verläuft, und in der Gefahr einer plötzlichen Wetterverschlechterung, die den erfahrenen Bergsteiger zu einer gewissen Eile und Vorsicht ermahnt. Eine zweite Besteigung am selben Tag einzuschalten, erscheint deshalb nicht ratsam, und der Kleine Vernel wird somit in der Regel übergangen. Der Aufstieg zur Marmolatascharte ist zudem sehr langwierig und kräftezehrend.

Der Besuch des Kleinen Vernel ist jedoch eine der schönsten Gipfeltouren in der Gruppe. Er erfordert nicht viel Zeit (von der Scharte aus ungefähr 1½ Stunde für Aufstieg und Abstieg) und die Monotonie des Geländes mit viel Platten, Schutt und Geröll wird vom wunderbaren Gipfelpanorama und dem großartigen Bild des Marmolata-Westgrates und der Südwestwand reichlich aufgewogen.

Der Weg zum Gipfel führt durch eine einsame und gerade deswegen anziehende Felslandschaft. Da kaum ein Bergsteiger Lust haben dürfte, den langen und mühsamen Aufstieg vom Contrinhaus zur Marmolatascharte in einem Sommer zweimal auf sich zu nehmen, sei hier der Rat gegeben, zur Besteigung des Kleinen Vernel von Pian dei Fiacconi aus über den Gletscher zur Scharte zu gehen (Vernel-Gletscher — 2 Gehstunden — Pickel und Steigeisen).

Die Tour ist nur für bergerfahrene Hochtouristen geeignet, da — wie bereits erwähnt — vor dem Beginn des an sich leichten Aufstieges über den Vernel-Grat ein kurzes Stück mit dem I. und II. Schwierigkeitsgrad zu überwinden ist. Um zum Grat zu gelangen, muß man nämlich von der Marmolatascharte die südlichen Wandabstürze mit ausgesetzten und heiklen Passagen im brüchigen Gestein umgehen.

— Vom Pian dei Fiacconi (2626 m) traversiert man über Gletschereis und Schneefelder hinauf zum Einschnitt des Nordwestgrates, steigt dann zum östlichen Marmolatagletscher ab, der Vedretta del Vernel genannt wird. Auf der meist gut ausgetretenen Spur aufsteigend quert man nach rechts (Vorsicht bei den Spalten in der Nähe der Felsen) und gelangt nach ungefähr zwei Stunden zur Marmolatascharte (2910 m). Die Route ist leicht, sollte jedoch nicht ohne Pickel und Steigeisen begangen werden (vom Schutzhaus Contrin in ungefähr 2 Stunden auf Steig Nr. 606 durch das Val Rosalia).

Von der Marmolatascharte umgeht man die rechtsstehenden Felsabstürze auf der dem Rosalia-Tal zugewandten Seite (S). Dieses kurze Teilstück ist nicht gerade leicht (I. und II. Grad). Da es aber am Beginn der Führe liegt und das einzige heikle Stück darstellt, kann sich der Hochtourist noch rechtzeitig entscheiden, ob er die Besteigung fortsetzen will oder nicht. Im letzteren Fall ist auch die Traversierung vom Pian dei Fiacconi zum Contrin-Haus allein schon eine wunderschöne, interessante Tour.

Hat man die brüchigen Felspartien umgangen, stößt man auf den eigentlichen Grat. Die ganze Flanke des Kleinen Vernel gegen Nordosten hin ist abgeflacht. Über plattigen Fels, kleine Schneeflecken und Schotterhänge geht man wenige Meter rechts von der Schneide aufwärts bis hinauf zur Spitze.

Der Rückweg führt wiederum zur Scharte und in der Regel auf der vorher nicht begangenen Route durch das Rosalia-Tal hinab nach Contrin. Man vervollständigt damit die prachtvolle Überschreitung des Gletschers mit Einschluß des Kleinen Vernel.

Will man über das Rosalia-Tal zur Marmolatascharte aufsteigen, dann empfiehlt es sich, im Schutzhaus Contrin zu übernachten. Wie bei der Besteigung des Marmolatagipfels, sollte auch in diesem Fall schon sehr früh am Morgen aufgebrochen werden.

Der Große und der Kleine Vernel von der Cima delle Vallate aus gesehen.

Die Padón-Kette

Der Name dieser Untergruppe stammt von einem ihrer wichtigsten, jedoch nicht vom höchsten ihrer Berge.

Der Abschnitt des Padòn ist ein langgestreckter, von Westen nach Osten ziehender Kamm, der zwar niedriger und weniger eindrucksvoll als der zentrale und der südliche Teil der Marmolatagruppe ist, sich aber dessenungeachtet eines regen Interesses erfreut. In erster Linie wegen des unwahrscheinlich schönen Panoramabildes des gesamten Marmolatagletschers, der genau gegenüber liegt, nicht weniger aber auch wegen der vielen, erholsamen und stillen Wanderrouten, die sich über sanft geneigte Wiesenhänge und Bergkämme hinziehen. Die grünen Teppiche ruhen auf einem vulkanischen Unterbau, der mit einzelnen Felsgruppen (Mèsola) dunkler Färbung in Erscheinung tritt. Gegensatz dazu ist der helle Marmolatakalk, aus dem der Hauptteil der Gruppe gebildet ist. Kalkgestein ist in dieser Untergruppe lediglich im Sass Beccè und im Piz Guda anzutreffen, die — dem Charakter ihres Baumaterials entsprechend — die einzigen Erhebungen mit hohen Felswänden sind.

Die Morphologie der Kette, besonders was ihre seitlichen Flanken betrifft, ist je nach deren Richtung stark verschieden. Steil und kurz sind die Hänge gegen Süden zum Avisio-Tal, zum Fedaja-Paß und zum d'Arei-Tal hin. Mäßig geneigt ist die Abdachung gegen Norden, mit sanften Rücken und malerischen Tälchen, die ins breite Cordevole-Tal münden.

Das Gebiet ist weitläufig und für Wanderungen hervorragend geeignet. Überraschend schön ist die Begehung der langen Kammschneide und die Überquerung der Kette auf den bequemen, nicht hohen Übergängen des Padòn und der Crepe Rosse.

Zu diesen Routen, die sich hauptsächlich auf das Netz der markierten Wanderwege stützen, kommen noch einige weniger bekannte Übergänge in der Zone des Sass de Roi hinzu deren Steige jedoch auf längeren Teilstrecken vernachlässigt sind. Die Gegend ist seit vielen Jahren vereinsamt und wird auch von den Talbewohnern nur mehr wenig besucht, die früher zur Heuernte auf die Almen kamen. Zahlreiche Heuhütten, die offensichtlich dem Verfall überlassen sind, erinnern an diese bergwirtschaftliche Arbeit.

Die Einsamkeit der Untergruppe wird durch zwei Wanderrouten unterbrochen, die zu den »klassischen« gehören. Eine davon ist die bequeme und aussichtsreiche Route des »Viel dal Pan« (Bindelweg) vom Pordoijoch nach Fedaja. Sie folgt einem historisch bedeutsamen Weg, auf dem in fernen Zeiten die Ladiner ihre Waren von einem Tal ins andere brachten. Die andere betrifft den neuen Klettersteig »Via ferrata delle Trincee« (Eisenweg der Schützengräben) zum Gipfel der Mésola, einen Felsenweg von größtem alpinistischem und landschaftlichem Interesse. Es ist dies die einzige etwas schwierige Route; alle übrigen Anstiegswege zu den Gipfeln der Kette sind sehr leicht oder zumindest leicht.

Für die Klettersportler bieten einige Felswände des Sass Beccè in der Nähe des Pordoijoches kühne, genußreiche Führen.

Der Weltkrieg 1915—18 hat auch in diesem Teil der Marmolatagruppe deutliche Spuren hinterlassen. Die Österreicher hatten sich in den Felsen der Mésola eingenistet, und die italienischen Alpini hatten auf dem welligen Rücken des Padòn und rings um die Mesolina ihre Stellungen gegraben. Während des Aufstieges auf die Mésola zum Padòn-Paß und zum Sass de Roi begegnet man zahlreichen Unterständen und Laufgräben. Die Bezeichnung »Eisenweg der Schützengräben« stammt daher.

Durch die Schaffung neuer technischer Anlagen, unter denen die Seilbahn von Arabba zur Porta Vescovo an erster Stelle steht, hat die mit Aufstiegshilfen bereits gut ausgestattete Zone einschließlich Pordoi ihren Ruf als erstklassiges Wintersportgebiet noch weiter gefestigt.

Die Padòn-Kette erstreckt sich zwischen dem Cordevole-Tal (N), dem oberen Avisio-Tal und dem Pettorina-Tal (S). Sie wird von der Straßenrunde Pordoijoch—Livinallongo—Rocca Pietore—Fedaja—Canazei umschlossen. Die Kette beginnt beim Pordoijoch und schließt den aus Kalk gebauten Sass Beccè bereits ein.

Nach einem breiten, grasigen Rücken steigt der lange, grüne Gebirgszug leicht an. In Abständen zeigen sich Felsgebilde aus schwarzem vulkanischem Gestein. Die wichtigsten Erhebungen von Westen nach Osten sind: der Col del Cuc, (2563 m), die Cresta del Larice (2532 m), der Sasso Cappello (2558 m), die Forbici (Le Forbes) (2589 m) und der Belvedere (2650 m). Dieser Teil der Kette wird auf der Südseite ein paar Dutzend Meter unterhalb der Kammschneide vom »Viel dal Pan« durchzogen. Ein anderer Steig, der zwar markiert ist aber nur wenig begangen wird, folgt genau der Kammlinie und berührt fast alle Gipfel, die im Grunde genommen nur höhere Quoten des grünen Kammes sind und eine entsprechend geringe Bedeutung haben.

Zwischen dem Belvedere (W) und dem felsigen Vorbau der Mesola öffnet sich der breite Sattel der Porta Vescovo (2478m), auf dem die Bergstation der von Arabba ausgehenden Seilbahn liegt.

Östlich dieses Sattels beginnt der felsige Kamm der Mèsola, auf die in einiger Entfernung die Mesolina folgt. Es sind dies die beiden auffallendsten und höchsten Gipfel, mit zerklüfteten Graten, dunkel gefärbten Wänden, spitzen Türmen und eigenartigen Felsgebilden, die für das Eruptivgestein charakteristisch sind.

Die Mèsola (2727 m) kann auf der Route des alten Normalanstieges leicht bestiegen werden. Der neue, gesicherte Klettersteig zum Gipfel zählt zu den anspruchsvollsten Felsenwegen der ganzen Marmolatagruppe.

Ostwärts der Mèsola geht der Kamm gleichmäßig und etwas niedriger weiter, wird aber bald durch neue Felszacken und Grate belebt, die in der Mesolina (2636 m) ihren höchsten Punkt erreichen. Ein neuer versicherter Klettersteig ist hier als Fortsetzung des Klettersteiges der Mèsola in Vorbereitung.

Auf der Nordseite des Gebirgszuges breiten sich in diesem Abschnitt tiefer liegende Weideflächen aus, Piani di Ornella oder Monti Alti di Ornella genannt. Diese weitgezogene Grünterrassen senken sich als schöne Alm- und Wiesenlandschaft zu den waldbedeckten Berghängen des Livinallongo- und des Cordevole-Tales hinab.

Zwischen der Mesolina und dem östlich davon liegenden Monte Padòn öffnet sich der Passo del Padòn (2366 m), ein bequemer Übergang vom Pian D'Arei (Capanna Bill) nach Arabba oder ins d'Ornella-Tal.

Der Monte Padòn (2510 m), auf der Südseite mit welligen Grünhängen bekleidet, setzt sich ostwärts mit einem Nebenkamm fort, der den Monte Laste (2441 m) und den Monte Foppa (2220 m) trägt. Südlich des Monte Padòn geht die Hauptkette mit den Almflächen und buckeligen Grashängen der Crepe Rosse (2199 m) weiter, die steil und teilweise felsig ins Val d'Arei hinabziehen.

Es folgt ein weiterer bequemer Sattel, der Passo delle Crepe Rosse (2137 m), über den ein markierter Steig das Val d'Arei mit den Tälern Davedino und Cordevole verbindet.

Weiter im Osten folgt die massige, spärlich bewachsene Kuppe des Sass de Roi (2369 Meter), eine perfekte Aussichtswarte, von der aus ein interessanter Ausschnitt der Marmolata di Serauta und die gesamte Runde der Untergruppe zu sehen sind.

Die Mésola, aufgenommen vom Wanderweg „Viel dal Pan" (Bindelweg) aus.

Vom Sass de Roi trennen sich wiederum zwei Kämme: zunächst ein kurzer in Richtung Süden, der nach einer breiten Einsenkung zur Graskuppe des Monte Lavazei (2263 m) ansteigt und dann mit einem langen, niedrigen Grat zum Piz Guda (2150 m) führt, dessen felsige Südseite direkt zur Mulde der Malga Ciapela abstürzt.

Der andere Kamm zieht als sanfter Grasrücken mit abgelegenen, einsamen Almweiden (le Agnerezze) in Richtung Osten. Seine letzte Erhebung ist der Monte Migogn (2383 Meter), dessen ausladende Hänge zum Pettorina-Tal und in der Zone von Laste zum Cordevole-Tal absinken.

Einzige Stützpunkte — wenn man von den Weilern in den Seitentälern absieht — sind die Schutzhütte Viel dal Pan (2450 m) in der Nähe des Sasso Cappello, die Bergstation der Seilbahn Porta Vescovo (2478 m) und das Schutzhaus Castiglioni am Fedaja-See (2044 m).

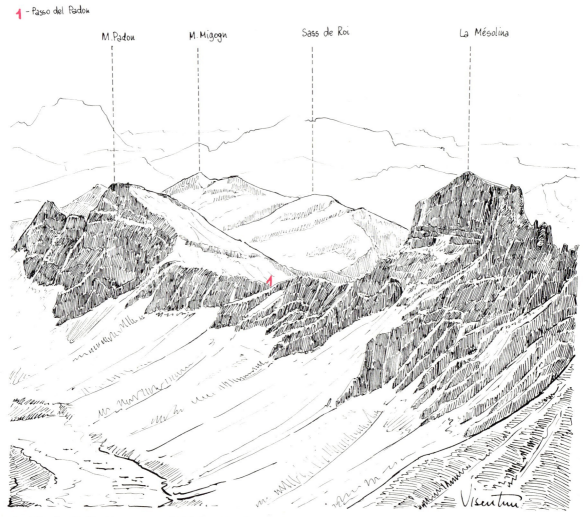

Ansicht der Padòn-Kette vom Gipfel der Mésola.

Der Monte Padòn vom gleichnamigen Paß aus.

Gipfelbesteigungen

— **Sass Beccè (2535 m)**
45 Minuten Gehzeit — I. Grad.

Vom Pordoijoch (2239 m) über Schrofen und Schotterhänge auf der Nordseite ohne Steigspur in unschwierigem, doch eintönigem Aufstieg zum Gipfel.

— **Col del Cuc (2563 m), Cresta del Larice (2532 m), Sasso Cappello (2558 m), Le Forbici (Le Forfes, 2589 m), Belvedere (2650 m)**
30 Minuten — sehr leicht.

Vom Steig Viel dal Pan erreicht man in 30 Minuten jeden einzelnen dieser Gipfel. Leichter Anstieg über steile Grashänge, Mulden und Geländefurchen. Auf der Gratlinie verläuft ein markierter Steig.

— **La Mésola (2727 m)**
a) Normalanstieg
45 Minuten — leicht.

Von Porta Vescovo auf dem eben hinziehenden Steig, der in östlicher Richtung die Südflanke der Mésola quert. Am Wegweiser zum gesicherten Klettersteig vorbei steigt man über unschwierige Schutthänge weglos zum Einschnitt zwischen den beiden Spitzen der Mésola hinauf (in der Nähe ein kühn geformter Felsturm). Von diesem Einschnitt folgt man ein Stück weit der Führe des Klettersteiges, die mit einigen Kehren leicht zum Gipfel leitet.
b) „Eisenweg delle Trincee"
2½ Stunden — mittlere Schwierigkeit.

Ein stark begangener Felsenweg, dessen Benützung wegen der interessanten Passagen und der großartigen Rundsicht äußerst lohnend ist. Die Führe ist aber anspruchsvoll und stellenweise sehr ausgesetzt. Ihre Begehung ist den bergerfahrenen Hochtouristen vorbehalten.

— **La Mésolina (2636 m)**
30 Minuten — leicht.

Vom Padòn-Paß (2366 m) über steile Grashänge und durch eine Rinne im zerklüfteten Gefels hinauf zum grünen Gipfelteppich.

— **Monte Padòn (2510 m)**
30 Minuten — sehr leicht.

Vom Padòn-Paß (2366 m) auf einer Steigspur in raschem Anstieg über die Grashänge der Südseite hinauf zum Gipfel.

— **Sass de Roi (2369 m)**
45 Minuten — sehr leicht.

Vom Passo delle Crepe Rosse (2137 m) entweder der Kammlinie folgend oder an der Nordseite auf einem Steiglein bis zur Einsattelung östlich der Spitze. Von dort über einen steilen, doch unschwierigen Grashang hinauf zum breiten Gipfel.

— **Monte Migogn (2383 m)**
sehr leicht.

Von Sottoguda oder von Laste auf langwierigem, ermüdendem Weg (2—2½ Stunden).
Vom Sass de Roi über den grünen Verbindungskamm (le Agnerezze) und in malerischer Landschaft bequem aufsteigend zum Gipfel (45 Minuten).

— **Piz Guda (2150 m)**
leicht.

Von Malga Ciapela und von Sottoguda in langem, ermüdendem Aufstieg (2½ Stunden).
Vom Sass de Roi über den schönen und aussichtsreichen Verbindungskamm zuerst im Abstieg zur grünen Schulter des Monte Lavazei und dann leicht empor zum Gipfel (1 Stunde).

Der Sasso Cappello, wie man ihn von der Dolomitenstraße aus zwischen Arabba und Pordoijoch sieht.

23 La Mèsola (2727 m)
(Klettersteig »delle Trincee«)

Ausgangspunkt: Porta Vescovo (2478 m).

Gehzeit: 2½—3 Stunden (Rückkehr nach Porta Vescovo inbegriffen).

Nächste Schutzhütte: Bergstation der Seilbahn Arabba-Porta Vescovo (2478 m).

Bemerkungen: sehr ausgesetzter und nicht leichter Klettersteig, nur für geübte Bergsteiger geeignet.
Die Führe ist fraglos schwieriger als etwa die Klettersteige zum Santnerpaß und auf den Kesselkogel (Rosengartengruppe). Sie ist auch schwieriger als die vergleichbaren Führen in der Marmolatagruppe.
Wäre die Anwendung der üblichen alpinistischen Schwierigkeitsskala bei den gesicherten Klettersteigen erlaubt und möglich, dann würde man die beiden erwähnten Führen der Rosengartengruppe ungefähr als I. Grad einstufen, während der Mèsola-Klettersteig an mehreren Stellen sicherlich als III. Grad bezeichnet würde. Einige Passagen sind zudem stark ausgesetzt. Die festen Drahtseile sind überall sehr gut verteilt. Der Aufstieg soll nur mit geeigneter Ausrüstung unternommen werden (Seilschlingen, Karabiner und Schutzhelm).

Es ist ein sehr schöner Felsenweg mit nicht zu unterschätzenden Schwierigkeiten, der nur bergtüchtigen Hochtouristen vorbehalten ist. Die Kletterei ist faszinierend, und die Aussicht während des Aufstieges sowie die Panoramaschau vom Gipfel sind einmalig schön. Die Führe ist zweifellos eine der interessantesten und lohnendsten der ganzen Marmolatagruppe.

Die Sicherung mit fixen Drahtseilen und Eisenklammern wurde 1973 vom Bergführer Salvatore Gilberto aus Arabba fertiggestellt; die Führe folgt fast genau dem Profil der Mèsola von Westen nach Osten. Das Bild des Marmolatagletschers und des Großen Vernel ist ebenso wie der Fernblick auf andere Dolomitengruppen (Rosengarten, Langkofel, Sella, Tofane, Pelmo, Civetta usw.) eindrucksvoll und begeisternd. Das ungewöhnlich weitgespannte Panorama ist der zentralen Lage des Gebirgszuges zwischen den wichtigsten Dolomitentälern zu verdanken, aber auch der Höhe der Mèsola, die alle Spitzen des Zuges übertrifft.

Der Felsenweg führt über dunkles, vulkanisches Gestein mit einigen fast vertikalen Stellen, die das Gefühl einer regelrechten Wandkletterei geben. Allerdings wird die Kletterei vom sicher gespannten Drahtseil begleitet.

Ein Pluspunkt dieses Felsenweges ist auch die Begegnung mit den Resten österreichischer Stellungen des Ersten Weltkrieges, aus welchem Grunde der Klettersteig den bezeichnenden Namen »delle Trincee« (der Schützengräben) bekommen hat.

Der leichteste Zugang geht von der Bergstation der Seilbahn Porta Vescovo aus. In rund 20 Minuten gelangt man bequem zum Einstieg hinauf. Hat man Lust, vor der Kletterpartie eine Wanderung zu machen und sich dabei die Glieder einzuwärmen, dann geht man vom Pordoijoch auf dem Panoramaweg »Viel dal Pan« (Bindelweg) in rund 90 Minuten zur Porta Vescovo.

— Von der Porta Vescovo in etwa 20 Minuten zum Einstieg des Felsenweges. Der markierte Steig führt von Beginn an durch nahezu ebenes Grasgelände,

Das steile Wandstück am Beginn des gesicherten Klettersteiges „Via ferrata delle Trincee" (Eisenweg der Schützengräben) zum Gipfel der Mèsola.

muß aber bald verlassen werden, damit man der Gehspur über einen kurzen, steilen Hang zum Einstieg des Felsenweges folgen kann.

Das erste Stück ist das schwierigste der gesamten Führe. Über die Westsüdwestwand geht es in direkter Linie zum oberen Gratkamm der Mésola hinauf. Die ersten 20 Meter der Wand sind nahezu senkrecht, mit Stellen ohne gute Griffe und Trittpunkte. Für weniger Erfahrene wird die Kletterei hier problematisch, zumal auch keine Eisenstifte vorhanden sind. Das Drahtseil ist jedoch sicher verankert und hilft über die nicht leichte Wandstelle hinweg.

Dieser komplizierte Beginn wird für den Hochtouristen zu einer Art Prüfung. Kommt er hier gut durch, dann wird er die ganze Führe ohne Probleme und mit Genuß bezwingen.

Nach den ersten 25 Metern wird der Anstieg durch das nun aufgelockerte Gefels mit guten Griffen und Trittstellen leichter. Auf einem Band, das auch eine kurze Rast ermöglicht, quert man nach links und steigt dann wiederum direkt zu einer glatten Wandplatte auf, die man von links nach rechts durchklettert. Es folgt ein etwas schwieriger Abstieg ohne brauchbaren Halt für die Füße; mit Hilfe des Drahtseiles kommt man jedoch auch darüber hinweg und erreicht eine Kante. Dem Drahtseil folgend steigt man nun zum letzten Wandstück auf, das nicht sehr steil und leichter zu durchklettern ist. Bald steht man auf dem obersten Gratkamm, der mit einem der schönsten Rundblicke dieser Dolomitenzone aufwartet.

Umgeben von einem überwältigenden Panorama begeht man wenige Meter unterhalb der Kammlinie auf der Südseite den Grat und kommt zur originellen und verwegen gespannten Hängebrücke. Kurz darauf ist der höchste Punkt der westlichen Spitze der Mésola erreicht.

Nun muß man mit Vorsicht über einige heikle und ausgesetzte Stellen etwa 80 Meter tief absteigen und kommt, immer dem Grat folgend, zur Einkerbung zwischen den beiden Mésola-Spitzen (zu diesem Einschnitt kann man auf der Südseite vom markierten Steig der Porta Vescovo aus ohne Schwierigkeit aufsteigen).

Vom Einschnitt nähert sich die Steigspur (Markierungszeichen) in kurzen Windungen dem Fuß des Gipfelaufbaues, den man links auf einem Band traversiert (Reste österreichischer Kriegsstellungen von 1915—18). Über eine Kante gelangt man auf die Nordseite des Gipfelaufbaues, steigt wiederum über ein schwieriges, ausgesetztes Wandstück ab (Achtung auf die Festigkeit der Eisenstifte), umgeht eine weitere Kante und kommt auf die Ostseite des Berges. Hier hört der gesicherte Klettersteig auf. Über Grasflecken geht man auf Steigspuren unschwierig zum Ostgrat der Mésola weiter. Bei den Felszacken und Türmen, die zur Mesolina hinüberleiten, beginnt die Fortsetzung des Klettersteiges zur Spitze der Mesolina, dessen Fertigstellung bevorsteht.

Über leichtes Terrain mit herrlicher Aussicht auf den Fedaja-See und die Marmolata steigt man auf der Südseite ab und trifft auf den anfangs benützten Steig, der in wenigen Minuten zur Porta Vescovo führt.

Viel dal Pan (Bindelweg)

Ein großartiger, nicht mühsamer Wanderweg, unter allen Dolomitenbesuchern beliebt und bekannt, nicht zuletzt weil seine Bedeutung weit in die Jahrhunderte zurückreicht. Auf dem »Viel dal Pan« (Brotweg) wickelten sich einst der Warenaustausch und die Mehltransporte zwischen dem Fassatal dem Gröden-, Abtei- und Cordevole-Tal ab.

Den deutschen Hochtouristen ist der Steig als »Bindelweg« ein Begriff, so benannt nach dem Alpinisten, der seine Wiederherstellung förderte.

Der »Viel dal Pan« wird auch als Zugang zum Klettersteig der Mésola gerne benützt, anstelle der Seilbahn von Arabba zur Porta Vescovo.

Vom Pordoijoch führt der Steig fast eben mit nur geringen Höhenunterschieden mühelos und in kurzer Zeit zur Porta Vescovo hinüber, ohne daß man nach Fedaja absteigen muß. Aber auch ohne die Verbindung mit dem Felsenweg »delle Trincee« wird der Steig zur wunderschönen Tour mit dem unvergeßlichen Anblick des Marmolatagletschers und des Großen Vernel.

Der Viel dal Pan (Bindelweg) beginnt am Pordoijoch mit Markierung Nr. 601, führt an der Ostseite des Sass Beccè entlang und wendet sich dann der Bergseite zum Fassatal zu. Etwas unterhalb der Kammlinie, die zu mehreren Höhenquoten ansteigt (Col del Cuc, Cresta del Larice, Sasso Cappello, Le Forbici und Belvedere) zieht der Wandersteig in sanften Windungen gegen Osten.

Die Kammgipfel sind durchwegs schöne Aussichtspunkte und in wenigen Minuten vom Bindelweg über Grashänge erreichbar. Eine markierte Steigspur folgt der Kammlinie selbst und berührt alle Gipfel.

Ungefähr auf halber Strecke trifft man nach 1 Stunde Gehzeit nahe beim Sasso Cappello auf die Schutzhütte Viel dal Pan (2450 m), eine schön gelegene Rast- und Einkehrstätte. Grüne, manchmal steile Wiesenhänge querend verläuft der gut markierte Steig ohne an Höhe zu verlieren bis zur Abzweigung des Verbindungssteiges zur Porta Vescovo. Hier senkt sich der Bindelweg in steilen Kehren hinab zum Schutzhaus Castiglioni am Fedaja-See.

Vier Details des gesicherten Felsenweges „der Schützengräben" auf die Mésola.

24 Überschreitung der Padón-Kette

Porta Vescovo → Passo Padón → Passo delle Crepe Rosse → Sass de Roi
(mit allfälligen Besteigungen der Mesolina, des Monte Padón, des Monte Migogn und des Piz Guda)

Ausgangspunkt: Porta Vescovo (2478 m).

Gehzeit: ungefähr 5 Stunden.
Von der Porta Vescovo zum Gipfel des Sass de Roi auf der im Untertitel vorgeschlagenen Route (ohne die allfälligen Besteigungen der Mesolina und des Monte Padòn) etwa 3 Stunden. Dazu für den Rückmarsch ins Tal knapp 2 Stunden und die Zeit für weitere allfällige Besteigungen (Piz Guda und Monte Migogn).

Nächste Schutzhütte: Während der Überschreitung trifft man auf keine Schutzhütten oder Einkehrstätten. Im Notfall muß man zum nächstgelegenen Talort absteigen (Fedaja, Val d'Ornella, Ciamp d'Arei, Laste, Sottoguda usw.).

Bemerkungen: Keiner der genannten Gipfel wartet mit irgendwelchen Schwierigkeiten auf. Wo die Steigspur nicht mehr zu erkennen ist, geht man auf ungefährlichen und für jeden Touristen gut begehbaren Grasmatten und begrünten Hängen weiter.

Die Padòn-Kette erstreckt sich vom Pordoijoch im Nordwesten zum Pettorina-Tal und Rocca Piétore im Südosten.

Mit Ausnahme des ersten Abschnittes der Kette zwischen dem Pordoijoch und der Porta Vescovo mit seinen Erhebungen oberhalb des Bindelweges (Sasso Beccè, Sasso Cappello, Belvedere usw.) bietet der zentrale, dem Monte Padòn nächstliegende Teil eine reizvolle nicht beschwerliche Überschreitung, die sich von den übrigen bekannten Gratwanderungen der Gruppe wesentlich unterscheidet. Die Umwelt erscheint hier heiter, und die Wanderung über die ausgedehnten grünen Bergwiesen und Hänge vollzieht sich in einer Atmosphäre der Ruhe und Entspannung.

Seitdem viele Bauern nicht mehr zur Heuernte auf die Almen kommen, sind die Bergwiesen noch einsamer geworden. Die wohltuende Stille der abgeschiedenen Höhen dringt tief in das Gemüt des Wanderers ein und nimmt ihn gefangen. Die einzelnen Gipfel der Kette können vom Tal aus von verschiedenen Seiten bestiegen werden.

In den »Führern« werden die Routen genau beschrieben. Sie sind wegen der beträchtlichen Höhenunterschiede meist lang und beschwerlich. Hier soll hingegen die Überschreitung der ganzen Kette angeregt werden, mit einer Tagesroute, die zwar lang, aber nicht allzu anstrengend ist und eine gründliche Kenntnis der gesamten Untergruppe verschafft. Natürlich können nicht alle Spitzen bestiegen und alle Täler in Abstieg begangen werden. Im großen und ganzen berührt man sie jedoch alle, auch wenn man, auf der Höhe bleibend, nur den oberen Teil der Täler nahe bei den Paßübergängen oder Einsattelungen überblickt.

Die Überschreitung kann auf verschiedene Weise ausgeführt werden, denn sowohl für den Zugang wie für die Rückkehr gibt es mehrere, weit in die Kette hineinreichende Täler. Der hier vorgeschlagene Weg ergibt jedoch die wahrscheinlich beste Route, weil diese allen Gipfeln nahekommt und die Besteigung des einen und des anderen von ihnen ermöglicht.

Der Ausgangspunkt ist mit Hilfe der Seilbahn Arabba-Porta Vescovo bequem zu erreichen. Die gewonnene Höhe wird ohne große Schwankun-

Am Abschluß des Felsenweges der Mésola mit dem Blick zur Mesolina.

gen während der ganzen Wanderung beibehalten, die von der Porta Vescovo bis zum Gipfel des Sass de Roi rund 3 Stunden beansprucht. Für den Abstieg ins Tal ist mit ungefähr 2 weiteren Stunden zu rechnen.

Man kann also ohne weiteres den Besuch des einen oder anderen Gipfels miteinbeziehen, für die folgende Gehzeiten zu berücksichtigen sind:

La Mesolina 40 Minuten vom Padòn-Paß
Monte Padòn: 30 Minuten vom Padòn-Paß
Monte Migogn: 45 Minuten vom Sass de Roi
Piz Guda: 1 Stunde vom Sass de Roi.

Die Kammwanderung und mehr noch die Gipfelbesteigungen erschließen eine außergewöhnlich begeisternde Rundschau auf das Marmolatamassiv und den Gletscher, der genau im Blickfeld der Porta Vescovo liegt, bis hin zu den Felsen der Serauta und d'Antermoia gegenüber dem Sass de Roi.

— Von der Porta Vescovo folgt man dem Steig, der auf der Südseite unterhalb der vulkanischen Wand der Mésola entlangzieht. Nach wenigen Minuten kommt links die Abzweigung zum Einstieg des Klettersteiges „delle Trincee". Man geht geradeaus weiter, ein wenig auf und ab, immer mit dem wundervollen Anblick des Großen Vernel und des Marmolatagletschers.

Am Fuß des Verbindungsgrates zwischen der Mésola und der Mesolina querend, trifft man auf den grasigen Kamm, der von der Mesolina zum Fedaja-Paß herabzieht. Man überschreitet ihn, biegt nach links und tritt an den südlichen Felsen der Mesolina vorbei in die grüne Talfurche ein, die vom Padòn-Paß ausgehend im d'Arei-Tal mündet.

Nach einer kurzen Traversierung begrünter Steilhänge kommt man auf einer Steigspur zur breiten Einsattelung des Padòn-Passes (2366 m, 1½ Stunden von der Porta Vescovo), die den Felsstock der Mesolina im Westen vom Monte Padòn im Osten trennt.

Ohne die Wasserscheide zu überqueren (und jenseits zu den Piani di Ornella abzusteigen), geht man auf der Südseite mit dem Blick ins d'Arei-Tal und zur Marmolata weiter und durchquert die grüne Flanke des Monte Padòn.

Die Steigspur erreicht dann den langen, nur wenig geneigten Graskamm, der vom Monte Padòn ausgeht, überschreitet diesen und führt zum oberen Abschluß der Talfurche Val Rosa, in der tiefer unten der Rio Davedino fließt. Hoch über dem Tal und den obersten Heuschuppen, oder auch nahe der Kammlinie wandernd kommt man zum grünen Rücken der Crepe Rosse, der auf der anderen Seite gegen das d'Arei-Tal felsig und steil abfällt. Man erreicht so einen weiteren Sattel, den Passo delle Crepe Rosse (2137 m), der das Pian d'Arei (Capanna Bill) mit dem Davedino-Tal und dem Livinallongo verbindet (45 Minuten vom Padòn-Paß).

Von der stillen, nur durch das Geläute einiger Kuhglocken belebten Sattelhöhe folgt man dem grünen Hauptkamm und nähert sich direkt über die Kammschneide, oder besser links davon auf der Nordseite, dem Sass de Roi. Das schon von den Crepe Rosse aus sichtbare Steiglein führt schräg aufwärts, passiert eine abgeschiedene, mit Felsblöcken bespickte Grasterrasse und erklimmt etwas oberhalb der Hochweiden der Agnerezze den Gipfelgrat des Sass de Roi. Nun ist man in wenigen Minuten auf dem höchsten Punkt (2369 m), der die Mühe mit einem prachtvollen Blick auf die Felswände der Serauta belohnt. Auf der Westseite entdeckt man in der Nähe des Gipfels die Reste alter Kampfstellungen aus dem Ersten Weltkrieg.

Vor dem Sass de Roi breitet sich das schönste Panoramabild der Untergruppe aus, die hier ihre ganze Struktur offen darbietet (45 Minuten vom Passo delle Crepe Rosse — 3 Stunden von der Porta Vescovo).

Varianten für den Rückweg:

a) Abstieg nach Livinallongo durch das Davedino-Tal.

Vom Sass de Roi zurück in Richtung Passo delle Crepe Rosse und kurz vor dem Paß Abstieg zu den Bergwiesen des Val Rosa, auf denen Gruppen von Heuhütten malerisch verstreut sind. Dann durch die Talfurche des Davedino-Baches hinab zum breiten Boden des Cordevole-Tales und über den Fluß hinauf zur Ortschaft Pieve di Livinallongo (Steig Nr. 635 — rund 1 Stunde und 45 Minuten).

b) Abstieg nach Sottoguda (oder Rocca Piétore).

Vom Sass de Roi hinab zur Grateinsenkung, die den Gipfel von den Agnerezze trennt. Von diesem meist von Schafherden bevölkerten Sattel auf der Südseite des Sass de Roi (zu dem man vom Gipfel aus auch direkt, etwas westlich am Ende eines alten Kriegsschachtes, absteigen kann) zum grünen Rücken des Monte Lavazei. Dann durch eine steile Talfurche mit halbverfallenen Hütten und einem Saumweg aus der Kriegszeit tiefer steigend über zwei Geländeterrassen mit mehreren Gruppen verlassener Heuschuppen (Bild auf den Seiten 216—17), die man bereits vom Sass de Roi aus sehen konnte. Von der unteren der beiden Terrassen (Col Federa und Col d'Albe) biegt man links in den Wald ein, in Richtung Rocca Piétore.

Mit dem Sasso Bianco im Blickfeld folgt man nun einem Steiglein (Bild auf Seite 231), das jedoch bald verschwindet, so wie alle übrigen Steige in dieser seit Jahren vereinsamten Gegend.

Oberhalb eines großen Wiesenhanges verläßt man den Wald und geht zu einer Gruppe schöner Bauerngehöfte mit Brunnen hinab (Fraktion Vallier). Über einen letzten schrägen Hang kommt man zur Straße des Pettorina-Tales und in östlicher Richtung nach Sottoguda.

Geht man auf dem Steiglein durch den Wald weiter, ohne nach Sottoguda abzusteigen, so kommt man, wenn man den Weg nicht verfehlt, direkt nach Rocca Piétore.

c) Rückweg nach Ronch (Laste) über den Monte Migogn.

Eine interessante Möglichkeit, die Wanderung auszudehnen. Vom Sass de Roi in knapp 1 Stunde zum Gipfel des Monte Migogn über dem Verbindungskamm der „Agnerezze" (Steigspur). Vom Monte Migogn über den Ostgrat beliebig absteigend, stößt man nach kurzer Zeit auf den Steig, der in den Saumweg nach Ronch, einer Fraktion von Laste, einmündet. 2 Stunden.

Weitere Varianten sind:

d) Abstieg vom Passo delle Crepe Rosse zum Ciamp d'Arei (1 Stunde).

e) Abstieg vom Passo del Padòn nach Livinallongo über das d'Ornella-Tal.

f) Fortsetzung der Überschreitung bis zum Piz Guda (2150 m) und Abstieg nach Sottoguda oder zur Malga Ciapela.

Eine malerische Gruppe verlassener Heuhütten auf dem Col d'Albe (Südseite des Sass de Roi).

Kette dell'Auta

Der zwischen dem Pettorina-Tal und dem Biois-Tal liegende Teil der Marmolatagruppe trägt den Namen der Cime dell'Auta. Die Zone ist sehr ausgedehnt und stellt die raummäßig größte der sieben Untergruppen des gesamten Marmolatagebietes dar.

Die Cime dell'Auta stehen im östlichen Sektor der langen Südkette, die im Westen mit der Cima delle Dodici und der Vallaccia beginnt. Nach Osten verlaufend reicht diese Kette über die Cime dell'Auta hinaus bis zum Piz Zorlet, biegt dann nach Nordosten, wo sie im Sasso Bianco gipfelt, um schließlich mit steilen Hängen zum Alleghe-See abzufallen.

Die einzigen Wände von beachtlicher Höhe und Mächtigkeit sind die der Cime dell'Auta und des Sasso Bianco. Die übrigen Berge der Untergruppe sind für Hochtouristen und Wanderer nur von geringer Bedeutung. Am meisten vernachläßigt sind die äußerste und die zentrale Zone zwischen der Forcella dei Negher und der Forcella di Monte Schiota, obwohl auch dort reizvolle Übergänge mit einsamen Steiglein vorhanden sind.

Die Gipfel bieten wenig Anziehendes; die steilen, nur spärlich bewachsenen Flanken werden von Felsabstürzen und dunklen Schrofen unterbrochen. Trotzdem gibt es auch in dieser vereinsamten Bergwelt liebliche Mulden und verborgene Einschnitte, die als Bestandteile einer unberührten Berglandschaft besuchenswert sind. Stärker begangen sind die Wanderwege durch die Wälder des Biois-Tales im Umkreis der Touristenplätze Falcade, Caviola und Vallada. Mehrere Fraktionen dieser Ortschaften besitzen noch schöne, uralte Gehöfte als Zeugen einer jahrhundertealten, bergbäuerlichen Kultur.

Das Landschaftsbild des Biois-Tales mit seinen alten Dörfern ist eindrucksvoll und gleichzeitig romantisch wie nur wenige in der Dolomitenwelt. Aber auch die Natur hält in den zentralen Teilen der Untergruppe genußvolle Stunden für den Wanderer bereit. Die Abgeschiedenheit fördert das Gedeihen von Flora und Fauna, die sich hier stärker entfalten können als anderswo. Hier könnte das Bergsteigen im Sinne von Entdeckung und Erforschung, so wie wir es befürworten, zur besseren Auswertung der zu wenig beachteten Naturschönheiten einen wertvollen Beitrag leisten.

Einzelne Zonen sind vom klassischen, traditionellen Tourismus erfaßt, so z. B. die Cime dell'Auta mit dem leichten, landschaftlich sehr schönen Klettersteig, der bekannt ist und entsprechend viel begangen wird. Und dennoch wird die Besteigung der Cime dell'Auta sowohl auf dem ebenfalls sehr schönen, unschwierigen Normalweg wie auch über den gesicherten Felsenweg viel weniger oft ausgeführt als andere, ähnliche Touren in der Marmolatagruppe. Ein Grund hiefür liegt wohl in der Länge und Beschwerlichkeit der Anmarschwege.

Die Errichtung der Baita dei Cacciatori (1740 m) hat in letzter Zeit den Zugang etwas bequemer gemacht. Dem Besucher ist dabei die Wahl geboten, es bei der genußvollen Wanderung durch die Wälder vom Colmean bewenden zu lassen, oder die Tour zu den Cime dell'Auta fortzusetzen.

Einzige bekannte und häufig benützte Übergänge vom Biois-Tal ins Pettorina-Tal sind die klassische Forca Rossa, die auch vom Dolomiten-Höhenweg Nr. 2 und von einer alpinen Ski-Wanderroute überschritten wird, und die Forca delle Pianezze oberhalb von Caviola und Vallada.

Zum Biois-Tal hin bietet die Untergruppe mit großen, sanft abfallenden Wäldern und breiten, grünen Rücken ein anziehendes Bild. Auf der Seite zum Pettorina-Tal sind die Waldhänge steiler und die Bergflanken im oberen Teil unwirtlich und nur spärlich bewachsen.

Auf dem Klettersteig zum Ostgipfel dell'Auta. Im Hintergrund die Punta di Barbacin.

Im Ganzen gesehen ist diese Untergruppe anders als die übrigen, und die Vielfalt ihrer Landschaft sollte von den Bergwanderern in stärkerem Maße berücksichtigt werden. Man trifft nur selten Besucher, die nicht in der Gegend zuhause sind. Die Einheimischen allein kennen diese schönen Berge, die sie auch als »die ihren« betrachten.

Der Zug der Cime dell'Auta beginnt bei der Forca Rossa (2486 m), dem Sattel zwischen dem Pizzo le Crene und dem Col Becher. Dieser bekannte und von den Touristen häufig benützte Übergang verbindet das Tal von Franzedas und die Weitung der Malga Ciapela mit der grünen Mulde von Fuchiade.

Von der Forca Rossa zieht der Gebirgszug mit gleichmäßigem Verlauf nach Osten, mit sekundären Abzweigungen nach Norden und Süden. Die beiden ersten trennen sich von der Forca Rossa und dem Col Becher in südlicher Richtung. Es sind die nur wenig auffallenden Rücken des Piz Forca (2285 m), der mit dem Sasso Palazza (2214 m) endet, und der Monte Vallesella (2020 m). Von beiden gemeinsam stürzen jene schauerlichen Felsabbrüche ab, die als »le Marmolade« bezeichnet werden.

Östlich des Col Becher sinkt die Kette zum Passo di Col Becher (2312 m) ab. Der schöne Übergang wird von einem markierten Steig überschritten, der von der Baita Cacciatori ausgeht und in das Tal von Franzedas hinüberleitet. Auf dieser Talseite verbindet ein anderer Steig die Forca Rossa mit dem Passo di Col Becher.

Der Zug der Cime dell'Auta beginnt also zugleich mit dem Hauptkamm der langen Kette. Seine Erhebungen sind der Reihe nach: die Punta Barbacin (2524 m), die Westspitze dell'Auta (2609 m) und nach der Forcella del Medil die Ostspitze (2622 m). Im Süden der Westspitze schiebt sich die kleine Felsburg des Sassedel vor.

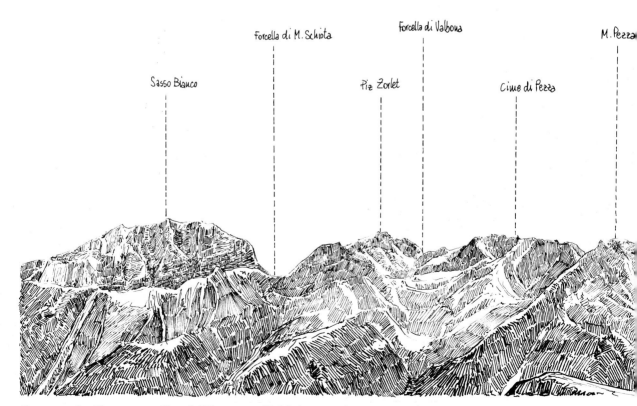

Panorama der Untergruppe Cime dell'Auta vom Gipfel des Sass de Roi aus (Padòn-Kette).

Die drei genannten Gipfel sind die schönsten und bedeutendsten des Zuges. Vom Biois-Tal aus erblickt man ihre beeindruckenden Felsen, Grate und gelben Wände. Sie sind auch die einzigen Gipfel, die von Hochtouristen im allgemeinen besucht werden.

Bevor der Zug der Cime dell'Auta endgültig zum breiten Sattel der Forcella dei Negher absinkt, schickt er noch einen zweitrangigen Felsenkamm nach Nordosten aus, der anschließend an die einsame Forcella della Banca del Larese im Monte Alto (2545 m) gipfelt und mit den abgeflachten Rücken des Monte Chegaris (2170 m) und des Col dei Gai (2051 m) endet. Diese beiden Bergrücken umschließen die Busa dei Franzei und trennen das Franzedas-Tal vom Franzei-Tal. Zwei Einschnitte ermöglichen den Übergang von einem Tal ins andere: die Forcella di Franzedas (2030 m) und die Forcella di Franzei (2009 m).

Im Hauptkamm der Kette erblickt man am Ende des langen, absteigenden Grates der Ostspitze dell'Auta den grünen Sattel der Forcella dei Negher (2287 m), »Negerscharte«, benannt nach drei auffallend dunklen Felsgestalten in ihrer Nähe. Ebenfalls in der Nähe des Sattels und am Abschluß des Val Miniera blinkt der kleine, reizend gelegene Franzei-See (»Laghetto dei Franzei« oder »dei Negher«). Unweit davon fand man die Eingänge zu zwei tiefen, noch nicht vollständig erforschten Grotten.

Aus den grünen Matten der Forcella dei Negher steigen gegen Osten die Grashänge der Crepa Rossa auf (2360 m), die den Beginn einer Reihe von mehr oder weniger auffallenden Quoten mit bald sanft verlaufenden und bald wild abstürzenden Flanken bilden.

Es folgt die etwas tiefer eingebettete Forcella Pianezza (2049 m), über die ein bequemer Steig führt und die neben der bekannteren Forca Rossa auch einen nennenswerten Touristenverkehr aufweist. Sie liegt am Abschluß des Franzei-Tales, nicht weit von der

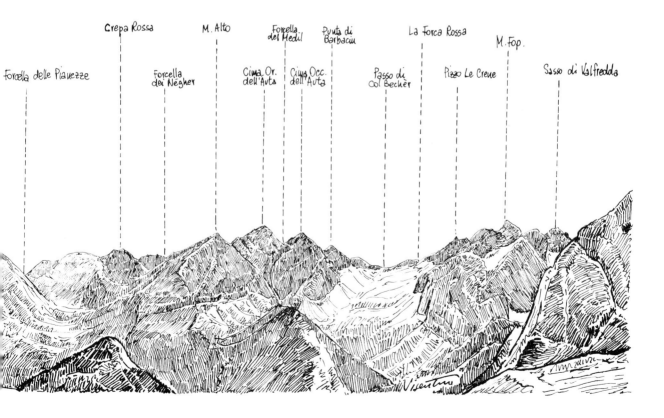

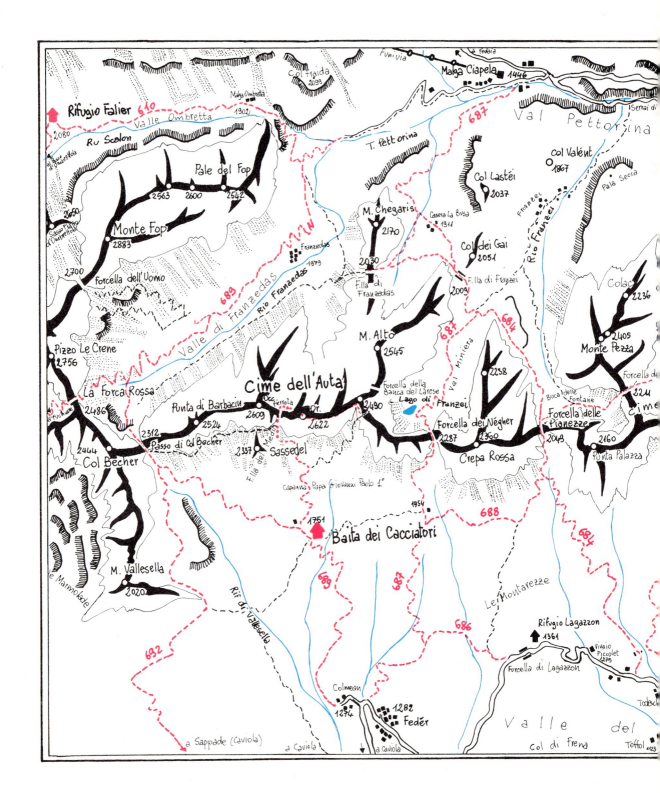

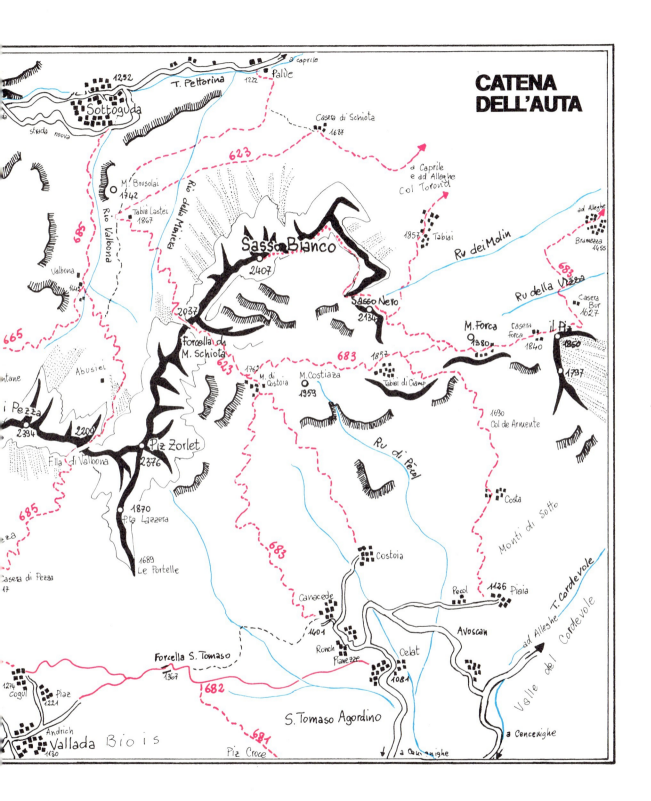

Ausblick vom Ostgrat der Cima dell'Auta auf die Forcella dei Negher, die Crepa Rossa und die weiter entfernt aufragenden Cime di Pezza.

Forcella delle Fontane (2211 m), über die man nach Valbona und Sottoguda gelangt. Diese Gegend ist aber noch mehr verlassen, und selbst die landschaftlich überaus interessanten Steige werden nur selten begangen.

Im Norden der Forcella delle Fontane erblickt man die Felskulisse des Monte Pezza (2405 m) und noch weiter im Norden, schon im Bereich des Pettorina-Tales, den Colac (2236 m).

An die Forcella Pianezza schließt sich, immer in Richtung Osten, der Felsenkamm der Punta Pallazza (2160 m) und der Cima di Pezza (2394 m) an, auf die eine neue Einsattelung, die Forcella di Valbona (2200 m) folgt. In ihrer Nähe türmt sich der zerklüftete Felsgipfel des Piz Zorlet auf (2376 m).

Nun wendet sich der Hauptkamm nach Nordosten und flacht zu einem breiten Einschnitt, der Forcella di Monte Schiota, ab (2037 m). Endlich folgt im äußersten Nordosten der letzte große Gebirgsstock, das Massiv des Monte Bianco (2407 m). Gegen das Pettorina-Tal fällt dieses Gebirge mit gewaltigen Wänden aus hellem Dolomitgestein in die Tiefe, während auf der Südseite steile Grasböden die Besteigung erleichtern.

Zu erwähnen sind noch die langen, waldigen Rücken des Col di Frena und des Piz Croce, die von den schönen Spazierwegen rund um Vallada und zur Forcella di S. Tomaso durchzogen werden.

Die einzige Schutzhütte im Inneren der Untergruppe ist die Baita Cacciatori (1751 m) nahe an der Basis der Cime dell'Auta. Der häufigste Zugang zu den Übergängen erfolgt vom Schutzhaus Fuchiade (1982 m) sowie von den Weilern Caviola (Sappada—Feder) und Vallada auf der Seite des Biois-Tales und von der Malga Ciapela und Sottoguda auf der Seite des Pettorina-Tales.

Gipfelbesteigungen

Fast alle Gipfel der Untergruppe können von den angrenzenden Übergängen aus auf teilweise steilen, grasbewachsenen Hängen sehr leicht bestiegen werden. Wegspuren sind in der Regel nicht vorhanden, was die im Grunde nur zweitrangigen Spitzen unter dem Gesichtspunkt des Entdeckens und Erlebens aber nur interessanter macht.

— **Westliche Cima dell'Auta (2609 m)**
2 Stunden 15 Minuten — I. Grad.

Von der Baita Cacciatori (1751 m) in ungefähr 1 Stunde auf markiertem Weg zum Einstieg des Klettersteiges. Über eine ausgesetzte, doch gute Leiter kommt man in das Kar, das zur Forcella del Medil, dem breiten Sattel zwischen den beiden dell'Auta-Spitzen hinaufführt. Von dort links auf der Nordostflanke über Schrofen und Schuttflecken unschwierig zum Gipfel.

— **Östliche Cima dell'Auta (2622 m)**
a) über die Normalroute — 2 Stunden 30 Minuten — leicht.

Von der Baita Cacciatori auf dem Steig zum gesicherten Felsenweg. Kurz vor dem Einstieg quert man rechts den Sockel der Südwand der Östlichen Cima dell'Auta. Auf einer steilen, kaum erkennbaren Trittspur erreicht man die Wasserscheide in der Nähe einer Scharte (Markierungszeichen). Nun links über den leichten, wenig geneigten Ostgrat auf einer deutlichen Steigspur ohne Schwierigkeit zum Gipfel.

b) über den gesicherten Klettersteig — leicht, doch ausgesetzt — 2 Stunden 30 Minuten.

Von der Baita Cacciatori zur Forcella del Medil. Dort nach rechts über die steile, doch gleichmäßig ansteigende Bergflanke, den fixen Drahtseilen folgend. Über leichtes Gefels, Schrofen und ausgesetzte Platten erreicht man die Einkerbung zwischen den beiden Gipfeln der Östlichen Cima dell'Auta. Rechts weitergehend gelangt man in kurzer Zeit zur höchsten Spitze.

— **Sasso Bianco (2407 m)**
3 Stunden 30 Minuten — leicht.

Von Alleghe, S. Tomaso Agordino und Caprile in langem, beschwerlichem Anstieg über die Berghänge und grünen Rücken mit Weideflächen und Gruppen von Heuhütten. Im letzten Teil über begraste Steilhänge und über den Ostgrat schließlich zum Gipfel. (Von der Forcella di Monte Schiota auf der rechten Seite der Kammschneide über sehr steile Rippen in rund 1 Stunde.)

Die Cime dell'Auta über den Wäldern von Caviola.

25 Westliche Cima dell'Auta (2609 m)

Ausgangspunkt: Colmeàn (1274 m). Ein weiterer interessanter Ausgangspunkt ist der Passo di Col Becher, zu dem man von Fuchiade aus über die Forca Rossa geht.

Gehzeit: ungefähr 4 Stunden (2 Stunden 15 Minuten von der Baita Cacciatori).

Nächste Schutzhütte: Baita Cacciatori (1751 m).

Bemerkungen: I. Grad — ein kurzer gesicherter, ausgesetzter Felsenweg; leicht die Schuttrinne zur Forcella del Medil und der Schlußgrat zum Gipfel.

Die Cime dell'Auta sind die bedeutendsten und höchsten Erhebungen der Untergruppe, die nach ihnen benannt ist. Sie stehen anderen wichtigen Gipfeln der Marmolatagruppe im Aussehen nicht nach.

Mit ihren schwungvoll aufragenden gelben Südwänden beherrschen sie die Talweite von Caviola und verschönern mit ihren eleganten Linien die ohnehin schon sehenswerte Landschaft des Biois-Tales.

Beide Spitzen sind unschwer zu besteigen, ihre Schwierigkeit übertritt nie den I. Grad. Manche Wandstellen sind zwar ausgesetzt und erfordern trotz mehrerer Eisenklammern und -stifte beim Aufstieg zur Forcella del Medil Trittsicherheit und Schwindelfreiheit.

Nirgends wird die Schwierigkeit der Felsenwege der Mésola und des Collac erreicht. Die Besteigung ist also für Hochtouristen mittleren Leistungsgrades gut möglich.

Obwohl auch die Westliche Spitze in ihrer etwas massiven Linie kühn und elegant wirkt, ist ihr die Östliche an Schönheit überlegen. Die Bergsteiger ziehen ihre Begehung vor, weil sie interessanter ist, besonders seit 1968 der Klettersteig Paolin-Piccolin eröffnet wurde. Der gesicherte Felsenweg ist zweifellos unterhaltsamer als der eintönige Anstieg über den Ostgrat der Westlichen Spitze.

Da der Beginn dieses Grates bei der Forcella del Medil mit dem letzten Teil des Felsenweges Paolin-Piccolin zusammenfällt, wird geraten, auch diese Spitze kurz zu besuchen, zumal der Aufstieg kurz ist und mit der Rückkehr zu Scharte nur rund 1 Stunde beansprucht.

— Von Caviola auf der Straße nach Fedér, die man bei der letzten Kurve verläßt, um auf einer anderen Fahrstraße zur Ortschaft Colmeàn (1274 m) zu wandern. Von dort auf einem Saumweg über Bergwiesen und durch Baumgruppen in den dichten Wald, in welchem der Weg steiler wird.

Die Westliche und die Östliche Spitze dell'Auta über dem Weiler Fedér (Caviola).

Durch den romantischen Forst und über einen Bach kommt man zu einer Lichtung, auf der in der Nähe eines Felszackens die Baita Cacciatori winkt (1751 m), ein willkommener Rast- und Stützpunkt auf dem langen Weg von der Talsohle zu den Cime dell'Auta.

Weiter aufsteigend passiert man eine zweite Lichtung mit einer Hütte (Capanna Papa Giovanni Paolo I) und kommt, durch eine Talfurche weitersteigend, zu einem stark geneigten Hang in Richtung des Einschnittes zwischen den beiden Spitzen.

Durch einen weiteren Graben erreicht man ohne große Mühe die Rinne zur Forcella del Medil zwischen der Westlichen (links) und der Östlichen Spitze (2 Stunden 45 Minuten).

Auf den gesicherten Klettersteig übergehend trifft man gleich auf seine schwierigsten Stellen; eine Serie von Leitern und Eisenstiften auf einem nahezu senkrechten Wandstück erfordert Trittsicherheit und Gleichgewicht, erweist sich jedoch bald als unschwierig, zumal man noch am Beginn der Wandstufe und nur wenige Meter über dem Boden ist.

Weiter oben wird die Rinne breiter und weniger steil. Über Steine und Geröll (Achtung auf Steinschlag) quert man von links nach rechts und folgt den langen Drahtseilen, die beinahe unnötig erscheinen. Endlich wird die Forcella del Medil betreten.

Von der Scharte erklimmt man links in schrägem Anstieg den steilen Schotter- und Schrofenhang. Von links nach rechts traversierend erreicht man den Nordostgrat, über den man unschwer in eintönigem Aufstieg über Schutt und Geröll in etwa einer halben Stunde zum Gipfel kommt (1 Stunde 15 Minuten vom Einstieg des Felsenweges Paolin-Piccolin — ungefähr 4 Stunden von Colmeàn).

VARIANTE

Zugang vom Passo di Col Becher.

Eine interessante Alternative, um zum Einstieg des Klettersteiges zu gelangen, die sowohl für die Besteigung der Westlichen als der Östlichen Cima dell'Auta gültig ist. Die Route ist zwar lang, aber nicht anstrengend, da sie höher verläuft als der von Colmeàn ausgehende Weg. Die letzte halbe Stunde muß ohne Steigspur zurückgelegt werden, die Orientierung ist jedoch nicht zu verfehlen.

Von Fuchiade zur Forca Rossa (2486 m) auf dem Steig Nr. 693 in rund eineinhalb Stunden, von dort Abstieg auf der anderen Seite (Valle di Franzedas) und, etwas tiefer rechts traversierend, zum Paß di Col Becher (2312 m, 30 Minuten). Am Fuß der gelben Südwand der Punta Barbacin bleibend folgt man einer Steigspur (alte, kaum sichtbare Markierungszeichen), die von Zeit zu Zeit verschwindet. Ganz oben, steile Geröllhänge querend, überschreitet man eine schuttbedeckte Rippe und anschließend eine mit Steinen gefüllte Rinne. Dann kommt man zum grünen Sattel zwischen der Südwand der Westlichen Cima dell'Auta und dem Sassedel. Von dort in fünf Minuten zum etwas tiefer liegenden Einstieg des Felsenweges (1 Stunde vom Passo di Col Becher — 3 Stunden von Fuchiade).

26 Östliche Cima dell'Auta (2622 m)
Über den Klettersteig »Paolin-Piccolin«

Ausgangspunkt: Colmeàn (Caviola, 1274 m, oder von Fuchiade über die Pässe Forca Rossa und Col di Becher).

Gehzeit: 4—4½ Stunden (2 Stunden 30 Minuten von der Baita Cacciatori).

Nächste Schutzhütte: Baita dei Cacciatori (1751 m).

Bemerkungen: Leichter gesicherter Klettersteig, stellenweise ausgesetzt (Schlußgrat). Schwindelfreiheit und Trittsicherheit erforderlich.
Für Hochtouristen mittleren Leistungsgrades geeignet.

Die Östliche Cima dell'Auta präsentiert gegen Süden zum Biois-Tal hin eine der schönsten, senkrecht abstürzenden Wände der Marmolatagruppe. Auf dieser Wand erproben die besten Felsgeher ihr Können, da einige ihrer Führen an den höchsten Schwierigkeitsgrad heranreichen.

Der Berg bietet aber nicht nur ein großartiges Bild, er schenkt dem Hochtouristen auch das Vergnügen der Begehung eines nicht schwierigen Klettersteiges, der mit seinen senkrechten und luftigen Stellen das Gefühl einer richtigen Wandkletterei vermittelt.

Die gesicherte Kletteranlage Paolin-Piccolin durchzieht die Rinne zur Forcella del Medil und den anschließenden Westgrat mit seinen steilen,

Drei Ansichten des gesicherten Klettersteiges auf die Östliche Cima dell'Auta und ein Bild der Westlichen Spitze von der Östlichen aus.

nackten Platten. Obwohl die Führe einige heikle Stellen enthält, ist sie auf jeden Fall der alten Normalroute vorzuziehen, die von der Forcella dei Negher über den gegenüberliegenden Nordostgrat verläuft. Eine Route, die ohne jede Schwierigkeit viel länger und eintöniger als der Felsenweg ist und fast nur mehr als Rückweg benützt wird.

Die Überschreitung beider Grate, verbunden mit dem Aufstieg von der Forcella del Medil zur Westlichen Spitze dell'Auta, ist eine sehr lohnende Tour, die den I. Schwierigkeitsgrad nicht überschreitet und dem Begeher trotzdem das Gefühl einer langen und in gewisser Hinsicht auch kühnen Gipfelüberschreitung beschert.

Gäbe es nicht zwei kritische Teilstrecken, dann könnte dieser gesicherte Klettersteig von manchem als zu einfach und geradezu überflüssig hingestellt werden. Der Eintritt in die Rinne der Forcella del Medil wird an der Basis durch einen Felsriegel versperrt, der nur dank den Eisenleitern und -stufen leicht überwunden werden kann. Später sind es die ausgesetzten Gratplatten, die nur mit Hilfe der fixen Drahtseile ohne Schwierigkeiten sicher und rasch durchstiegen werden können.

— Zum Einstieg des Klettersteiges gelangt man auf zwei verschiedenen Wegen:

a) von Colmeàn (Caviola, 1274 m), zur Baita dei Cacciatori (1751 m) und weiter auf steil aufwärts führendem Steig (2 Stunden 30 Minuten bis 3 Stunden).

b) von Fuchiade (1982 m) auf Steig Nr. 693 zur Forca Rossa (2486 m), von dort zum nahen Passo di Col Becher und an der Südwand der Punta di Barbacin und der Westlichen Cima dell'Auta entlang (meist weglos) zum Beginn der Kletteranlage. Nach der ersten heiklen Wandstelle wird der Aufstieg so leicht, daß die Sicherungen stellenweise überflüssig erscheinen.

In etwa 40 Minuten wird die Forcella del Medil erreicht, ab der eine leichte Kletterei über den Westgrat der Östlichen Cima dell'Auta beginnt. Nach einigen leichten Felsabsätzen (I. Grad) trifft man auf die ersten fixen Drahtseile. Bald in direkter Linie und bald traversierend überwindet man den plattigen Fels. Die letzte Traversierung nach links führt in eine Scharte zwischen dem Hauptgipfel und einem etwas niedrigeren Nebengipfel. Rechts aufsteigend legt man die letzten Meter bis zur schönen Spitze mit prächtigem Rundblick zurück (auf dem höchsten Punkt eine Madonnenstatue). 1 Stunde 30 Minuten vom Beginn des Felsenweges.

Für die Rückkehr wird die alte Normalroute empfohlen. Vom Hauptgipfel zum benachbarten, niedrigeren Gipfel und von diesem über den abschüssigen, leichten Nordostgrat abwärts. Einige Meter links von der Gratschneide über Schotter- und Grashänge und stellenweise über leichtes Geschröfe kommt man zu einem ersten begrünten Sattel. Immer ostwärts auf dem nunmehr flachen Grat weitergehend kommt man am Südsockel einiger dunkler Felszacken vorbei, traversiert und trifft auf einen zweiten Sattel (Markierungen).

Nun steigt man auf der Südseite über einen sehr steilen, unangenehmen Hang mit kaum sichtbaren Wegspuren ab, geht an der Basis der Südwand der Östlichen Cima dell'Auta vorbei und stößt auf den Steig, der von der Baita Cacciatori zur Forcella del Medil hinaufführt. Bergab wandernd erreicht man bald die Baita (1 Stunde 30 Minuten — 2 Stunden vom Gipfel).

27 Sasso Bianco (2407 m)

Ausgangspunkt: Die Besteigung des Sasso Bianco kann von mehreren Punkten aus unternommen werden:

— von Alleghe (979 m)

— von Caprile (1023 m)

— von S. Tomaso Agordino (1081 m)

— von der Forcella di Monte Schiota (2037 m).

Gehzeit: 3 Stunden 30 Minuten von Alleghe
3 Stunden 15 Minuten von S. Tomaso Agordino
1 Stunde von der Forcella di Monte Schiota (bis zu der man nicht weniger als 2—2½ Stunden braucht).

Nächste Schutzhütte: In der Zone gibt es keine Schutzhütten. Man muß daher im Notfall zum Ausgangspunkt zurückkehren oder bei einer der zahlreichen Almhütten auf den Bergwiesen am Fuß des Sasso-Bianco-Massivs Schutz suchen.

Der Sasso Bianco mit seiner imponierenden Nordflanke.

Der Sasso Bianco ist die einzige bedeutende Erhebung im langen Trakt der Kette zwischen den Cime dell'Auta und Alleghe.

Besitzt schon dieser ganze Abschnitt der Untergruppe eine Fülle von Reizen und landschaftlichen Besonderheiten, die infolge des geringen Besuches durch Touristen nur wenig bekannt sind, so hat das Massiv des Sasso Bianco hierin geradezu eine Vorrangstellung. Auffallend ist seine mächtige Nordwand, einzige dieser Größenordnung in der ganzen Zone und zugleich für die waldigen Hänge des Pettorina-Tales ein prachtvoller Hintergrund. Für die Bergwanderer verlangt der Gebirgsstock zwar einen langen Anmarsch in malerischer Szenerie, hält aber auch eine bemerkenswerte Aussicht auf die Marmolata und die Nordwestwand der Civetta bereit.

Die Länge der Zugangswege ist je nach den Ausgangspunkten im Tal verschieden. Die Besteigungen sind leicht, und die Routen führen fast ausschließlich über grasbewachsenes Gelände.

Es ist empfehlenswert, für Aufstieg und Abstieg getrennte Routen zu wählen und damit die Überschreitung des Sasso Bianco vorzunehmen.

a) von Alleghe (979 m)

Von Alleghe über den Cordevole am oberen Ende des Sees zum Weiler Saviner (1087 m). Auf gutem Steig zur Ortschaft Bramezza (1455 m) und durch den Wald zur Almhütte Casera Bur (1627 m). Am Rande des riesigen Erdrutsches, der 1771 die Aufstauung des Alleghe-Sees verursacht hatte, hinauf zur höher gelegenen Almhütte Casera di Forca (1840 m). Von hier fast eben unterhalb der beiden Kuppen des Monte Forca vorbei zum Sattel zwischen diesem und dem Sasso Nero.

Hier verläßt man den mit Nr. 683 markierten Steig zur Forcella di Monte Schiota und wendet sich nach rechts dem Kamm des Sasso Nero zu. Unterhalb des Gipfels biegt man östlich nach rechts und erreicht eine weitere Einsattelung zwischen dem Sasso Nero und dem Vorgipfel des Sasso Bianco.

In zahlreichen Kehren erklimmt man den spärlich bewachsenen Ostgrat und steigt, links haltend, bis zum höchsten Punkt des Sasso Bianco (2407 m, 3 Stunden 30 Minuten).

b) Von Caprile (1023 m).

Nach der Überquerung des Cordevole durch den Wald hinauf zur Lichtung mit den Häusern von Caracoi-Cimai (1364 m). Zu diesem Ort kommt man auch von Pezza im Pettorina-Tal aus, ebenso von Le Grazie, einer Fraktion von Alleghe.

Man folgt dem Steig bergwärts zum malerischen Wiesenhang des Col Torònd mit Gruppen von Heuschuppen und Lärchen. Die Kuppel des Col Torònd rechts lassend und an weiteren Heuhütten vorbei tritt man, nach Süden wendend, in eine steile Talfurche ein, durch die man auf die vorher beschriebene Einsattelung zwischen dem Sasso Nero (links) und dem Vorgipfel des Sasso Bianco gelangt. Rechts haltend, in zahlreichen Kehren zum Rücken des Sasso Bianco und über den spärlich bewachsenen Ostgrat am Rande des tiefen Nordabsturzes empor zum Gipfel.

c) Von S. Tomaso Agordino (1081 m).

Zunächst zum kleinen, freundlichen Weiler Costoia, dann auf der rechten (orographisch linken) Seite des Costoia-Tales hinauf zu den Heuhütten der Mandra di Costoia (1762 m). Bald trifft man auf den Steig Nr. 683, der die Forcella di Monte Schiota mit den bereits beschriebenen Zugängen zum Sasso Bianco verbindet.

Dem Steig nach rechts folgend kommt man über einen Grashang zur Costiazza und zu einer Gruppe von Almhütten (Tabiai di Ciamp, 1857 m). Links abbiegend erklimmt man die beschwerlich steile Südseite des Sasso Bianco bis hinauf zum Gipfel.

Man kann auch dem Steig Nr. 683 weiter folgen und an den Almhütten Tabiai di Ciamp vorbei zum Sattel zwischen dem Monte Forca und dem Sasso Nero weitergehen. Dann links auf der bereits beschriebenen Route über den Rücken des Sasso Bianco, wie unter a), zum Gipfel.

VARIANTE

Von Costoia können die Almhütten Tabiai del Ciamp (1857 m) auch auf einem anderen Weg erreicht werden, der weiter rechts an den Heuschuppen von Costa vorbeiführt (3 Stunden 15 Minuten).

d) Von der Forcella di Monte Schiota (2037 m).

Rechts vom Grat über steile Hänge zum Gipfel (1 Stunde — mühsamer Aufstieg).

Zur Forcella di Monte Schiota kommt man:

— von Sottoguda auf Steig Nr. 623 in 2½—3 Stunden

— von S. Tomaso Agordino (Costoia) in 2—2½ Stunden

— von Alleghe auf Steig Nr. 683 in 3—3½ Stunden.

Gipfelbesteigungen

Fast alle bedeutenden Gipfel der Marmolatagruppe sind dem Hochtouristen zugänglich, denn ihre Schwierigkeiten überschreiten nie die obere Grenze des I. Grades. Einige Gipfel sind jedoch ausgenommen: der Große Vernel, der Monte Fop, die Punta del Formenton (alle mit II. Schwierigkeitsgrad) und der Torre del Formenton (IV. Grad).

Monzoni-Vallaccia

— Sasso delle Dodici (2443 m)	a) leicht
	b) Klettersteig unschwierig
— Sass Aut (2551 m)	a) leicht
	b) Klettersteig nicht leicht
— Punta della Vallaccia (2639 m)	sehr leicht
— Sasso delle Undici (2503 m)	sehr leicht
— Piz Meda (2199 m)	leicht
— Punta delle Selle (2596 m)	ganz leicht
— Punta d'Allochet (2582 m)	ganz leicht
— Die Rizzoni (2645 m)	nicht leicht
— Cima Malinverno (2636 m)	leicht

Collac-Buffaure

— Sass de Rocca (2618 m)	leicht
— Sasso Nero (2601 m)	leicht
— Der Collac (2713 m)	a) I. Grad — leicht
	b) Klettersteig anspruchsvoll und ausgesetzt
— Sass de Dama (2434 m)	ganz leicht
— Su l'Aut (2513 m)	ganz leicht
— Col Bel (2436 m)	ganz leicht
— Sass de Peredafec (2143 m)	ganz leicht
— La Crepa Neigra (2534 m)	nicht leicht

Costabella-Cima dell'Uomo

— Col Ombert (2670 m)	ganz leicht
— Cime Cadine (2886, 2862, 2861 m)	ganz leicht (Ostspitze)
— Cima dell'Uomo (3003 m)	I. Grad mit einer Stelle I. Grad obere Grenze
— Sass de Tasca (2860 m)	I. Grad
— Punta del Ciadin (2919 m)	I. Grad
— Cima delle Vallate (2832 m)	I. Grad
— Cima di Colbel (2795 m)	leicht — I. Grad
— Sasso di Costabella (2723 m)	I. Grad
— Cima di Costabella (2759 m)	I. Grad
— Sass da Lastei (2731 m)	I. Grad
— Cima di Campagnaccia (2737 m)	I. Grad
— Gran Lastei (2713 m)	leicht
— Piccolo Lastei (2687 m)	leicht
— Punta dell'Ort (2690 m)	I. Grad — nicht leicht

Ombretta-Ombrettòla

— Cime d'Ombretta (3011, 2988, 2983 m)   leicht
— Sasso Vernale (3054 m)   leicht
— Punta del Cigolè (2808 m)   leicht
— Cima d'Ombrettòla (2922 m)   leicht
— Sasso di Valfredda (2998 m)   mittlere Schwierigkeit (II. Grad untere Grenze)
— Monte La Banca (2860 m)   leicht

Marmolata-Massiv

— Marmolata di Penia (3343 m)
    a) Normalanstieg über den Gletscher: I. Grad
    b) Klettersteig: anspruchsvoll und ausgesetzt
— Marmolata di Rocca (3309 m)   leicht
— Kleiner Vernel (3092 m)   nicht leicht (I. Grad mit einem schwierigeren Stück zu Beginn)

Padòn-Kette

— Sass Beccè (2535 m)   I. Grad — leicht
— Col del Cuc (2563 m)   ganz leicht
— Cresta del Larice (2532 m)   ganz leicht
— Sasso Cappello (2558 m)   ganz leicht
— Le Forbici (le Forfes, 2589)   ganz leicht
— il Belvedere (2650 m)   ganz leicht
— La Mésola (2727 m)
    a) leicht
    b) Klettersteig »delle Trincee« schwierig und ausgesetzt
— La Mesolina (2636 m)   leicht
— Monte Padòn (2510 m)   ganz leicht
— Sass de Roi (2369 m)   ganz leicht
— Monte Migogn (2383 m)   ganz leicht
— Piz Guda (2150 m)   leicht

Kette dell'Auta

— Westliche Cima dell'Auta (2609 m)   I. Grad
— Östliche Cima dell'Auta (2622 m)   Klettersteig unschwierig, doch ausgesetzt
— Monte Alto (2545 m)   ganz leicht
— Crépa Rossa (2360 m)   leicht
— Monte Pezza (2405 m)   leicht
— Cime di Pezza (2394 m)   leicht
— Piz Zorlét (2376 m)   nicht schwer
— Sasso Bianco (2407 m)   leicht

Benützte Literatur

Ettore Castiglioni, «Odle, Sella, Marmolada», ed. CAI-TCI (Guida dei Monti d'Italia) — 1937.

Dolomiti Occidentali - da rifugio a rifugio, CAI-TCI, edizioni 1930 - 1953 - 1970.

Bruno Federspiel, «Cima dell'Uomo - Costabella - Monzoni - Vallaccia», Tamari ed. 1979.

Bepi Pellegrinon, «Marmolada», Nuovi Sentieri, Editore 1979.

Carlo Artoni, «Sella-Marmolada», Ed. Manfrini 1975.

Achille Gadler, «Guida alpinistica escursionistica del Trentino», Ed. Panorama, 1978.

Piero Rossi, «Marmolada», Tamari ed. 1968.

Sepp Schnürer, «Quattordici vie alte sulle Dolomiti», Zanichelli 1978.

Reinhold Messner, «Dolomiti: le vie ferrate», Athesia 1978.

Hilde Frass, «Vie attrezzate sulle Dolomiti», Tamari ed. 1975.

Alessandro Gogna, «escursioni in Val di Fassa», Tamari ed. 1978.

Mario Brovelli - Sigi Lechner, «Alta Via delle Leggende», Tamari ed. 1977.

Paolo Cavagna - Tony Rizzi, «L'uomo e le Dolomiti», Scuole Grafiche Artigianelli.

Carlo Artoni, «Sole e neve nelle 4 valli Ladine», Ed. Manfrini 1969.

Callin, Conighi, Vischi, «Oltre il sentiero: le guide della Valle di Fassa», Ed. Arti Grafiche Saturnia.

Walther Schaumann, «Guida alle località teatro della Guerra fra le Dolomiti», 1972.

Hermann Frass, «Dolomiti - Genesi e fascino», Athesia 1977.

Hermann Frass, «Dolomiti - Scoperta e conquista», Athesia 1978.

Einschlägige Karten

Carta delle zone turistiche d'Italia „Val Gardena-Marmolada-Catinaccio-Gruppo di Sella" Touring Club Italiano, Skala 1:50.000.

Istituto Geografico Militare: Carta d'Italia. Blätter: Canazei-Monte Marmolada-Selva di Cadore-Moena-Passo di Valles-Forno di Canale-Cencenighe-Vigo di Fassa. Skala 1:25.000.

Istituto Geografico Militare: Carta d'Italia. Blatt: La Marmolada, zweite Aufl. 1970. Skala 1:50.000.

Kompaß Wanderkarte: Sellagruppe-Marmolata, 1:50.000.

Freytag & Berndt, Kartogr. Verlag Wien: Cortina d'Ampezzo-Marmolata-St. Ulrich (= S 5), 1:50.000.

Tabacco: Carta dei sentieri e rifugi, 1:50.000.

Register

	Seite
Alleghe	22
Andraz	21
Arabba	21
Baita Ciampiè	48
Baita dei Cacciatori	46
Belvedere	205
Biwakschachtel Dal Bianco	42
Biwak Zeni	27
Buffaure	48, 86
Campitello (Fassatal)	17
Canale d'Agordo	23
Canazei	17
Caprile	21
Caviola	23
Cencenighe	22
Ciampac	48, 92
Cima del Colbel	114, 126
Cima dell'Auta, Östliche	225, 228
Cima dell'Auta, Westliche	225, 226
Cima delle Vallate	114, 124
Cima dell'Uomo	112, 134
Cima di Compagnaccia	114, 115
Cima di Costabella	114, 115
Cima di Malinverno	59, 70
Cima d'Ombrettòla	154, 163
Cime Cadine	112, 140
Cime d'Ombretta	154, 156
Col Bel	85, 88
Col del Cuc	205
Collac-Buffaure (Untergruppe)	75
Collac	84, 95
Col Ombert	112, 142
Contrin (Schutzhaus)	40
Costabella — Cima dell'Uomo (Untergruppe)	101
Costabella (Gratüberschreitung)	115
Crepa Neigra	85, 92
Crepe Rosse (Paß)	212
Cresta del Larice	205

	Seite
Falcade	23
Falier (Schutzhaus)	42
Fedaja	44
Forbici (Le)	205
Forcella del Ciadin	115
Fuchiade (Schutzhütte)	33
Gran Lastei	114, 115
Kette dell'Auta	218
Le Selle (Schutzhaus am Paß)	31
Malga al Crocefisso	48
Malga Ciapela	45
Marmolata di Penia	185, 188, 194
Marmolata di Rocca	188, 195
Marmolata-Massiv	176
Mazzin (Fassatal)	17
Mésola (La)	205, 208
Mésolina (La)	205, 212
Moena	17
Monte La Banca	154, 170
Monte Migogn	205, 212
Monte Padon	205, 212
Monzoni (Überschreitung)	70
Monzoni-Vallaccia (Untergruppe)	50
Ombretta-Ombrettòla (Untergruppe)	145
Padòn-Kette (Untergruppe)	200
Padòn (Paß)	212
Pian de Selle	92
Pian dei Fiacconi	48
Piccolo Lastei	114, 115
Pieve di Livinallongo	21
Piz Guda	205, 212
Piz Meda	59
Pordoijoch	21
Porta Vescovo	212
Pozza (Fassatal)	17
Punta d'Allochét (Monzoni)	59, 70
Punta del Ciadin	114, 130

	Seite
Punta del Cigolè	154, 163
Punta del Formenton	174
Punta della Vallaccia	59, 60
Punta delle Selle (Monzoni)	59, 70
Punta dell'Ort	114, 118
Rizzoni (Monzoni)	59, 70
S. Nicolò (Schutzhaus, Paß)	37
S. Pellegrino (Schutzhaus, Paß)	33
S. Tomaso Agordino	22
Sass Aut	59, 66
Sass Beccè	205
Sass da Lastei	114, 120
Sass de Dama	85, 86
Sass de Peredafec (Giumela)	85, 88
Sass de Rocca	84
Sass de Roi	205, 212
Sass de Tasca	114, 138
Sasso Bianco	225, 230
Sasso Cappello	205

	Seite
Sasso delle Dodici (Cima Dodici)	59, 66
Sasso delle Undici (Cima Undici)	59, 60
Sasso di Costabella	114, 115
Sasso di Valfredda	154, 165
Sasso Nero	84, 86
Sasso Vernale	154, 160
Sella del Brunec	86, 88
Soraga	17
Su L'Aut	85, 88
Torquato Taramelli (Schutzhaus)	27
Val di Crepa	92
Val Giumela	86
Vallada Agordina	22
Valle del Biois	22
Valle di Contrin	17
Valle di S. Nicolò	17
Vernel, Kleiner	188, 197
Vernel, Großer	184
Vièl dal Pan	210
Villetta Maria am Pian Trevisan	48

In ähnlicher Ausstattung wie die
»Marmolada« ist von
Luca Visentini
erschienen:

Der Rosengarten

**Führung durch eine
berühmte Dolomiten-Gruppe**

Aus dem Italienischen übertragen
von Dr. Josef Richebuono.
256 Seiten, 126 z. T. ganz- und
doppelseitige Farbfotos,
35 Zeichnungen und Skizzen,
1 Vorsatzkarte in Farbe,
18,5 x 25 cm, lam. Pp.

Der Rosengarten ist ein in aller Welt bekanntes Naturwunder. Trotzdem ist dieses »Kronjuwel des Alpenbogens« nicht überall überlaufen, sondern in manchen Bereichen noch urtümlich wild, verträumt, ja unbekannt..
Visentini bringt diese einmalige Bergwelt jedem Wanderer und Normalbergsteiger bis ins kleinste Detail nahe und vermittelt damit geradezu eine Neuentdeckung der gesamten Rosengartengruppe.
»Dieser Band wird ein treuer Gefährte jener Bergwanderer sein, die den geheimnisvollen Zauber der Dolomiten abseits der meistbegangenen Wege finden wollen, ein praktischer Führer für Hochtouristen, die manchmal den erregenden Genuß einer leichten Kletterei und die Berührung mit dem Fels erleben wollen, ohne technisch schwierige Führen bewältigen zu müssen; diese verborgenen Pfade durch unberührte Gegenden werden dem Naturfreund lange in köstlicher Erinnerung bleiben...« (Aus dem Geleitwort von A. Tanesini)

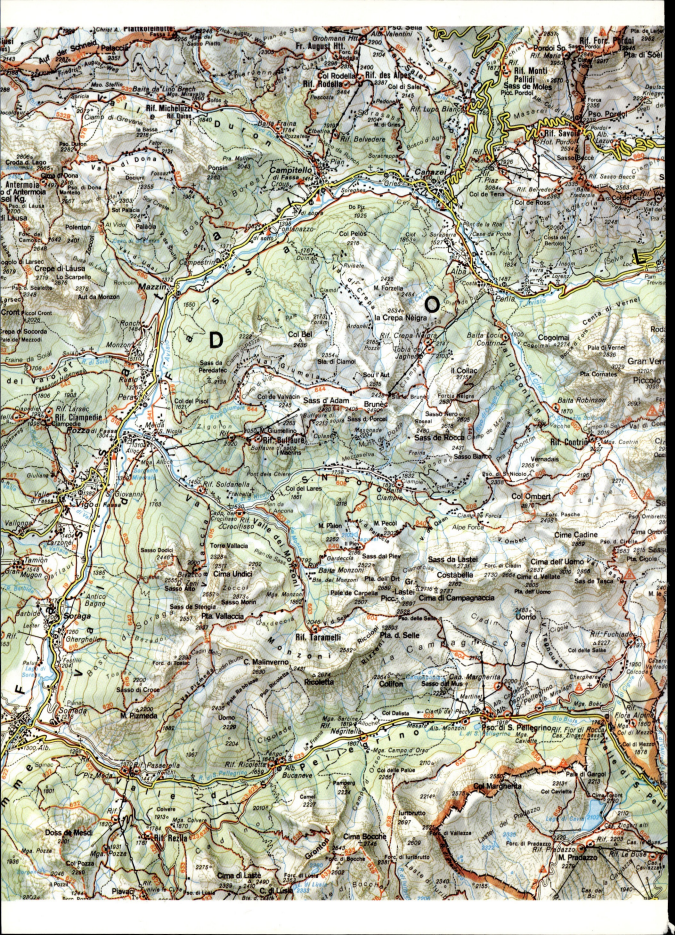